STATISTICAL YEARBOOK OF CHINA RETAIL CORPORATIONS IN CHAIN

中国连锁零售业统计年鉴

2005

国家统计局贸易外经统计司　编
Compiled by
Department of Trade and External Economic Relations Statistics,
National Bureau of Statistics, People's Republic of China

中国统计出版社
China Statistics Press

(京)新登字 041 号

图书在版编目(CIP)数据

中国连锁零售业统计年鉴—2005/国家统计局贸易外经统计司编.
—北京:中国统计出版社,2005.5
ISBN 7—5037—4620—3

Ⅰ.中…
Ⅱ.国…
Ⅲ.零售商业—连锁商店—统计资料—中国—2005—年鉴
Ⅳ.F724.2—66

中国版本图书馆 CIP 数据核字(2005)第 039580 号

中国连锁零售业统计年鉴—2005

作　　者/国家统计局贸易外经统计司
责任编辑/马　平　李　敏
封面设计/艺编广告·杨燕超
出版发行/中国统计出版社
通信地址/北京市西城区月坛南街 75 号　邮政编码/100826
办公地址/北京市丰台区西三环南路甲 6 号
电　　话/(010)63459084　63266600—22500(发行部)
印　　刷/科伦克三莱印务(北京)有限公司
开　　本/880×1230mm　1/16
字　　数/610 千字
印　　张/20.5
版　　别/2005 年 5 月第 1 版
版　　次/2005 年 5 月北京第 1 次印刷
书　　号/ISBN 7—5037—4620—3/F·2024
定　　价/200.00 元

《中国连锁零售业统计年鉴—2005》

编辑委员会

编辑说明

一、《中国连锁零售业统计年鉴—2005》是反映中国大型连锁零售业全貌的资料性工具书。今年是出版的第二年，旨在通过大量、丰富、详实、具体和权威的统计数据，全面系统和多角度地反映中国连锁零售业发育和发展的规模、水平。本年鉴是各级经济和企业管理部门、科研机构与大专院校分析研究零售业发展情况、进行宏观调控和科学决策、开展理论研究和教学工作的重要资料，同时也是生产经营单位了解市场、获取商业信息的必备参考用书。

二、本年鉴分为六部分：第一部分，专文；第二部分，社会消费品零售总额；第三部分，限额以上连锁零售业概况；第四部分，限额以上连锁零售业配送中心情况；第五部分，连锁零售业门店情况；第六部分，连锁零售业销售额情况。为便于读者阅读，除统计数据资料的对比外，本书还增加了环渤海、长三角、珠三角三大地带的统计资料，并附有主要统计指标解释。

三、年鉴中限额以上连锁零售集团(企业)统计范围为2004年度年销售额500万元及以上、年末从业人员60人及以上的企业。西藏自治区未进行调查。全国性数据均不包括台湾省、香港特别行政区和澳门特别行政区。

四、年鉴中的时期数据为2004年年度数据，时点数据为2004年年末数据。

目 录

第一部分 专 文

2004年我国连锁零售业快速发展

连锁经营是反映一个国家流通现代化水平的重要标志，也是体现一个国家零售业与世界接轨的程度。2004年是我国加入WTO后的第三年，随着零售业入世保护期的结束，连锁零售集团(企业)发展迅速，令人瞩目。

一、整体规模扩张迅速

2004年末，我国拥有限额以上连锁零售集团(企业)1055家，比2003年末增加88家，增长9.1%；连锁门店数达54891个，比2003年末增长18%，比2002年末增长78.5%，年均递增33.6%。由于门店的增加，营业面积分别比2003年末和2002年末增长了26.5%和1倍；从业人员增长了14.3%和66.8%。2004年连锁零售集团(企业)实现的销售额达5580.7亿元，比2003年增长了31%，比2002年增长1.1倍，年均递增44.9%。

连锁零售集团(企业)总体规模迅速扩张的同时，单体规模也在增大。2004年门店在14个以上的连锁零售集团(企业)有507家，比2003年多60家。其中超过100个的由2002年末的55家、2003年末的73家增至2004年末的97家。虽然仅占限额以上连锁零售集团(企业)的9.2%，但其销售额已占限额以上连锁零售集团(企业)的46.4%。

2004年销售额在10亿元以上的连锁零售集团(企业)的销售额占限额以上连锁零售集团的77.7%。其中，销售额10亿元至100亿元的连锁零售集团(企业)有81家，比上年增加18家，其销售额占限额以上连锁零售集团(企业)的38.1%；销售额超过百亿元的限额以上连锁零售集团(企业)由2002年的2家、2003年的6家增至2004年的12家，其销售额占限额以上连锁零售集团(企业)的39.6%。

二、连锁零售集团(企业)在整个零售市场中的份额增长明显，尤其是在发达地区和特大城市更为突出

2004年限额以上连锁零售集团(企业)零售额达4509.9亿元，同比增长30.2%，其增幅超出了批发零售贸易业零售额的增幅2倍多，超出限额以上批发零售贸易业零售额的增幅1.5倍。占批发零售贸易业零售额的比重由2002年的6.4%、2003年的8.7%增至2004年的10.1%；占限额以上批发零售贸易业零售额的比重由2002年的27%、2003年的33.5%增至2004年的36.2%。

2004年，三大地带(环渤海、长三角、珠三角)门店数达33432个，同比增长15.5%，占限额以上连锁零售集团(企业)的60.9%(其中，环渤海占12.5%、长三角占41.3%、珠三角占7.1%)，其实现的零售额达3642.9亿元，同比增长31.9%(其中长三角的增速达38%)，超出限额以上连锁零售集团(企业)增速1.7个百分点，占限额以上连锁零售集团(企业)零售额的80.8%(其中，环渤海占27.3%、长三角占40.2%、珠三角占13.2%)。北京、上海等地限额以上连锁零售集团(企业)实现的零售额已占到当地社会消费品零售总额的40%以上。

三、专业店和超级市场在连锁零售集团(企业)中虽占有主要份额，但百货店、专卖店发展较快，而且扩张方式由直营转向加盟

1. 从门店数看，2004年末，限额以上连锁零售集团(企业)所属门店中，专业店有25867个，占限额以上连锁零售集团(企业)门店数的47.1%；超级市场14073个，占25.6%；便利店7755个，占14.1%；专卖店4493个，占8.2%；百货店2637个，占4.8%。百货店虽然构成最低，但增速最快，达23.9%；其次是专卖店，达23.2%；再次是超级市场，达20.1%。

连锁零售集团(企业)门店的扩展方式由直营转向加盟。直营店虽然占门店总数的63%，但份额却同比下降4.5个百分点。便利店、超级市场和专业店中的直营店分别占门店总数的77.7%、64.7%和64.2%，份额同比下降3.5、3.9和5.1个百分点。而加盟店所占份额却同比上升，其中，百货店和专卖店中的加盟店占62.2%和60%，同比增长4.8和1.5个百分点。

2.从零售额看,2004年零售额最多的是超级市场,达2007.2亿元,占限额以上连锁零售集团(企业)零售额的44.5%,其次是专业店1644.5亿元,占36.5%。两者合计占限额以上连锁零售企业零售额的80%。

便利店实现的零售额虽然仅有129.3亿元,但同比增速却高达64.9%,特别是便利店中的加盟店增速更快,高达140%,直营店也达54.5%。百货店中的加盟店增速达96.7%;专业店中的直营店增速达47.5%。

2004年单位营业面积创造销售额最多的是专卖店,达20249.5元/平方米;人均劳效最高的是专业店,达695775.6元/人;但是连锁便利店是人均劳效和单位营业面积创造销售额增幅最高的,达57%和37.2%。

四、内资连锁集团(企业)虽占有较大份额,但发展速度低于外资连锁集团(企业)

1.内资集团(企业)中,有限责任公司、股份有限公司及私营企业发展突出。

2004年在限额以上连锁零售集团(企业)中,内资企业有971家,比上年增加68家。门店为51110个,占限额以上连锁零售集团(企业)门店的93.1%;零售额为3686.9亿元,占83.1%。表明内资连锁零售集团(企业)是我国连锁零售集团(企业)的主体。

在内资连锁零售集团(企业)所属门店中,有限责任公司所占比例最大,为36.1%;其次是股份有限公司,为26.1%;再次为私营企业和国有企业,所占比例分别为13.9%和12.8%。但除股份有限公司所占份额上升2.9个百分点外,其他经济类型的内资企业所占份额都下降。从增长速度看,股份有限公司发展最快,同比增长33%,其次是股份合作企业和集体企业,分别为21.2%和20.9%。

在内资连锁零售集团(企业)实现的零售额中,所占份额高低同样依次是股份有限公司、有限责任公司、私营企业和国有企业,分别为31.4%、23.4%、15.4%和9%。

2.外资进入连锁集团(企业)速度大大加快,且效益好于内资。

2004年末港澳台商投资和外商投资的连锁零售集团(企业)数分别为34家和50家,比上年增加了8家和12家。门店数分别为1396个和2385个,增长12.9%和17.8%;营业面积为242.8万平方米和252.9万平方米,增长30.9%和17.5%;从业人员达6.4万人和9.9万人,增长14.6%和16.6%;销售额为339.5亿元和604.6亿元,增长28.1%和29.7%;其中零售额达318.4亿元和504.7亿元,增长27.2%和27.5%。

港澳台商和外商投资的连锁零售集团(企业)门店数分别由2003年末的1237个和2024个,增至2004末的1396个和2385个。特别是其中独资连锁零售集团(企业)的门店数发展更为迅速,2004年分别为97个和69个,分别增长了22.8%和40.8%。

港澳台商和外商投资的连锁零售集团(企业)平均门店面积为1739平方米和1050平方米,分别是内资连锁零售集团(企业)的2.9倍和1.8倍;港澳台商投资的连锁零售集团(企业)单位营业面积创造的销售额为13984元/平方米,低于内资集团(企业),而外商投资的连锁零售集团(企业)为28147元/平方米,高出内资集团(企业)1.8倍;港澳台商和外商投资的连锁零售集团(企业)人均劳效为529295元/人和610478元/人,分别高出内资集团(企业)1.9%和17.5%。

港澳台商和外商投资的连锁零售集团(企业)的主要业态集中在超市。2004年港澳台商和外商投资的超级市场有19个和29个,分别占港澳台商和外商投资连锁零售集团(企业)的55.9%和58%;超级市场实现的零售额分别占港澳台商和外商投资连锁零售集团(企业)零售额的66.7%和84.3%。

入世三年来,连锁零售集团(企业)发展速度快于整体零售企业的原因主要有以下几点:

第一,连锁经营有利于先进的信息技术运用。在现代化的流通中,原有意义上的商品流通被分流出商流、物流、资金流和信息流,而信息流是流通的先导,是决定流通能否顺利进行的关键。连锁经营恰恰可以为先进的信息技术,如零售企业中的时点销售系统、定货系统、网络技术等的应用,提供一个规模化的信息平台。通过应用信息技术,不但可以及时准确地了解市场供需双方信息,在经营中占得先机,而且一个庞大的连锁网络要想科学、高效的运行,必须依靠先进的信息技术,才能推动规模效益的提高和促进市场集中度的增强。

第二,连锁经营有利于标准化、专业化的实施和推行。由于消费具有个性化、多样化、分散性和即时性的特点,客观上容易造成零售企业的小型化和分散化,而小型化和分散化不利于标准化和专业化的实施。但通过连锁经营实行统一进货、统一配送、统一核算、统一价格等，有利于标准化、专业化的运作，达到降低经营成本和管理成本，提高物流效率，拓展利润空间的目的。

第三，连锁经营有利于产销供应链的形成。在市场经济条件下，供求关系发生了根本变化，零售企业已由被动接受生产企业既定产品销售任务的下游产业转变为对生产企业的产品研发与生产具有很强影响力的上游产业，实行连锁经营后，连锁零售企业就具有了一个庞大的分销网络，在流通中对生产的主导作用更加明显。连锁经营通过有机地组合生产、消费与流通行业内部的各个环节，使供应商、经销商、生产商之间建立起新型的协同关系，成为以供应链为纽带的群体企业，增强企业的主导性和竞争力。

第四，连锁经营有利于发挥多种业态的综合优势。任何零售业态的定位不同，都有其特定的经营形式和消费群体，但又有一定的局限性。如百货店的“精”、超市的“廉”、专业店的“全”、专卖店的“品牌”、便利店的“时间”等。因此，如何满足消费者即期的需求，开发潜在的需求，创造崭新的需求，是现代流通周而复始的起点。连锁企业在规模化的基础上，可以把不同的业态组合在一起，在充分发挥每一种业态优势的同时，尽量避免单一业态的局限性，从而满足消费者多层次的消费需求。

第五，连锁经营有利于发挥品牌效应。由于科技创新，使商品的生命周期也越来越短，商品的个性化越来越强，可供消费者选择的商品品种越来越多，特别是在信息技术差距缩小，信息资源共享的背景下，企业的生命周期越来越取决于对市场需求的敏感度，取决于对市场需求的快速响应能力。连锁企业通过树立统一的品牌形象，有利于依靠品牌优势打造企业的核心竞争力和提高企业的无形资产，提高消费者对企业和商品的认知度以及商业信誉。在消费者的心中，商店的牌子要重于商品的牌子，名店效应在商品价值中具有极高的含金量，如国外知名连锁集团，早已声名卓著，被普遍认知；特许经营也是通过最大限度的挖掘品牌价值，推动竞争从低级形态转向高级形态。

由于连锁经营在信息技术、运营模式、组织结构、流通方式和品牌效应等方面同传统零售业相比所具有的优势，所以它已成为我国流通现代化的重要内容，并在零售领域中成为最受青睐的组织形式，在我国得以快速发展。

但是，连锁经营在我国的发展过程中，也逐渐暴露出一些问题，总括起来有三个方面：

问题之一，是体制上的制约。

首先体现在企业的产权关系上，由于产权关系不清，行政隶属关系各不相同，产生各自为政的现象。体制上的制约还体现在现行的工商、税收管理体制上，导致连锁企业跨地区、跨部门、跨行业发展受到制约(2004 年跨区域经营的连锁零售集团(企业)只有 93 家，所占比重仅为 8.8%)。一些地方政府为了政绩、形象工程以及在招商引资方面取得优势，还让外资企业享受超国民待遇，使内资企业在竞争中处于不利的地位。特别是外资企业资金雄厚，拥有巨额订单、大规模采购的优势，市场竞争强于内资企业。

问题之二，是经营环境上的制约。

经营环境上的制约表现在盲目扩张上。一些企业急于做大，忽视做强，导致后续发展无力。由于盲目扩张又造成资金的短缺(企业的资金主要来源于自有资金，从银行得到的贷款有限)。资金的短缺又直接制约了技术装备、技术投入，以及拖欠货款的现象。加之，零售业原本是一个劳动密集型行业，实现连锁经营转变成技术密集型后，连锁企业技术人才和管理人才的匮乏也成为制约企业发展的瓶颈。

问题之三，是经营管理水平的制约。

主要表现在采购与配送功能严重滞后。一些企业只重视门店的扩张，而忽视物流设施条件的改善，物流设施的建设是在连锁经营发展到一定规模后，才着手进行，致使配送规模有限，或是组织配送商品的能力不足，而且，还有相当一部分企业沿用传统仓库的管理方式来对配送中心进行管理。2004 年限额以上连锁零售集团(企业)有配送中心 1925 个，比上年增加 178 个。其中自有配送中心 1270 个，增加 86 个；非自有配送中心 655 个，增加 92 个。虽然配送中心数增加，但是企业对采购与配送在连锁经营中的关键性缺乏认识，2004 年，内资连锁零集团(企业)商品自有配送比重仅为 53.8%，非自有配送比重为 22.3%，而港澳台企业和外资企业，特别是其独资企业，一方面充分利用自有配送中心，使自有配送商品的比重达 100%，另一方面利用第三方物流和厂家直送，使非自有配送商品的比重达 100%。由于物流效率提高，成本降低，价格优势明显，竞争中处于有利地位。

入世三年保护期结束，意味着国内市场日趋国际化，不管国内企业是否走出去，国内市场的国际化竞争也日趋国内化。大部分流通企业都将成为国际流通链条上的一部分。因此，连锁经营将成为零售企业的必然选择。未来连锁经营仍处于发展阶段，特别是城乡人口结构的变化，促进了消费水平的整体提升和零售市场的快速发展（包括消费数量的增长，消费范围的扩大，消费品质和档次的提升等等）。据统计，近几年我国乡村人口平均每年向城镇转移2000多万人，由此带动城镇人口在总人口中的比重平均每年递增近1.4个百分点。而城镇人口的增加则直接带动了零售市场的增长。据测算，因人口结构的变化，使城镇地区的消费品零售额增长提速约4个百分点。因此，为了促进连锁经营集团（企业）持续健康发展，实现流通现代化，提出几点建议：

首先，针对连锁经营体制上的制约，政府应当为国内外连锁企业创造公平的竞争环境，对内资企业要给予必要的倾斜政策，鼓励其迅速发展，特别是鼓励中小企业实行连锁经营；对已实行连锁经营的大集团在其巩固区域连锁的基础上，鼓励其走向全国乃至世界；对外资企业既要开放，又要防止其享受超国民待遇。

其次，针对环境上的制约，企业要在制度上加快改革、改制，通过产权的置换使优质资产组合、不良资产剥离和新型资产运作；通过机制的置换达到企业优势互补，使各自不同的理念、服务、信息、营销和技术进行有效的利用，产生整体效应；通过身份的置换达到组织重构、形象重塑，提高核心竞争力的目的。

第三，针对管理水平上的制约，企业要在完善内部管理体制的同时，提高企业的组织化程度和规范化程度，针对我国城乡居民收入现状的突出特点：一是地区间收入差距拉大；二是城乡居民人均纯收入差距拉大；三是同一地区富裕阶层和贫困阶层在消费选择上的明显差距，决定了不同收入水平的消费群体对零售企业的购物环境、服务水平、商品档次、购物便利程度等会产生不同要求，企业要根据消费者不同层次的需求搞好商品品种和档次定位，形成特色经营。如果选择得当，将提高企业的竞争力和赢利能力。

（李敏/文）

第二部分 社会消费品零售总额

2—1 社会消费品零售总额变动情况

单位:亿元

指 标	2004年	2003年	±%
社会消费品零售总额	53950.1	47602.1	13.3
一、按销售地区分			
市	35573.2	31005.4	14.7
县	6161.4	5478.3	12.5
县以下	12215.5	11118.4	9.9
二、按行业分			
批发零售贸易业	44839.9	39845.0	12.5
餐饮业	7486.0	6156.8	21.6
其他	1624.2	1600.3	1.5

注:表中数据为初步数,下表同。

2—2 各地区社会消费品零售总额

（按销售地区分）

单位：亿元

地 区	2004年	2003年	±%
北 京	2191.8	1916.7	14.4
天 津	1052.7	922.3	14.1
河 北	2522.9	2177.9	15.8
山 西	884.8	729.3	21.3
内蒙古	892.0	726.8	22.7
辽 宁	2642.8	2330.8	13.4
吉 林	1252.6	1110.3	12.8
黑龙江	1555.4	1376.5	13.0
上 海	2454.6	2220.6	10.5
江 苏	4159.7	3566.5	16.6
浙 江	3645.4	3157.1	15.5
安 徽	1503.1	1331.2	12.9
福 建	1995.8	1740.4	14.7
江 西	1059.9	923.2	14.8
山 东	4483.4	3936.5	13.9
河 南	2808.2	2426.4	15.7
湖 北	2667.5	2358.7	13.1
湖 南	2069.8	1816.3	14.0
广 东	6370.4	5606.0	13.6
广 西	973.4	857.7	13.5
海 南	220.2	191.6	14.9
重 庆	955.0	835.5	14.3
四 川	2384.0	2091.1	14.0
贵 州	517.6	458.8	12.8
云 南	884.9	782.5	13.1
西 藏	63.7	58.3	9.3
陕 西	966.5	853.2	13.3
甘 肃	535.8	474.6	12.9
青 海	115.6	102.7	12.6
宁 夏	137.8	120.8	14.1
新 疆	482.1	421.2	14.5

第三部分　限额以上连锁零售业概况

3—1 限额以上连锁零售业集团(企业)数

(按登记注册类型、业态分,2004 年)

单位:个

登记注册类型	合 计	百货店	超级市场	专业店	专卖店	便利店	其 他
合 计	**1055**	**69**	**391**	**471**	**62**	**58**	**4**
内资企业	**971**	**62**	**343**	**456**	**53**	**53**	**4**
国有企业	129	7	32	73	3	13	1
集体企业	36	6	13	9	5	3	
股份合作企业	33	4	12	12	4	1	
联营企业	4			4			
国有联营企业	2			2			
集体联营企业							
国有与集体联营企业	1			1			
其他联营企业	1			1			
有限责任公司	370	14	125	185	19	25	2
国有独资公司	10	2	2	6			
其他有限责任公司	351	11	121	174	19	24	2
股份有限公司	124	20	39	57	5	3	
私营企业	267	11	119	112	16	8	1
私营独资企业	19	1	10	6	2		
私营合伙企业	4		4				
私营有限责任公司	220	9	95	95	13	7	1
私营股份有限公司	20	1	9	8	1	1	
其他企业	8		3	4	1		
港澳台商投资企业	**34**	**3**	**19**	**5**	**5**	**2**	
港澳台商合资经营企业	22	3	13	3	1	2	
港澳台商合作经营企业	6		4	1	1		
港澳台商独资经营企业	4			1	3		
港澳台商投资股份有限公司	1		1				
外商投资企业	**50**	**4**	**29**	**10**	**4**	**3**	
中外合资经营企业	26	4	13	6		3	
中外合作经营企业	19		14	2	3		
外资企业	5		2	2	1		
外商投资股份有限公司							

3—2 限额以上连锁零售业集团(企业)构成

(按登记注册类型,业态分,2004 年)

单位:%

登记注册类型	合 计	百货店	超级市场	专业店	专卖店	便利店	其 他
合　　计	100.0	100.0	100.0	100.0	100.0	100.0	100.0
内资企业	**92.0**	**89.9**	**87.7**	**96.8**	**85.5**	**91.4**	**100.0**
国有企业	12.2	10.1	8.2	15.5	4.8	22.4	25.0
集体企业	3.4	8.7	3.3	1.9	8.1	5.2	
股份合作企业	3.1	5.8	3.1	2.5	6.5	1.7	
联营企业	0.4			0.8			
国有联营企业	0.2			0.4			
集体联营企业							
国有与集体联营企业	0.1			0.2			
其他联营企业	0.1			0.2			
有限责任公司	35.1	20.3	32.0	39.3	30.6	43.1	50.0
国有独资公司	0.9	2.9	0.5	1.3			
其他有限责任公司	33.3	15.9	30.9	36.9	30.6	41.4	50.0
股份有限公司	11.8	29.0	10.0	12.1	8.1	5.2	
私营企业	25.3	15.9	30.4	23.8	25.8	13.8	25.0
私营独资企业	1.8	1.4	2.6	1.3	3.2		
私营合伙企业	0.4		1.0				
私营有限责任公司	20.9	13.0	24.3	20.2	21.0	12.1	25.0
私营股份有限公司	1.9	1.4	2.3	1.7	1.6	1.7	
其他企业	0.8		0.8	0.8	1.6		
港澳台商投资企业	**3.2**	**4.3**	**4.9**	**1.1**	**8.1**	**3.4**	
港澳台商合资经营企业	2.1	4.3	3.3	0.6	1.6	3.4	
港澳台商合作经营企业	0.6		1.0	0.2	1.6		
港澳台商独资经营企业	0.4			0.2	4.8		
港澳台商投资股份有限公司	0.1		0.3				
外商投资企业	**4.7**	**5.8**	**7.4**	**2.1**	**6.5**	**5.2**	
中外合资经营企业	2.5	5.8	3.3	1.3		5.2	
中外合作经营企业	1.8		3.6	0.4	4.8		
外资企业	0.5		0.5	0.4	1.6		
外商投资股份有限公司							

3—3 限额以上连锁零售业基本情况

指标	计量单位	合计			直营店			加盟店		
		2004年	2003年	±%	2004年	2003年	±%	2004年	2003年	±%
门店总数	个	54891	46517	18.0	34590	31407	10.1	20301	15110	34.4
营业面积	平方米	35170643	27801905	26.5	31441148	24651355	27.5	3729495	3150550	18.4
从业人员	人	1055978	924060	14.3	854271	753232	13.4	201707	170828	18.1
销售额	万元	55806958	42586343	31.0	45660350	34944578	30.7	10146609	7641766	32.8
零售额	万元	45099029	34641232	30.2	35635247	27251194	30.8	9463782	7390039	28.1
统一配送比重	%	75.9	73.3		80.0	78.7		50.5	42.7	
1.自有配送比重	%	50.2	47.8		53.3	51.8		32.9	27.1	
2.非自有配送比重	%	25.7	25.5		26.7	26.9		17.6	15.5	
利润总额	万元	787328	573345	37.3	787328	573345	37.3			
资产总额	万元	18005588	14507088	24.1	18005588	14507088	24.1			
负债总额	万元	13093718	10637667	23.1	13093718	10637667	23.1			
配送中心数	个	1925	1747	10.2	1270	1184	7.3	655	563	16.3

3—4 限额以上连锁零售业情况

（按业态分）

指标	计量单位	合计			直营店			加盟店		
		2004年	2003年	±%	2004年	2003年	±%	2004年	2003年	±%
门店总数	**个**	**54891**	**46517**	**18.0**	**34590**	**31407**	**10.1**	**20301**	**15110**	**34.4**
百货店	个	2637	2129	23.9	997	908	9.8	1640	1221	34.3
超级市场	个	14073	11717	20.1	9107	8041	13.3	4966	3676	35.1
专业店	个	25867	22132	16.9	16607	15344	8.2	9260	6788	36.4
专卖店	个	4493	3648	23.2	1797	1515	18.6	2696	2133	26.4
便利店	个	7755	6799	14.1	6027	5524	9.1	1728	1275	35.5
其他	个	66	92	—28.3	55	75	—26.7	11	17	—35.3
营业面积	**平方米**	**35170643**	**27801905**	**26.5**	**31441148**	**24651355**	**27.5**	**3729495**	**3150550**	**18.4**
百货店	平方米	6110570	4559992	34.0	5752050	4330505	32.8	358520	229487	56.2
超级市场	平方米	15943112	13314138	19.7	13848327	11613462	19.2	2094785	1700676	23.2
专业店	平方米	11874235	8878710	33.7	10904875	7895261	38.1	969360	983449	—1.4
专卖店	平方米	393422	320300	22.8	244183	192035	27.2	149239	128265	16.4
便利店	平方米	832725	690308	20.6	678956	590803	14.9	153769	99505	54.5
其他	平方米	16579	38457	—56.9	12757	29289	—56.4	3822	9168	—58.3
从业人员	**人**	**1055978**	**924060**	**14.3**	**854271**	**753232**	**13.4**	**201707**	**170828**	**18.1**
百货店	人	139048	121640	14.3	124600	114170	9.1	14448	7470	93.4
超级市场	人	510827	444362	15.0	405616	352476	15.1	105211	91886	14.5
专业店	人	317156	275912	14.9	259826	222666	16.7	57330	53246	7.7
专卖店	人	32588	27272	19.5	17714	15092	17.4	14874	12180	22.1
便利店	人	55441	52591	5.4	45917	47225	—2.8	9524	5366	77.5
其他	人	918	2283	—59.8	598	1603	—62.7	320	680	—52.9
销售额	**万元**	**55806958**	**42586343**	**31.0**	**45660350**	**34944578**	**30.7**	**10146609**	**7641766**	**32.8**
百货店	万元	7447315	5965183	24.8	7076311	5782967	22.4	371004	182216	103.6
超级市场	万元	24099401	19255550	25.2	20049523	16339419	22.7	4049879	2916131	38.9
专业店	万元	22066942	15814125	39.5	16813226	11597070	45.0	5253716	4217055	24.6
专卖店	万元	796661	690273	15.4	575722	480284	19.9	220939	209989	5.2
便利店	万元	1382632	835421	65.5	1134727	736226	54.1	247905	99195	149.9
其他	万元	14007	25792	—45.7	10841	8612	25.9	3166	17180	—81.6

3—4 续表1

指标	计量单位	合计			直营店			加盟店		
		2004年	2003年	±%	2004年	2003年	±%	2004年	2003年	±%
零售额	**万元**	**45099029**	**34641232**	**30.2**	**35635247**	**27251194**	**30.8**	**9463782**	**7390039**	**28.1**
百货店	万元	6638207	5242786	26.6	6313218	5077570	24.3	324989	165216	96.7
超级市场	万元	20072011	16101955	24.7	16125789	13191818	22.2	3946222	2910137	35.6
专业店	万元	16444613	11938604	37.7	11692321	7927610	47.5	4752291	4010994	18.5
专卖店	万元	639015	553969	15.4	430953	356806	20.8	208063	197163	5.5
便利店	万元	1293034	783982	64.9	1063983	688778	54.5	229051	95205	140.6
其他	万元	12149	19937	—39.1	8983	8612	4.3	3166	11325	—72.0
统一配送比重	**%**	**75.9**	**73.3**		**80.0**	**78.7**		**50.5**	**42.7**	
百货店	%	70.6	69.4		71.6	70.7		41.0	38.6	
超级市场	%	81.0	79.2		80.6	79.6		69.4	65.5	
专业店	%	70.7	65.9		82.0	80.6		33.4	24.0	
专卖店	%	88.1	88.8		82.0	81.4		77.4	75.5	
便利店	%	93.2	91.5		91.8	89.8		94.3	98.0	
其他	%	95.4	91.7		94.0	90.5		100.0	87.1	
1.自有配送比重	%	50.2	47.8		53.3	51.8		32.9	27.1	
百货店	%	46.0	42.7		46.2	43.5		37.4	33.6	
超级市场	%	42.0	38.8		42.6	39.8		34.0	30.6	
专业店	%	60.7	59.3		69.2	72.0		32.1	23.0	
专卖店	%	72.9	75.3		71.3	70.8		51.5	57.7	
便利店	%	37.8	48.9		41.2	51.1		9.0	14.1	
其他	%	47.6	67.2		61.5	55.3			68.1	
2.非自有配送比重	%	25.7	25.5		26.7	26.9		17.6	15.5	
百货店	%	24.6	26.7		25.4	27.2		3.2	5.0	
超级市场	%	39.0	40.4		38.0	39.7		35.4	34.9	
专业店	%	10.0	6.5		12.7	8.5		1.3	0.8	
专卖店	%	15.2	13.5		10.6	10.6		25.9	17.8	
便利店	%	55.2	42.7		50.4	38.7		85.3	83.8	
其他	%	47.8	24.5		32.5	35.3		100.0	19.0	

3—4 续表 2

指　　标	计量单位	合　计			直营店			加盟店		
		2004 年	2003 年	±%	2004 年	2003 年	±%	2004 年	2003 年	±%
利润总额	**万元**	**787328**	**573345**	**37.3**	**787328**	**573345**	**37.3**			
百货店	万元	126870	101630	24.8	126870	101630	24.8			
超级市场	万元	204744	123700	65.5	204744	123700	65.5			
专业店	万元	462466	354255	30.5	462466	354255	30.5			
专卖店	万元	19189	18304	4.8	19189	18304	4.8			
便利店	万元	—26042	—24666	5.6	—26042	—24666	5.6			
其他	万元	101	122	—17.2	101	122	—17.2			
资产总额	**万元**	**18005588**	**14507088**	**24.1**	**18005588**	**14507088**	**24.1**			
百货店	万元	3170432	2820893	12.4	3170432	2820893	12.4			
超级市场	万元	7409390	6241062	18.7	7409390	6241062	18.7			
专业店	万元	6699685	4904781	36.6	6699685	4904781	36.6			
专卖店	万元	342893	254116	34.9	342893	254116	34.9			
便利店	万元	379415	276734	37.1	379415	276734	37.1			
其他	万元	3774	9502	—60.3	3774	9502	—60.3			
负债总额	**万元**	**13093718**	**10637667**	**23.1**	**13093718**	**10637667**	**23.1**			
百货店	万元	2340159	2081110	12.4	2340159	2081110	12.4			
超级市场	万元	5678246	4880112	16.4	5678246	4880112	16.4			
专业店	万元	4579886	3285729	39.4	4579886	3285729	39.4			
专卖店	万元	185822	120495	54.2	185822	120495	54.2			
便利店	万元	304874	263010	15.9	304874	263010	15.9			
其他	万元	4731	7211	—34.4	4731	7211	—34.4			
配送中心数	**个**	**1925**	**1747**	**10.2**	**1270**	**1184**	**7.3**	**655**	**563**	**16.3**
百货店	个	81	71	14.1	71	62	14.5	10	9	11.1
超级市场	个	755	673	12.2	339	325	4.3	416	348	19.5
专业店	个	780	712	9.6	595	541	10.0	185	171	8.2
专卖店	个	230	220	4.5	219	210	4.3	11	10	10.0
便利店	个	75	67	11.9	42	42		33	25	32.0
其他	个	4	4		4	4				

3—5　限额以上连锁零售业情况

（按登记注册类型分）

注册类型	门店数（个）			营业面积（平方米）			从业人员（人）		
	2004年	2003年	±%	2004年	2003年	±%	2004年	2003年	±%
合　　计	**54891**	**46517**	**18.0**	**35170643**	**27801905**	**26.5**	**1055978**	**924060**	**14.3**
内资企业	**51110**	**43256**	**18.2**	**30213516**	**23794846**	**27.0**	**892342**	**782733**	**14.0**
国有企业	6999	6571	6.5	5341757	4358430	22.6	81315	81142	0.2
集体企业	1023	846	20.9	414968	360127	15.2	15767	14290	10.3
股份合作企业	909	750	21.2	406644	300128	35.5	10893	9603	13.4
联营企业	287	269	6.7	233008	200181	16.4	12690	11670	8.7
国有联营企业	115	108	6.5	9441	8881	6.3	848	808	5.0
集体联营企业									
国有与集体联营企业	163	155	5.2	192067	171300	12.1	11122	10162	9.4
其他联营企业	9	6	50.0	31500	20000	57.5	720	700	2.9
有限责任公司	19834	16933	17.1	9993528	7590476	31.7	323054	279629	15.5
国有独资公司	508	277	83.4	403880	339235	19.1	10257	9573	7.1
其他有限责任公司	18021	15360	17.3	9407465	7065071	33.2	302602	258323	17.1
股份有限公司	14344	10783	33.0	9734746	7376978	32.0	291243	242879	19.9
私营企业	7628	7047	8.2	4064145	3586016	13.3	156182	142576	9.5
私营独资企业	864	857	0.8	226061	305180	—25.9	12497	11653	7.2
私营合伙企业	25	24	4.2	20322	17602	15.5	930	810	14.8
私营有限责任公司	6023	5406	11.4	3362815	2889040	16.4	128790	118269	8.9
私营股份有限公司	525	516	1.7	343884	291237	18.1	9941	8472	17.3
其他企业	86	57	50.9	24720	22510	9.8	1198	944	26.9
港澳台商投资企业	**1396**	**1237**	**12.9**	**2428021**	**1854556**	**30.9**	**64150**	**55997**	**14.6**
港澳台合资经营企业	1138	1027	10.8	2091609	1641743	27.4	54610	47679	14.5
港澳台合作经营企业	151	126	19.8	235325	111951	110.2	7120	6405	11.2
港澳台独资经营企业	97	79	22.8	6227	6002	3.7	943	992	—4.9
港澳台商投资股份有限公司	1	1		18088	18088		446	379	17.7
外商投资企业	**2385**	**2024**	**17.8**	**2505094**	**2132945**	**17.4**	**98342**	**84238**	**16.7**
中外合资经营企业	1743	1491	16.9	1606697	1359428	18.2	60878	52761	15.4
中外合作经营企业	573	484	18.4	838982	729097	15.1	35350	29711	19.0
外资企业	69	49	40.8	59415	44420	33.8	2114	1766	19.7
外商投资股份有限公司									

注：利润总额增减%空缺项为利润由盈转亏或由亏转盈，下同。

3—5 续表 1

注册类型	销售额(万元)			#零售额(万元)			利润总额(万元)		
	2004 年	2003 年	±%	2004 年	2003 年	±%	2004 年	2003 年	±%
合　计	**55806958**	**42586343**	**31.0**	**45099029**	**34641232**	**30.2**	**787328**	**573345**	**37.3**
内资企业	**46365634**	**35274892**	**31.4**	**36868594**	**28179565**	**30.8**	**679029**	**516534**	**31.5**
国有企业	5044732	3750154	34.5	3044573	2288975	33.0	231424	160746	44.0
集体企业	487216	377867	28.9	458797	347802	31.9	4379	4834	−9.4
股份合作企业	268053	268863	−0.3	246817	246625	0.1	423	874	−51.6
联营企业	1327829	904314	46.8	934849	660195	41.6	9499	7522	26.3
国有联营企业	24983	22192	12.6	22099	19423	13.8	645	504	28.0
集体联营企业									
国有与集体联营企业	1282658	857778	49.5	892562	616428	44.8	9262	7251	27.7
其他联营企业	20188	24343	−17.1	20188	24343	−17.1	−408	−233	75.1
有限责任公司	13056680	10170171	28.4	10720262	8231260	30.2	133326	66255	101.2
国有独资公司	733743	580956	26.3	621741	500979	24.1	10864	2082	421.8
其他有限责任公司	12028422	9393175	28.1	9815564	7539622	30.2	129031	70918	81.9
股份有限公司	17526977	13067449	34.1	13167923	9960638	32.2	282205	245809	14.8
私营企业	8589672	6674166	28.7	8232172	6384898	28.9	17442	30024	−41.9
私营独资企业	146876	122162	20.2	133950	109676	22.1	1603	1402	14.3
私营合伙企业	6528	5535	17.9	6528	5535	17.9	29	69	−58.0
私营有限责任公司	7724855	6011892	28.5	7431625	5754657	29.1	27545	34404	−19.9
私营股份有限公司	454374	352400	28.9	408575	332852	22.7	735	−953	
其他企业	64475	61909	4.1	63202	59173	6.8	331	469	−29.4
港澳台商投资企业	**3395424**	**2650428**	**28.1**	**3183605**	**2503397**	**27.2**	**2129**	**9892**	**−78.5**
港澳台合资经营企业	2846011	2257989	26.0	2736540	2181994	25.4	4657	8411	−44.6
港澳台合作经营企业	447801	301948	48.3	358987	234616	53.0	−348	6668	
港澳台独资经营企业	23973	21607	11.0	23973	21607	11.0	−104	−409	−74.6
港澳台商投资股份有限公司	33563	14368	133.6	33563	14368	133.6	−1632	−2281	−28.5
外商投资企业	**6003559**	**4624420**	**29.8**	**5004488**	**3921667**	**27.6**	**104602**	**45991**	**127.4**
中外合资经营企业	2678955	1999318	34.0	2549135	1894972	34.5	49097	31524	55.7
中外合作经营企业	3235355	2565876	26.1	2366185	1967733	20.2	48428	12690	281.6
外资企业	89249	59226	50.7	89169	58963	51.2	7077	1777	298.3
外商投资股份有限公司									

3—5 续表2

注册类型	资产总额(万元)			负债总额(万元)		
	2004年	2003年	±%	2004年	2003年	±%
合　计	**18005588**	**14507088**	**24.1**	**13093718**	**10637667**	**23.1**
内资企业	**14912704**	**11857909**	**25.8**	**10817991**	**8597194**	**25.8**
国有企业	1522587	1183731	28.6	1011133	653011	54.8
集体企业	194481	181690	7.0	130035	121796	6.8
股份合作企业	268380	224332	19.6	208727	166223	25.6
联营企业	271410	240155	13.0	187572	165060	13.6
国有联营企业	9052	7878	14.9	3868	4413	—12.3
集体联营企业						
国有与集体联营企业	245869	215913	13.9	168072	144209	16.5
其他联营企业	16489	16364	0.8	15632	16438	—4.9
有限责任公司	5211229	4097921	27.2	4031700	3247771	24.1
国有独资公司	315343	242983	29.8	283577	216083	31.2
其他有限责任公司	4824338	3794609	27.1	3666703	2968342	23.5
股份有限公司	4966326	4162394	19.3	3233083	2793538	15.7
私营企业	2454631	1751113	40.2	1987148	1433877	38.6
私营独资企业	35780	31314	14.3	29694	25702	15.5
私营合伙企业	3346	2866	16.7	2087	2001	4.3
私营有限责任公司	2130799	1507883	41.3	1700059	1223597	38.9
私营股份有限公司	165840	139108	19.2	123433	107529	14.8
其他企业	23661	16572	42.8	28593	15918	79.6
港澳台商投资企业	**1160281**	**1085180**	**6.9**	**913088**	**875475**	**4.3**
港澳台合资经营企业	1015489	929667	9.2	812257	754470	7.7
港澳台合作经营企业	97823	119217	—17.9	69274	99451	—30.3
港澳台独资经营企业	10763	12986	—17.1	7487	10388	—27.9
港澳台商投资股份有限公司	11428			8663		
外商投资企业	**1889957**	**1545662**	**22.3**	**1325825**	**1151380**	**15.2**
中外合资经营企业	922942	723088	27.6	595194	525133	13.3
中外合作经营企业	911475	779277	17.0	697047	601023	16.0
外资企业	55541	43297	28.3	33583	25224	33.1
外商投资股份有限公司						

3—6 限额以上连锁百货店情况

（按登记注册类型分）

注册类型	门店数(个)			营业面积(平方米)			从业人员(人)		
	2004年	2003年	±%	2004年	2003年	±%	2004年	2003年	±%
合　计	**2637**	**2129**	**23.9**	**6110570**	**4559992**	**34.0**	**139048**	**121640**	**14.3**
内资企业	**2576**	**2082**	**23.7**	**5095464**	**3873656**	**31.5**	**111112**	**99699**	**11.4**
国有企业	91	95	−4.2	144201	117961	22.2	4240	4345	−2.4
集体企业	40	43	−7.0	133940	121780	10.0	2967	3100	−4.3
股份合作企业	22	21	4.8	119191	98772	20.7	3438	2962	16.1
联营企业									
国有联营企业									
集体联营企业									
国有与集体联营企业									
其他联营企业									
有限责任公司	302	264	14.4	1119971	784612	42.7	27070	20353	33.0
国有独资公司	45	39	15.4	305180	246590	23.8	5658	4262	32.8
其他有限责任公司	241	211	14.2	780491	510022	53.0	20233	15275	32.5
股份有限公司	1991	1545	28.9	3365415	2566785	31.1	65494	62014	5.6
私营企业	130	114	14.0	212746	183746	15.8	7903	6925	14.1
私营独资企业	19	12	58.3	21600	10300	109.7	672	386	74.1
私营合伙企业									
私营有限责任公司	109	100	9.0	151146	133446	13.3	6929	6239	11.1
私营股份有限公司	2	2		40000	40000		302	300	0.7
其他企业									
港澳台商投资企业	**49**	**34**	**44.1**	**756927**	**422213**	**79.3**	**18648**	**12656**	**47.3**
港澳台合资经营企业	49	34	44.1	756927	422213	79.3	18648	12656	47.3
港澳台合作经营企业									
港澳台独资经营企业									
港澳台商投资股份有限公司									
外商投资企业	**12**	**13**	**−7.7**	**258179**	**264123**	**−2.3**	**9288**	**9285**	
中外合资经营企业	12	13	−7.7	258179	264123	−2.3	9288	9285	
中外合作经营企业									
外资企业									
外商投资股份有限公司									

3—6 续表1

注册类型	销售额(万元)			#零售额(万元)			利润总额(万元)		
	2004年	2003年	±%	2004年	2003年	±%	2004年	2003年	±%
合　计	**7447315**	**5965183**	**24.8**	**6638207**	**5242786**	**26.6**	**126870**	**101630**	**24.8**
内资企业	**6264203**	**5087391**	**23.1**	**5456825**	**4374154**	**24.8**	**98045**	**75793**	**29.4**
国有企业	101712	111994	−9.2	98854	108262	−8.7	410	437	−6.2
集体企业	102434	94337	8.6	94215	83922	12.3	−214	412	
股份合作企业	71947	57445	25.2	71947	57445	25.2	118	887	−86.7
联营企业									
国有联营企业									
集体联营企业									
国有与集体联营企业									
其他联营企业									
有限责任公司	1445557	1121872	28.9	1338802	1051252	27.4	30858	10925	182.5
国有独资公司	640255	497289	28.7	564222	446694	26.3	12768	2319	450.6
其他有限责任公司	770393	596234	29.2	749677	580753	29.1	17018	7651	122.4
股份有限公司	4429033	3601096	23.0	3743051	2976984	25.7	67196	62949	6.7
私营企业	113519	100648	12.8	109956	96289	14.2	−323	183	
私营独资企业	3070	2022	51.8	3070	2022	51.8	23	13	76.9
私营合伙企业									
私营有限责任公司	78032	65825	18.5	74468	61466	21.2	−659	−134	391.8
私营股份有限公司	32418	32801	−1.2	32418	32801	−1.2	313	304	3.0
其他企业									
港澳台商投资企业	**768716**	**561081**	**37.0**	**768716**	**561081**	**37.0**	**−3669**	**8228**	
港澳台合资经营企业	768716	561081	37.0	768716	561081	37.0	−3669	8228	
港澳台合作经营企业									
港澳台独资经营企业									
港澳台商投资股份有限公司									
外商投资企业	**414397**	**316711**	**30.8**	**412666**	**307552**	**34.2**	**32494**	**17609**	**84.5**
中外合资经营企业	414397	316711	30.8	412666	307552	34.2	32494	17609	84.5
中外合作经营企业									
外资企业									
外商投资股份有限公司									

3—6 续表2

注册类型	资产总额(万元)			负债总额(万元)		
	2004年	2003年	±%	2004年	2003年	±%
合　计	**3170432**	**2820893**	**12.4**	**2340159**	**2081110**	**12.4**
内资企业	**2687645**	**2355903**	**14.1**	**1978512**	**1715725**	**15.3**
国有企业	51595	55204	−6.5	40963	44975	−8.9
集体企业	53124	57839	−8.2	38135	44524	−14.3
股份合作企业	45088	42493	6.1	30319	27495	10.3
联营企业						
国有联营企业						
集体联营企业						
国有与集体联营企业						
其他联营企业						
有限责任公司	714378	541681	31.9	584275	448080	30.4
国有独资公司	269074	205183	31.1	247364	185843	33.1
其他有限责任公司	431122	324588	32.8	326002	252718	29.0
股份有限公司	1762533	1596417	10.4	1235043	1105045	11.8
私营企业	60928	62269	−2.2	49776	45606	9.1
私营独资企业	923	777	18.8	788	643	22.6
私营合伙企业						
私营有限责任公司	43063	49184	−12.4	38613	37355	3.4
私营股份有限公司	16943	12308	37.7	10376	7608	36.4
其他企业						
港澳台商投资企业	**238801**	**240606**	**−0.8**	**193732**	**191793**	**1.0**
港澳台合资经营企业	238801	240606	−0.8	193732	191793	1.0
港澳台合作经营企业						
港澳台独资经营企业						
港澳台商投资股份有限公司						
外商投资企业	**243986**	**224384**	**8.7**	**167915**	**173593**	**−3.3**
中外合资经营企业	243986	224384	8.7	167915	173593	−3.3
中外合作经营企业						
外资企业						
外商投资股份有限公司						

3—7 限额以上连锁超级市场情况

（按登记注册类型分）

注册类型	门店数(个)			营业面积(平方米)			从业人员(人)		
	2004年	2003年	±%	2004年	2003年	±%	2004年	2003年	±%
合　计	**14073**	**11717**	**20.1**	**15943112**	**13314138**	**19.7**	**510827**	**444362**	**15.0**
内资企业	**11844**	**9741**	**21.6**	**12444575**	**10332901**	**20.4**	**390773**	**337290**	**15.9**
国有企业	801	728	10.0	861031	736818	16.9	27035	25545	5.8
集体企业	507	500	1.4	194800	180872	7.7	7734	7034	10.0
股份合作企业	159	135	17.8	208224	127644	63.1	4131	3643	13.4
联营企业									
国有联营企业									
集体联营企业									
国有与集体联营企业									
其他联营企业									
有限责任公司	3845	3131	22.8	5050261	4153622	21.6	154520	132444	16.7
国有独资公司	9	11	−18.2	8956	9336	−4.1	481	707	−32.0
其他有限责任公司	3650	2943	24.0	4980360	4085586	21.9	152477	129551	17.7
股份有限公司	4750	3704	28.2	3783344	3087923	22.5	114544	96854	18.3
私营企业	1775	1536	15.6	2329630	2028737	14.8	82429	71371	15.5
私营独资企业	248	214	15.9	175453	266303	−34.1	6065	5209	16.4
私营合伙企业	25	24	4.2	20322	17602	15.5	930	810	14.8
私营有限责任公司	1406	1219	15.3	1933399	1566597	23.4	69514	60153	15.6
私营股份有限公司	95	78	21.8	200455	178234	12.5	5610	4879	15.0
其他企业	7	7		17285	17285		380	399	−4.8
港澳台商投资企业	**735**	**683**	**7.6**	**1602494**	**1395589**	**14.8**	**38790**	**37895**	**2.4**
港澳台合资经营企业	699	661	5.7	1294386	1192000	8.6	32082	31947	0.4
港澳台合作经营企业	26	17	52.9	213248	108729	96.1	5231	5027	4.1
港澳台独资经营企业									
港澳台商投资股份有限公司	1	1		18088	18088		446	379	17.7
外商投资企业	**1493**	**1292**	**15.6**	**1889243**	**1578848**	**19.7**	**80764**	**68671**	**17.6**
中外合资经营企业	1394	1207	15.5	1119183	912314	22.7	47532	40711	16.8
中外合作经营企业	79	67	17.9	752595	649414	15.9	32274	26963	19.7
外资企业	20	18	11.1	17465	17120	2.0	958	997	−3.9
外商投资股份有限公司									

3—7 续表1

注册类型	销售额(万元)			#零售额(万元)			利润总额(万元)		
	2004年	2003年	±%	2004年	2003年	±%	2004年	2003年	±%
合　计	**24099401**	**19255550**	**25.2**	**20072011**	**16101955**	**24.7**	**204744**	**123700**	**65.5**
内资企业	**16643394**	**13310220**	**25.0**	**13712880**	**10921828**	**25.6**	**134710**	**96801**	**39.2**
国有企业	869156	728997	19.2	683347	598011	14.3	887	−796	
集体企业	233526	169424	37.8	215380	151869	41.8	705	201	250.7
股份合作企业	116666	149315	−21.9	109082	140555	−22.4	−2584	−3655	−29.3
联营企业									
国有联营企业									
集体联营企业									
国有与集体联营企业									
其他联营企业									
有限责任公司	5773081	4775972	20.9	4504056	3704049	21.6	75321	41739	80.5
国有独资公司	6472	10040	−35.5	6468	8583	−24.6	−594	−152	290.8
其他有限责任公司	5708837	4721068	20.9	4439844	3650616	21.6	76402	42564	79.5
股份有限公司	7810744	6011971	29.9	6426108	4901740	31.1	56690	60820	−6.8
私营企业	1798161	1433490	25.4	1732847	1384554	25.2	3449	−1885	
私营独资企业	107045	82852	29.2	96231	72432	32.9	1281	1187	7.9
私营合伙企业	6528	5535	17.9	6528	5535	17.9	29	69	−58.0
私营有限责任公司	1460696	1169092	24.9	1406196	1130576	24.4	1173	−2113	
私营股份有限公司	184941	142454	29.8	184941	142454	29.8	460	−506	
其他企业	42060	41050	2.5	42060	41050	2.5	242	376	−35.6
港澳台商投资企业	**2247021**	**1924336**	**16.8**	**2122782**	**1847013**	**14.9**	**5277**	**4104**	**28.6**
港澳台合资经营企业	1838294	1653676	11.2	1733084	1580057	9.7	9429	3151	199.2
港澳台合作经营企业	331088	201776	64.1	325592	201776	61.4	−2077	5732	
港澳台独资经营企业									
港澳台商投资股份有限公司	33563	14368	133.6	33563	14368	133.6	−1632	−2281	−28.5
外商投资企业	**5191363**	**4005360**	**29.6**	**4218726**	**3317479**	**27.2**	**63452**	**21852**	**190.4**
中外合资经营企业	2067890	1540193	34.3	1964503	1450719	35.4	17203	13184	30.5
中外合作经营企业	3105930	2450495	26.7	2236760	1852351	20.8	46270	10009	362.3
外资企业	17544	14672	19.6	17463	14409	21.2	−20	−1341	−98.5
外商投资股份有限公司									

3—7　续表2

注册类型	资产总额(万元)			负债总额(万元)		
	2004年	2003年	±%	2004年	2003年	±%
合　计	**7409390**	**6241062**	**18.7**	**5678246**	**4880112**	**16.4**
内资企业	**5214813**	**4292081**	**21.5**	**4044183**	**3366914**	**20.1**
国有企业	416922	313234	33.1	450063	242579	85.5
集体企业	57602	50380	14.3	48839	41773	16.9
股份合作企业	171402	147057	16.6	142296	114731	24.0
联营企业						
国有联营企业						
集体联营企业						
国有与集体联营企业						
其他联营企业						
有限责任公司	1791026	1461462	22.6	1441305	1287267	12.0
国有独资公司	8873	9432	−5.9	5167	6733	−23.3
其他有限责任公司	1764706	1436258	22.9	1419934	1266523	12.1
股份有限公司	1917517	1618454	18.5	1269906	1108191	14.6
私营企业	849812	696408	22.0	675964	567550	19.1
私营独资企业	29234	25623	14.1	25275	21988	14.9
私营合伙企业	3346	2866	16.7	2087	2001	4.3
私营有限责任公司	710937	568807	25.0	568004	465400	22.0
私营股份有限公司	89781	85007	5.6	62609	62325	0.5
其他企业	10533	5087	107.1	15810	4822	227.9
港澳台商投资企业	**818960**	**768977**	**6.5**	**641575**	**628813**	**2.0**
港澳台合资经营企业	745201	657357	13.4	594303	539983	10.1
港澳台合作经营企业	37552	88310	−57.5	23202	77664	−70.1
港澳台独资经营企业						
港澳台商投资股份有限公司	11428			8663		
外商投资企业	**1366288**	**1172529**	**16.5**	**988152**	**881338**	**12.1**
中外合资经营企业	483750	421808	14.7	317039	303753	4.4
中外合作经营企业	863204	730333	18.2	664518	569828	16.6
外资企业	19334	20387	−5.2	6596	7757	−15.0
外商投资股份有限公司						

3—8 限额以上连锁专业店情况

（按登记注册类型分）

注册类型	门店数(个)			营业面积(平方米)			从业人员(人)		
	2004年	2003年	±%	2004年	2003年	±%	2004年	2003年	±%
合　计	**25867**	**22132**	**16.9**	**11874235**	**8878710**	**33.7**	**317156**	**275912**	**14.9**
内资企业	**25556**	**21837**	**17.0**	**11558371**	**8619090**	**34.1**	**311366**	**271402**	**14.7**
国有企业	5200	4834	7.6	4245553	3406153	24.6	41724	42618	−2.1
集体企业	241	95	153.7	38708	26888	44.0	2641	2070	27.6
股份合作企业	533	419	27.2	64784	64164	1.0	2135	2049	4.2
联营企业	287	269	6.7	233008	200181	16.4	12690	11670	8.7
国有联营企业	115	108	6.5	9441	8881	6.3	848	808	5.0
集体联营企业									
国有与集体联营企业	163	155	5.2	192067	171300	12.1	11122	10162	9.4
其他联营企业	9	6	50.0	31500	20000	57.5	720	700	2.9
有限责任公司	8301	7243	14.6	3150704	2057503	53.1	93729	82754	13.3
国有独资公司	454	227	100.0	89744	83309	7.7	4118	4604	−10.6
其他有限责任公司	7747	6915	12.0	3052420	1965824	55.3	89075	77559	14.8
股份有限公司	6872	5083	35.2	2487619	1657668	50.1	106270	79878	33.0
私营企业	4047	3848	5.2	1331160	1201908	10.8	51422	49874	3.1
私营独资企业	87	67	29.9	8552	5677	50.6	1065	693	53.7
私营合伙企业									
私营有限责任公司	3419	3152	8.5	1141712	1069061	6.8	43285	43529	−0.6
私营股份有限公司	351	386	−9.1	69834	44214	57.9	3358	2600	29.2
其他企业	75	46	63.0	6835	4625	47.8	755	489	54.4
港澳台商投资企业	**201**	**181**	**11.0**	**16640**	**15883**	**4.8**	**1861**	**1427**	**30.4**
港澳台合资经营企业	131	133	−1.5	13150	12882	2.1	1127	832	35.5
港澳台合作经营企业	4	3	33.3	1900	1500	26.7	234	190	23.2
港澳台独资经营企业	66	45	46.7	1590	1501	5.9	500	405	23.5
港澳台商投资股份有限公司									
外商投资企业	**110**	**111**	**−0.9**	**299224**	**243737**	**22.8**	**3929**	**3083**	**27.4**
中外合资经营企业	97	98	−1.0	204574	163137	25.4	2302	1746	31.8
中外合作经营企业	4	4		54000	54000		636	656	−3.0
外资企业	9	9		40650	26600	52.8	991	681	45.5
外商投资股份有限公司									

3—8 续表1

注册类型	销售额(万元)			#零售额(万元)			利润总额(万元)		
	2004年	2003年	±%	2004年	2003年	±%	2004年	2003年	±%
合　计	**22066942**	**15814125**	**39.5**	**16444613**	**11938604**	**37.7**	**462466**	**354255**	**30.5**
内资企业	**21732939**	**15568848**	**39.6**	**16142346**	**11702795**	**37.9**	**455115**	**351187**	**29.6**
国有企业	3964276	2819678	40.6	2166203	1501496	44.3	230897	162338	42.2
集体企业	90324	59192	52.6	89268	57860	54.3	1565	2181	−28.2
股份合作企业	65504	53216	23.1	56520	42683	32.4	1838	1392	32.0
联营企业	1327829	904314	46.8	934849	660195	41.6	9499	7522	26.3
国有联营企业	24983	22192	12.6	22099	19423	13.8	645	504	28.0
集体联营企业									
国有与集体联营企业	1282658	857778	49.5	892562	616428	44.8	9262	7251	27.7
其他联营企业	20188	24343	−17.1	20188	24343	−17.1	−408	−233	75.1
有限责任公司	4675049	3391096	37.9	3824127	2671234	43.2	41420	25278	63.9
国有独资公司	87017	73627	18.2	51051	45702	11.7	−1310	−85	1441.2
其他有限责任公司	4581440	3311254	38.4	3768008	2620139	43.8	42706	25012	70.7
股份有限公司	5150278	3378005	52.5	2874213	2016731	42.5	153527	117800	30.3
私营企业	6440132	4945521	30.2	6177876	4735827	30.4	16283	34585	−52.9
私营独资企业	8821	5936	48.6	7938	5466	45.2	50	25	100.0
私营合伙企业									
私营有限责任公司	6007025	4627757	29.8	5796357	4437547	30.6	29184	39274	−25.7
私营股份有限公司	206200	163207	26.3	161039	144194	11.7	25	−339	
其他企业	19547	17826	9.7	19290	16769	15.0	86	91	−5.5
港澳台商投资企业	**50257**	**38734**	**29.7**	**43223**	**34979**	**23.6**	**462**	**−1021**	
港澳台合资经营企业	24866	18872	31.8	20605	16496	24.9	343	−879	
港澳台合作经营企业	15127	12722	18.9	12355	11343	8.9	59	14	321.4
港澳台独资经营企业	10263	7140	43.7	10263	7140	43.7	60	−157	
港澳台商投资股份有限公司									
外商投资企业	**283746**	**206543**	**37.4**	**259044**	**200830**	**29.0**	**6889**	**4089**	**68.5**
中外合资经营企业	158680	110947	43.0	133977	105234	27.3	192	1281	−85.0
中外合作经营企业	54773	52096	5.1	54773	52096	5.1	−138	−158	12.7
外资企业	70294	43500	61.6	70294	43500	61.6	6836	2966	130.5
外商投资股份有限公司									

3—8 续表2

注册类型	资产总额(万元)			负债总额(万元)		
	2004年	2003年	±%	2004年	2003年	±%
合　计	**6699685**	**4904781**	**36.6**	**4579886**	**3285729**	**39.4**
内资企业	**6447201**	**4758484**	**35.5**	**4414404**	**3185060**	**38.6**
国有企业	985571	736628	33.8	466373	303687	53.6
集体企业	49357	42146	17.1	30730	24877	23.5
股份合作企业	25786	24478	5.3	17089	17025	0.4
联营企业	271410	240155	13.0	187572	165060	13.6
国有联营企业	9052	7878	14.9	3868	4413	−12.3
集体联营企业						
国有与集体联营企业	245869	215913	13.9	168072	144209	16.5
其他联营企业	16489	16364	0.8	15632	16438	−4.9
有限责任公司	2419387	1886687	28.2	1786942	1330125	34.3
国有独资公司	37396	28368	31.8	31046	23507	32.1
其他有限责任公司	2371601	1847982	28.3	1750391	1301206	34.5
股份有限公司	1277071	935362	36.5	733194	574062	27.7
私营企业	1406572	882263	59.4	1180714	759765	55.4
私营独资企业	4983	4028	23.7	3406	2870	18.7
私营合伙企业						
私营有限责任公司	1251065	787644	58.8	1020157	664884	53.4
私营股份有限公司	48173	34754	38.6	43264	32799	31.9
其他企业	12047	10765	11.9	11790	10459	12.7
港澳台商投资企业	**34617**	**35956**	**−3.7**	**19813**	**22499**	**−11.9**
港澳台合资经营企业	19292	21044	−8.3	11974	13439	−10.9
港澳台合作经营企业	7825	5674	37.9	3239	2580	25.5
港澳台独资经营企业	7500	9238	−18.8	4600	6481	−29.0
港澳台商投资股份有限公司						
外商投资企业	**217867**	**110341**	**97.4**	**145669**	**78170**	**86.3**
中外合资经营企业	158170	62309	153.8	99777	41492	140.5
中外合作经营企业	25353	26324	−3.7	19584	19673	−0.5
外资企业	34344	21708	58.2	26308	17005	54.7
外商投资股份有限公司						

3—9 限额以上连锁专卖店情况

（按登记注册类型分）

注册类型	门店数(个)			营业面积(平方米)			从业人员(人)		
	2004年	2003年	±%	2004年	2003年	±%	2004年	2003年	±%
合　计	**4493**	**3648**	**23.2**	**393422**	**320300**	**22.8**	**32588**	**27272**	**19.5**
内资企业	**3809**	**3072**	**24.0**	**332141**	**286264**	**16.0**	**27735**	**23176**	**19.7**
国有企业	242	208	16.3	8754	6824	28.3	982	1009	—2.7
集体企业	182	155	17.4	25291	20818	21.5	1853	1715	8.0
股份合作企业	124	110	12.7	5925	5648	4.9	629	549	14.6
联营企业									
国有联营企业									
集体联营企业									
国有与集体联营企业									
其他联营企业									
有限责任公司	1525	1193	27.8	189525	169681	11.7	10827	7563	43.2
国有独资公司									
其他有限责任公司	1525	1193	27.8	189525	169681	11.7	10827	7563	43.2
股份有限公司	674	383	76.0	29974	24615	21.8	2854	2407	18.6
私营企业	1058	1019	3.8	72072	58078	24.1	10527	9877	6.6
私营独资企业	510	564	—9.6	20456	22900	—10.7	4695	5365	—12.5
私营合伙企业									
私营有限责任公司	542	449	20.7	51065	34709	47.1	5742	4404	30.4
私营股份有限公司	6	6		551	469	17.5	90	108	—16.7
其他企业	4	4		600	600		63	56	12.5
港澳台商投资企业	**159**	**145**	**9.7**	**27594**	**7653**	**260.6**	**2248**	**1916**	**17.3**
港澳台合资经营企业	7	5	40.0	2780	1430	94.4	150	141	6.4
港澳台合作经营企业	121	106	14.2	20177	1722	1071.7	1655	1188	39.3
港澳台独资经营企业	31	34	—8.8	4637	4501	3.0	443	587	—24.5
港澳台商投资股份有限公司									
外商投资企业	**525**	**431**	**21.8**	**33687**	**26383**	**27.7**	**2605**	**2180**	**19.5**
中外合资经营企业									
中外合作经营企业	485	409	18.6	32387	25683	26.1	2440	2092	16.6
外资企业	40	22	81.8	1300	700	85.7	165	88	87.5
外商投资股份有限公司									

3—9 续表1

注册类型	销售额(万元)			#零售额(万元)			利润总额(万元)		
	2004年	2003年	±%	2004年	2003年	±%	2004年	2003年	±%
合　计	**796661**	**690273**	**15.4**	**639015**	**553969**	**15.4**	**19189**	**18304**	**4.8**
内资企业	**602535**	**522752**	**15.3**	**525436**	**452401**	**16.1**	**15125**	**14644**	**3.3**
国有企业	23421	18534	26.4	16405	12964	26.5	495	446	11.0
集体企业	43657	43513	0.3	42659	42750	−0.2	2159	1949	10.8
股份合作企业	7624	5649	35.0	2956	2703	9.4	778	586	32.8
联营企业									
国有联营企业									
集体联营企业									
国有与集体联营企业									
其他联营企业									
有限责任公司	266606	276574	−3.6	225222	236020	−4.6	4649	5799	−19.8
国有独资公司									
其他有限责任公司	266606	276574	−3.6	225222	236020	−4.6	4649	5799	−19.8
股份有限公司	120448	65215	84.7	108354	54193	99.9	5425	4396	23.4
私营企业	137911	110233	25.1	127988	102417	25.0	1617	1465	10.4
私营独资企业	27940	31352	−10.9	26712	29756	−10.2	249	177	40.7
私营合伙企业									
私营有限责任公司	108055	77280	39.8	99999	71594	39.7	1313	1233	6.5
私营股份有限公司	1917	1602	19.7	1278	1068	19.7	55	55	
其他企业	2868	3033	−5.4	1852	1354	36.8	3	2	50.0
港澳台商投资企业	**118063**	**103182**	**14.4**	**37516**	**37229**	**0.8**	**1506**	**670**	**124.8**
港澳台合资经营企业	2767	1265	118.7	2767	1265	118.7			
港澳台合作经营企业	101586	87450	16.2	21039	21497	−2.1	1670	922	81.1
港澳台独资经营企业	13710	14467	−5.2	13710	14467	−5.2	−164	−252	−34.9
港澳台商投资股份有限公司									
外商投资企业	**76064**	**64340**	**18.2**	**76064**	**64340**	**18.2**	**2558**	**2990**	**−14.4**
中外合资经营企业									
中外合作经营企业	74652	63286	18.0	74652	63286	18.0	2297	2839	−19.1
外资企业	1412	1054	34.0	1412	1054	34.0	260	152	71.1
外商投资股份有限公司									

3—9 续表2

注册类型	资产总额(万元)			负债总额(万元)		
	2004年	2003年	±%	2004年	2003年	±%
合　　计	**342893**	**254116**	**34.9**	**185822**	**120495**	**54.2**
内资企业	**262405**	**201313**	**30.3**	**126478**	**85396**	**48.1**
国有企业	3776	3510	7.6	2176	1951	11.5
集体企业	29929	28428	5.3	8390	8130	3.2
股份合作企业	11352	9276	22.4	7955	6900	15.3
联营企业						
国有联营企业						
集体联营企业						
国有与集体联营企业						
其他联营企业						
有限责任公司	91831	68888	33.3	49889	31415	58.8
国有独资公司						
其他有限责任公司	91831	68888	33.3	49889	31415	58.8
股份有限公司	31285	20744	50.8	23946	14741	62.4
私营企业	93150	69747	33.6	33129	21621	53.2
私营独资企业	641	886	—27.7	225	201	11.9
私营合伙企业						
私营有限责任公司	90707	67073	35.2	32738	21233	54.2
私营股份有限公司	1802	1788	0.8	167	188	—11.2
其他企业	1081	720	50.1	993	637	55.9
港澳台商投资企业	**55708**	**28981**	**92.2**	**45719**	**23115**	**97.8**
港澳台合资经营企业						
港澳台合作经营企业	52445	25233	107.8	42832	19207	123.0
港澳台独资经营企业	3263	3748	—12.9	2887	3908	—26.1
港澳台商投资股份有限公司						
外商投资企业	**24781**	**23821**	**4.0**	**13625**	**11984**	**13.7**
中外合资经营企业						
中外合作经营企业	22918	22619	1.3	12946	11522	12.4
外资企业	1863	1202	55.0	680	463	46.9
外商投资股份有限公司						

3—10 限额以上连锁便利店情况

（按登记注册类型分）

注册类型	门店数(个)			营业面积(平方米)			从业人员(人)		
	2004年	2003年	±%	2004年	2003年	±%	2004年	2003年	±%
合　计	**7755**	**6799**	**14.1**	**832725**	**690308**	**20.6**	**55441**	**52591**	**5.4**
内资企业	**7263**	**6432**	**12.9**	**783598**	**657236**	**19.2**	**51082**	**49469**	**3.3**
国有企业	633	675	－6.2	71789	79797	－10.0	6573	6826	－3.7
集体企业	53	53		22229	9769	127.5	572	371	54.2
股份合作企业	71	65	9.2	8520	3900	118.5	560	400	40.0
联营企业									
国有联营企业									
集体联营企业									
国有与集体联营企业									
其他联营企业									
有限责任公司	5841	5069	15.2	497779	431036	15.5	37452	36477	2.7
国有独资公司									
其他有限责任公司	4838	4068	18.9	419381	339936	23.4	30534	28319	7.8
股份有限公司	57	68	－16.2	68394	39987	71.0	2081	1726	20.6
私营企业	608	502	21.1	114887	92747	23.9	3844	3669	4.8
私营独资企业									
私营合伙企业									
私营有限责任公司	537	458	17.2	81843	64427	27.0	3263	3084	5.8
私营股份有限公司	71	44	61.4	33044	28320	16.7	581	585	－0.7
其他企业									
港澳台商投资企业	**252**	**194**	**29.9**	**24366**	**13218**	**84.3**	**2603**	**2103**	**23.8**
港澳台合资经营企业	252	194	29.9	24366	13218	84.3	2603	2103	23.8
港澳台合作经营企业									
港澳台独资经营企业									
港澳台商投资股份有限公司									
外商投资企业	**240**	**173**	**38.7**	**24761**	**19854**	**24.7**	**1756**	**1019**	**72.3**
中外合资经营企业	240	173	38.7	24761	19854	24.7	1756	1019	72.3
中外合作经营企业									
外资企业									
外商投资股份有限公司									

3—10 续表1

注册类型	销售额(万元)			#零售额(万元)			利润总额(万元)		
	2004年	2003年	±%	2004年	2003年	±%	2004年	2003年	±%
合　计	**1382632**	**835421**	**65.5**	**1293034**	**783982**	**64.9**	**—26042**	**—24666**	**5.6**
内资企业	**1133275**	**780860**	**45.1**	**1043677**	**729420**	**43.1**	**—23803**	**—22027**	**8.1**
国有企业	79474	64644	22.9	73071	61935	18.0	—1491	—1795	—16.9
集体企业	17276	11401	51.5	17276	11401	51.5	164	91	80.2
股份合作企业	6311	3239	94.8	6311	3239	94.8	273	1665	—83.6
联营企业									
国有联营企业									
集体联营企业									
国有与集体联营企业									
其他联营企业									
有限责任公司	919111	620635	48.1	850778	584684	45.5	—18608	—17499	6.3
国有独资公司									
其他有限责任公司	723871	504023	43.6	655539	468072	40.1	—11430	—10121	12.9
股份有限公司	16475	11161	47.6	16197	10991	47.4	—632	—156	305.1
私营企业	94628	69780	35.6	80044	57172	40.0	—3509	—4333	—19.0
私营独资企业									
私营合伙企业									
私营有限责任公司	65728	57445	14.4	51144	44836	14.1	—3392	—3866	—12.3
私营股份有限公司	28900	12336	134.3	28900	12336	134.3	—118	—467	—74.7
其他企业									
港澳台商投资企业	**211368**	**23095**	**815.2**	**211368**	**23095**	**815.2**	**—1447**	**—2089**	**—30.7**
港澳台合资经营企业	211368	23095	815.2	211368	23095	815.2	—1447	—2089	—30.7
港澳台合作经营企业									
港澳台独资经营企业									
港澳台商投资股份有限公司									
外商投资企业	**37989**	**31466**	**20.7**	**37989**	**31466**	**20.7**	**—792**	**—550**	**44.0**
中外合资经营企业	37989	31466	20.7	37989	31466	20.7	—792	—550	44.0
中外合作经营企业									
外资企业									
外商投资股份有限公司									

3—10 续表2

注册类型	资产总额(万元)			负债总额(万元)		
	2004年	2003年	±%	2004年	2003年	±%
合 计	**379415**	**276734**	**37.1**	**304874**	**263010**	**15.9**
内资企业	**330184**	**251487**	**31.3**	**282161**	**247461**	**14.0**
国有企业	63098	73799	—14.5	50422	58923	—14.4
集体企业	4469	2898	54.2	3941	2492	58.1
股份合作企业	14752	1028	1335.0	11067	72	15270.8
联营企业						
国有联营企业						
集体联营企业						
国有与集体联营企业						
其他联营企业						
有限责任公司	192905	137679	40.1	168335	150180	12.1
国有独资公司						
其他有限责任公司	163374	115368	41.6	119532	115775	3.2
股份有限公司	11237	2278	393.3	3472	2071	67.6
私营企业	43723	33805	29.3	44925	33724	33.2
私营独资企业						
私营合伙企业						
私营有限责任公司	34581	28555	21.1	37908	29115	30.2
私营股份有限公司	9142	5251	74.1	7017	4609	52.2
其他企业						
港澳台商投资企业	**12196**	**10660**	**14.4**	**12249**	**9255**	**32.4**
港澳台合资经营企业	12196	10660	14.4	12249	9255	32.4
港澳台合作经营企业						
港澳台独资经营企业						
港澳台商投资股份有限公司						
外商投资企业	**37036**	**14587**	**153.9**	**10464**	**6294**	**66.3**
中外合资经营企业	37036	14587	153.9	10464	6294	66.3
中外合作经营企业						
外资企业						
外商投资股份有限公司						

3—11 限额以上直营连锁零售业情况

（按登记注册类型分）

注册类型	门店数（个）			营业面积（平方米）			从业人员（人）		
	2004 年	2003 年	±%	2004 年	2003 年	±%	2004 年	2003 年	±%
合　计	**34590**	**31407**	**10.1**	**31441148**	**24651355**	**27.5**	**854271**	**753232**	**13.4**
内资企业	**32215**	**29378**	**9.7**	**27430110**	**21415700**	**28.1**	**736003**	**654759**	**12.4**
国有企业	6247	5961	4.8	5259629	4284222	22.8	76853	77066	—0.3
集体企业	763	660	15.6	348312	297584	17.0	12042	11221	7.3
股份合作企业	528	477	10.7	364110	262787	38.6	9740	8686	12.1
联营企业	140	128	9.4	82058	61644	33.1	4130	3910	5.6
国有联营企业	115	108	6.5	9441	8881	6.3	848	808	5.0
集体联营企业									
国有与集体联营企业	16	14	14.3	41117	32763	25.5	2562	2402	6.7
其他联营企业	9	6	50.0	31500	20000	57.5	720	700	2.9
有限责任公司	14219	12735	11.7	9167934	6915677	32.6	285449	249475	14.4
国有独资公司	336	202	66.3	320190	226835	41.2	9401	6506	44.5
其他有限责任公司	12578	11238	11.9	8665561	6502717	33.3	265853	231238	15.0
股份有限公司	5971	5485	8.9	8419269	6443078	30.7	211929	188160	12.6
私营企业	4264	3878	10.0	3764450	3128570	20.3	134680	115315	16.8
私营独资企业	350	300	16.7	196016	274248	—28.5	6818	5446	25.2
私营合伙企业	25	24	4.2	20322	17602	15.5	930	810	14.8
私营有限责任公司	3529	3140	12.4	3140578	2491459	26.1	114749	98615	16.4
私营股份有限公司	177	187	—5.3	296896	263209	12.8	8193	7147	14.6
其他企业	83	54	53.7	24348	22138	10.0	1180	926	27.4
港澳台商投资企业	**1224**	**1074**	**14.0**	**2192917**	**1660236**	**32.1**	**56886**	**49831**	**14.2**
港澳台合资经营企业	1082	972	11.3	1915358	1473691	30.0	50457	44685	12.9
港澳台合作经营企业	47	27	74.1	177090	86183	105.5	4069	3279	24.1
港澳台独资经营企业	85	70	21.4	5609	5502	1.9	883	946	—6.7
港澳台商投资股份有限公司	1	1		18088	18088		446	379	17.7
外商投资企业	**1146**	**951**	**20.5**	**1794109**	**1555861**	**15.3**	**60238**	**47550**	**26.7**
中外合资经营企业	623	533	16.9	1106363	965569	14.6	36012	27023	33.3
中外合作经营企业	468	375	24.8	628731	546072	15.1	22169	18785	18.0
外资企业	55	43	27.9	59015	44220	33.5	2057	1742	18.1
外商投资股份有限公司									

3－11 续表1

注册类型	销售额(万元)			#零售额(万元)			利润总额(万元)		
	2004年	2003年	±%	2004年	2003年	±%	2004年	2003年	±%
合　计	**45660350**	**34944578**	**30.7**	**35635247**	**27251194**	**30.8**	**787328**	**573345**	**37.3**
内资企业	**38132122**	**29019250**	**31.4**	**29215503**	**22169146**	**31.8**	**679029**	**516534**	**31.5**
国有企业	4991086	3710007	34.5	2992059	2250588	32.9	231424	160746	44.0
集体企业	380507	321237	18.5	353390	291391	21.3	4379	4834	－9.4
股份合作企业	245187	253386	－3.2	226802	234107	－3.1	423	874	－51.6
联营企业	629839	481049	30.9	332229	252332	31.7	9499	7522	26.3
国有联营企业	24983	22192	12.6	22099	19423	13.8	645	504	28.0
集体联营企业									
国有与集体联营企业	584668	434513	34.6	289942	208565	39.0	9262	7251	27.7
其他联营企业	20188	24343	－17.1	20188	24343	－17.1	－408	－233	75.1
有限责任公司	12155018	9576690	26.9	9860582	7655403	28.8	133326	66255	101.2
国有独资公司	671298	520865	28.9	559295	441780	26.6	10864	2082	421.8
其他有限责任公司	11189206	8859808	26.3	9018329	7022986	28.4	129031	70918	81.9
股份有限公司	14510321	11165386	30.0	10563149	8237851	28.2	282205	245809	14.8
私营企业	5156150	3449933	49.5	4824550	3188649	51.3	17442	30024	－41.9
私营独资企业	120806	93372	29.4	109108	82482	32.3	1603	1402	14.3
私营合伙企业	6528	5535	17.9	6528	5535	17.9	29	69	－58.0
私营有限责任公司	4348208	2830454	53.6	4079650	2599457	56.9	27545	34404	－19.9
私营股份有限公司	423639	338545	25.1	377840	319147	18.4	735	－953	
其他企业	64014	61562	4.0	62741	58826	6.7	331	469	－29.4
港澳台商投资企业	**3023812**	**2311825**	**30.8**	**2819023**	**2171298**	**29.8**	**2129**	**9892**	**－78.5**
港澳台合资经营企业	2614661	2012324	29.9	2505190	1936328	29.4	4657	8411	－44.6
港澳台合作经营企业	307592	209063	47.1	225809	148235	52.3	－348	6668	
港澳台独资经营企业	23919	21554	11.0	23919	21554	11.0	－104	－409	－74.6
港澳台商投资股份有限公司	33563	14368	133.6	33563	14368	133.6	－1632	－2281	－28.5
外商投资企业	**4462074**	**3576899**	**24.7**	**3558379**	**2874146**	**23.8**	**104602**	**45991**	**127.4**
中外合资经营企业	1830850	1435408	27.5	1701029	1331062	27.8	49097	31524	55.7
中外合作经营企业	2542480	2082599	22.1	1768685	1484455	19.1	48428	12690	281.6
外资企业	88745	58893	50.7	88664	58630	51.2	7077	1777	298.3
外商投资股份有限公司									

3—11 续表 2

注册类型	资产总额(万元)			负债总额(万元)		
	2004 年	2003 年	±%	2004 年	2003 年	±%
合　计	**18005588**	**14507088**	**24.1**	**13093718**	**10637667**	**23.1**
内资企业	**14912704**	**11857909**	**25.8**	**10817991**	**8597194**	**25.8**
国有企业	1522587	1183731	28.6	1011133	653011	54.8
集体企业	194481	181690	7.0	130035	121796	6.8
股份合作企业	268380	224332	19.6	208727	166223	25.6
联营企业	271410	240155	13.0	187572	165060	13.6
国有联营企业	9052	7878	14.9	3868	4413	—12.3
集体联营企业						
国有与集体联营企业	245869	215913	13.9	168072	144209	16.5
其他联营企业	16489	16364	0.8	15632	16438	—4.9
有限责任公司	5211229	4097921	27.2	4031700	3247771	24.1
国有独资公司	315343	242983	29.8	283577	216083	31.2
其他有限责任公司	4824338	3794609	27.1	3666703	2968342	23.5
股份有限公司	4966326	4162394	19.3	3233083	2793538	15.7
私营企业	2454631	1751113	40.2	1987148	1433877	38.6
私营独资企业	35780	31314	14.3	29694	25702	15.5
私营合伙企业	3346	2866	16.7	2087	2001	4.3
私营有限责任公司	2130799	1507883	41.3	1700059	1223597	38.9
私营股份有限公司	165840	139108	19.2	123433	107529	14.8
其他企业	23661	16572	42.8	28593	15918	79.6
港澳台商投资企业	**1160281**	**1085180**	**6.9**	**913088**	**875475**	**4.3**
港澳台合资经营企业	1015489	929667	9.2	812257	754470	7.7
港澳台合作经营企业	97823	119217	—17.9	69274	99451	—30.3
港澳台独资经营企业	10763	12986	—17.1	7487	10388	—27.9
港澳台商投资股份有限公司	11428			8663		
外商投资企业	**1889957**	**1545662**	**22.3**	**1325825**	**1151380**	**15.2**
中外合资经营企业	922942	723088	27.6	595194	525133	13.3
中外合作经营企业	911475	779277	17.0	697047	601023	16.0
外资企业	55541	43297	28.3	33583	25224	33.1
外商投资股份有限公司						

3—12 限额以上直营连锁百货店情况

（按登记注册类型分）

注册类型	门店数（个）			营业面积（平方米）			从业人员（人）		
	2004 年	2003 年	±%	2004 年	2003 年	±%	2004 年	2003 年	±%
合　　计	**997**	**908**	**9.8**	**5752050**	**4330505**	**32.8**	**124600**	**114170**	**9.1**
内资企业	**936**	**861**	**8.7**	**4736944**	**3644169**	**30.0**	**96664**	**92229**	**4.8**
国有企业	73	73		118906	92954	27.9	3670	3772	—2.7
集体企业	40	43	—7.0	133940	121780	10.0	2967	3100	—4.3
股份合作企业	20	20		100691	84272	19.5	3030	2676	13.2
联营企业									
国有联营企业									
集体联营企业									
国有与集体联营企业									
其他联营企业									
有限责任公司	233	209	11.5	1007985	691112	45.8	24622	18813	30.9
国有独资公司	38	32	18.8	227480	168890	34.7	5142	3822	34.5
其他有限责任公司	179	163	9.8	746205	494222	51.0	18301	14175	29.1
股份有限公司	457	419	9.1	3173976	2481305	27.9	55172	57618	—4.2
私营企业	113	97	16.5	201446	172746	16.6	7203	6250	15.2
私营独资企业	19	12	58.3	21600	10300	109.7	672	386	74.1
私营合伙企业									
私营有限责任公司	92	83	10.8	139846	122446	14.2	6229	5564	12.0
私营股份有限公司	2	2		40000	40000		302	300	0.7
其他企业									
港澳台商投资企业	**49**	**34**	**44.1**	**756927**	**422213**	**79.3**	**18648**	**12656**	**47.3**
港澳台合资经营企业	49	34	44.1	756927	422213	79.3	18648	12656	47.3
港澳台合作经营企业									
港澳台独资经营企业									
港澳台商投资股份有限公司									
外商投资企业	**12**	**13**	**—7.7**	**258179**	**264123**	**—2.3**	**9288**	**9285**	
中外合资经营企业	12	13	—7.7	258179	264123	—2.3	9288	9285	
中外合作经营企业									
外资企业									
外商投资股份有限公司									

3—12　续表1

注册类型	销售额(万元)			#零售额(万元)			利润总额(万元)		
	2004年	2003年	±%	2004年	2003年	±%	2004年	2003年	±%
合　　计	**7076311**	**5782967**	**22.4**	**6313218**	**5077570**	**24.3**	**126870**	**101630**	**24.8**
内资企业	**5893198**	**4905175**	**20.1**	**5131836**	**4208938**	**21.9**	**98045**	**75793**	**29.4**
国有企业	93288	105830	−11.9	90430	102098	−11.4	410	437	−6.2
集体企业	102434	94337	8.6	94215	83922	12.3	−214	412	
股份合作企业	60303	52238	15.4	60303	52238	15.4	118	887	−86.7
联营企业									
国有联营企业									
集体联营企业									
国有与集体联营企业									
其他联营企业									
有限责任公司	1299523	1057636	22.9	1203984	987016	22.0	30858	10925	182.5
国有独资公司	578245	446082	29.6	502212	395486	27.0	12768	2319	450.6
其他有限责任公司	686368	583206	17.7	676867	567725	19.2	17018	7651	122.4
股份有限公司	4229271	3500699	20.8	3578089	2893587	23.7	67196	62949	6.7
私营企业	108380	94436	14.8	104816	90076	16.4	−323	183	
私营独资企业	3070	2022	51.8	3070	2022	51.8	23	13	76.9
私营合伙企业									
私营有限责任公司	72893	59613	22.3	69329	55254	25.5	−659	−134	391.8
私营股份有限公司	32418	32801	−1.2	32418	32801	−1.2	313	304	3.0
其他企业									
港澳台商投资企业	**768716**	**561081**	**37.0**	**768716**	**561081**	**37.0**	**−3669**	**8228**	
港澳台合资经营企业	768716	561081	37.0	768716	561081	37.0	−3669	8228	
港澳台合作经营企业									
港澳台独资经营企业									
港澳台商投资股份有限公司									
外商投资企业	**414397**	**316711**	**30.8**	**412666**	**307552**	**34.2**	**32494**	**17609**	**84.5**
中外合资经营企业	414397	316711	30.8	412666	307552	34.2	32494	17609	84.5
中外合作经营企业									
外资企业									
外商投资股份有限公司									

3—12 续表2

注册类型	资产总额(万元)			负债总额(万元)		
	2004年	2003年	±%	2004年	2003年	±%
合　　计	**3170432**	**2820893**	**12.4**	**2340159**	**2081110**	**12.4**
内资企业	**2687645**	**2355903**	**14.1**	**1978512**	**1715725**	**15.3**
国有企业	51595	55204	−6.5	40963	44975	−8.9
集体企业	53124	57839	−8.2	38135	44524	−14.3
股份合作企业	45088	42493	6.1	30319	27495	10.3
联营企业						
国有联营企业						
集体联营企业						
国有与集体联营企业						
其他联营企业						
有限责任公司	714378	541681	31.9	584275	448080	30.4
国有独资公司	269074	205183	31.1	247364	185843	33.1
其他有限责任公司	431122	324588	32.8	326002	252718	29.0
股份有限公司	1762533	1596417	10.4	1235043	1105045	11.8
私营企业	60928	62269	−2.2	49776	45606	9.1
私营独资企业	923	777	18.8	788	643	22.6
私营合伙企业						
私营有限责任公司	43063	49184	−12.4	38613	37355	3.4
私营股份有限公司	16943	12308	37.7	10376	7608	36.4
其他企业						
港澳台商投资企业	**238801**	**240606**	**−0.8**	**193732**	**191793**	**1.0**
港澳台合资经营企业	238801	240606	−0.8	193732	191793	1.0
港澳台合作经营企业						
港澳台独资经营企业						
港澳台商投资股份有限公司						
外商投资企业	**243986**	**224384**	**8.7**	**167915**	**173593**	**−3.3**
中外合资经营企业	243986	224384	8.7	167915	173593	−3.3
中外合作经营企业						
外资企业						
外商投资股份有限公司						

3—13 限额以上直营连锁超级市场情况

（按登记注册类型分）

注册类型	门店数（个）			营业面积（平方米）			从业人员（人）		
	2004 年	2003 年	±%	2004 年	2003 年	±%	2004 年	2003 年	±%
合计	**9107**	**8041**	**13.3**	**13848327**	**11613462**	**19.2**	**405616**	**352476**	**15.1**
内资企业	**7926**	**6992**	**13.4**	**11278699**	**9390368**	**20.1**	**329413**	**287247**	**14.7**
国有企业	771	695	10.9	850626	729093	16.7	26611	25163	5.8
集体企业	356	354	0.6	139564	126991	9.9	4867	4552	6.9
股份合作企业	124	104	19.2	199924	120424	66.0	3936	3479	13.1
联营企业									
国有联营企业									
集体联营企业									
国有与集体联营企业									
其他联营企业									
有限责任公司	2816	2465	14.2	4733761	3931687	20.4	142189	122536	16.0
国有独资公司	9	11	−18.2	8956	9336	−4.1	481	707	−32.0
其他有限责任公司	2621	2277	15.1	4663860	3863651	20.7	140146	119643	17.1
股份有限公司	2185	1922	13.7	3074786	2493260	23.3	72809	63087	15.4
私营企业	1667	1445	15.4	2262753	1971628	14.8	78621	68031	15.6
私营独资企业	240	207	15.9	165731	256611	−35.4	4941	4093	20.7
私营合伙企业	25	24	4.2	20322	17602	15.5	930	810	14.8
私营有限责任公司	1310	1139	15.0	1886672	1529608	23.3	67249	58329	15.3
私营股份有限公司	91	74	23.0	190027	167806	13.2	5191	4479	15.9
其他企业	7	7		17285	17285		380	399	−4.8
港澳台商投资企业	**671**	**622**	**7.9**	**1369008**	**1202669**	**13.8**	**31856**	**32005**	**−0.5**
港澳台合资经营企业	643	606	6.1	1118135	1023948	9.2	27929	28953	−3.5
港澳台合作经营企业	18	11	63.6	156013	83861	86.0	2450	2131	15.0
港澳台独资经营企业									
港澳台商投资股份有限公司	1	1		18088	18088		446	379	17.7
外商投资企业	**510**	**427**	**19.4**	**1200620**	**1020425**	**17.7**	**44347**	**33224**	**33.5**
中外合资经营企业	433	361	19.9	630183	526714	19.6	23572	15281	54.3
中外合作经营企业	57	48	18.8	552972	476591	16.0	19817	16946	16.9
外资企业	20	18	11.1	17465	17120	2.0	958	997	−3.9
外商投资股份有限公司									

3—13　续表1

注册类型	销售额(万元)			#零售额(万元)			利润总额(万元)		
	2004年	2003年	±%	2004年	2003年	±%	2004年	2003年	±%
合　计	**20049523**	**16339419**	**22.7**	**16125789**	**13191818**	**22.2**	**204744**	**123700**	**65.5**
内资企业	**14460930**	**11743135**	**23.1**	**11538697**	**9360737**	**23.3**	**134710**	**96801**	**39.2**
国有企业	865254	724466	19.4	679487	593702	14.4	887	−796	
集体企业	155084	127041	22.1	138240	109704	26.0	705	201	250.7
股份合作企业	110603	143921	−23.2	103019	135161	−23.8	−2584	−3655	−29.3
联营企业									
国有联营企业									
集体联营企业									
国有与集体联营企业									
其他联营企业									
有限责任公司	5565722	4646033	19.8	4303192	3579665	20.2	75321	41739	80.5
国有独资公司	6472	10040	−35.5	6468	8583	−24.6	−594	−152	290.8
其他有限责任公司	5501478	4591129	19.8	4238980	3526232	20.2	76402	42564	79.5
股份有限公司	5957466	4647077	28.2	4573273	3536846	29.3	56690	60820	−6.8
私营企业	1764741	1413547	24.8	1699427	1364611	24.5	3449	−1885	
私营独资企业	106148	82215	29.1	95333	71794	32.8	1281	1187	7.9
私营合伙企业	6528	5535	17.9	6528	5535	17.9	29	69	−58.0
私营有限责任公司	1441232	1160623	24.2	1386732	1122107	23.6	1173	−2113	
私营股份有限公司	171882	131617	30.6	171882	131617	30.6	460	−506	
其他企业	42060	41050	2.5	42060	41050	2.5	242	376	−35.6
港澳台商投资企业	**1884728**	**1594440**	**18.2**	**1760489**	**1517118**	**16.0**	**5277**	**4104**	**28.6**
港澳台合资经营企业	1606944	1408010	14.1	1501735	1334391	12.5	9429	3151	199.2
港澳台合作经营企业	200145	117546	70.3	194649	117546	65.6	−2077	5732	
港澳台独资经营企业									
港澳台商投资股份有限公司	33563	14368	133.6	33563	14368	133.6	−1632	−2281	−28.5
外商投资企业	**3703865**	**3001844**	**23.4**	**2826603**	**2313963**	**22.2**	**64757**	**22795**	**184.1**
中外合资经营企业	1240290	990193	25.3	1136903	900719	26.2	17203	13184	30.5
中外合作经营企业	2446031	1996979	22.5	1672237	1398835	19.5	47575	10952	334.4
外资企业	17544	14672	19.6	17463	14409	21.2	−20	−1341	−98.5
外商投资股份有限公司									

3—13 续表2

注册类型	资产总额(万元)			负债总额(万元)		
	2004年	2003年	±%	2004年	2003年	±%
合　计	**7409390**	**6241062**	**18.7**	**5678246**	**4880112**	**16.4**
内资企业	**5214813**	**4292081**	**21.5**	**4044183**	**3366914**	**20.1**
国有企业	416922	313234	33.1	450063	242579	85.5
集体企业	57602	50380	14.3	48839	41773	16.9
股份合作企业	171402	147057	16.6	142296	114731	24.0
联营企业						
国有联营企业						
集体联营企业						
国有与集体联营企业						
其他联营企业						
有限责任公司	1791026	1461462	22.6	1441305	1287267	12.0
国有独资公司	8873	9432	—5.9	5167	6733	—23.3
其他有限责任公司	1764706	1436258	22.9	1419934	1266523	12.1
股份有限公司	1917517	1618454	18.5	1269906	1108191	14.6
私营企业	849812	696408	22.0	675964	567550	19.1
私营独资企业	29234	25623	14.1	25275	21988	14.9
私营合伙企业	3346	2866	16.7	2087	2001	4.3
私营有限责任公司	710937	568807	25.0	568004	465400	22.0
私营股份有限公司	89781	85007	5.6	62609	62325	0.5
其他企业	10533	5087	107.1	15810	4822	227.9
港澳台商投资企业	**818960**	**768977**	**6.5**	**641575**	**628813**	**2.0**
港澳台合资经营企业	745201	657357	13.4	594303	539983	10.1
港澳台合作经营企业	37552	88310	—57.5	23202	77664	—70.1
港澳台独资经营企业						
港澳台商投资股份有限公司	11428			8663		
外商投资企业	**1375617**	**1180004**	**16.6**	**992488**	**884385**	**12.2**
中外合资经营企业	483750	421808	14.7	317039	303753	4.4
中外合作经营企业	872533	737808	18.3	668854	572875	16.8
外资企业	19334	20387	—5.2	6596	7757	—15.0
外商投资股份有限公司						

3－14 限额以上直营连锁专业店情况

（按登记注册类型分）

注册类型	门店数（个）			营业面积（平方米）			从业人员（人）		
	2004年	2003年	±%	2004年	2003年	±%	2004年	2003年	±%
合　计	**16607**	**15344**	**8.2**	**10904875**	**7895261**	**38.1**	**259826**	**222666**	**16.7**
内资企业	**16313**	**15071**	**8.2**	**10589695**	**7636460**	**38.7**	**254090**	**218226**	**16.4**
国有企业	4756	4483	6.1	4211090	3376139	24.7	39444	40706	－3.1
集体企业	168	88	90.9	33998	22958	48.1	2186	1887	15.8
股份合作企业	189	178	6.2	49050	48543	1.0	1585	1582	0.2
联营企业	140	128	9.4	82058	61644	33.1	4130	3910	5.6
国有联营企业	115	108	6.5	9441	8881	6.3	848	808	5.0
集体联营企业									
国有与集体联营企业	16	14	14.3	41117	32763	25.5	2562	2402	6.7
其他联营企业	9	6	50.0	31500	20000	57.5	720	700	2.9
有限责任公司	6053	5496	10.1	2927361	1829851	60.0	83981	71404	17.6
国有独资公司	289	159	81.8	83754	48609	72.3	3778	1977	91.1
其他有限责任公司	5664	5234	8.2	2835067	1772917	59.9	79667	68856	15.7
股份有限公司	3208	3016	6.4	2090604	1417593	47.5	81250	64992	25.0
私营企业	1727	1639	5.4	1189071	875479	35.8	40777	33274	22.5
私营独资企业	68	57	19.3	6735	5057	33.2	893	627	42.4
私营合伙企业									
私营有限责任公司	1410	1270	11.0	1023425	753757	35.8	33995	27920	21.8
私营股份有限公司	67	86	－22.1	48274	34614	39.5	2209	1750	26.2
其他企业	72	43	67.4	6463	4253	52.0	737	471	56.5
港澳台商投资企业	**201**	**181**	**11.0**	**16640**	**15883**	**4.8**	**1861**	**1427**	**30.4**
港澳台合资经营企业	131	133	－1.5	13150	12882	2.1	1127	832	35.5
港澳台合作经营企业	4	3	33.3	1900	1500	26.7	234	190	23.2
港澳台独资经营企业	66	45	46.7	1590	1501	5.9	500	405	23.5
港澳台商投资股份有限公司									
外商投资企业	**93**	**92**	**1.1**	**298540**	**242918**	**22.9**	**3875**	**3013**	**28.6**
中外合资经营企业	80	79	1.3	203890	162318	25.6	2248	1676	34.1
中外合作经营企业	4	4		54000	54000		636	656	－3.0
外资企业	9	9		40650	26600	52.8	991	681	45.5
外商投资股份有限公司									

3—14 续表1

注册类型	销售额(万元)			#零售额(万元)			利润总额(万元)		
	2004年	2003年	±%	2004年	2003年	±%	2004年	2003年	±%
合　计	**16813226**	**11597070**	**45.0**	**11692321**	**7927610**	**47.5**	**462466**	**354255**	**30.5**
内资企业	**16481241**	**11352231**	**45.2**	**11392072**	**7692238**	**48.1**	**455115**	**351188**	**29.6**
国有企业	3939313	2801261	40.6	2142329	1484618	44.3	230897	162338	42.2
集体企业	72685	55241	31.6	71628	53909	32.9	1565	2181	—28.2
股份合作企业	60346	48340	24.8	54214	40766	33.0	1838	1392	32.0
联营企业	629839	481049	30.9	332229	252332	31.7	9499	7522	26.3
国有联营企业	24983	22192	12.6	22099	19423	13.8	645	504	28.0
集体联营企业									
国有与集体联营企业	584668	434513	34.6	289942	208565	39.0	9262	7251	27.7
其他联营企业	20188	24343	—17.1	20188	24343	—17.1	—408	—233	75.1
有限责任公司	4425283	3189581	38.7	3577079	2474767	44.5	41420	25279	63.9
国有独资公司	86581	64744	33.7	50615	37711	34.2	—1310	—85	1541.2
其他有限责任公司	4332109	3118645	38.9	3521393	2431686	44.8	42706	25012	70.7
股份有限公司	4221947	2954377	42.9	2322507	1755379	32.3	153527	117800	30.3
私营企业	3112742	1804902	72.5	2873257	1614046	78.0	16283	34585	—52.9
私营独资企业	8402	5813	44.5	7519	5343	40.7	50	25	100.0
私营合伙企业									
私营有限责任公司	2682801	1489630	80.1	2494903	1318107	89.3	29184	39274	—25.7
私营股份有限公司	203523	160989	26.4	158362	142126	11.4	25	—339	
其他企业	19086	17479	9.2	18830	16422	14.7	86	91	—5.5
港澳台商投资企业	**50257**	**38734**	**29.7**	**43223**	**34979**	**23.6**	**462**	**—1021**	
港澳台合资经营企业	24866	18872	31.8	20605	16496	24.9	343	—879	
港澳台合作经营企业	15127	12722	18.9	12355	11343	8.9	59	14	321.4
港澳台独资经营企业	10263	7140	43.7	10263	7140	43.7	60	—157	
港澳台商投资股份有限公司									
外商投资企业	**281729**	**206105**	**36.7**	**257026**	**200392**	**28.3**	**6889**	**4089**	**68.5**
中外合资经营企业	156663	110509	41.8	131960	104797	25.9	192	1281	—85.0
中外合作经营企业	54773	52096	5.1	54773	52096	5.1	—138	—158	—12.7
外资企业	70294	43500	61.6	70294	43500	61.6	6836	2966	130.5
外商投资股份有限公司									

3—14　续表2

注册类型	资产总额(万元)			负债总额(万元)		
	2004年	2003年	±%	2004年	2003年	±%
合　计	**6699685**	**4904781**	**36.6**	**4579886**	**3285729**	**39.4**
内资企业	**6447201**	**4758484**	**35.5**	**4414404**	**3185060**	**38.6**
国有企业	985571	736628	33.8	466373	303687	53.6
集体企业	49357	42146	17.1	30730	24877	23.5
股份合作企业	25786	24478	5.3	17089	17025	0.4
联营企业	271410	240155	13.0	187572	165060	13.6
国有联营企业	9052	7878	14.9	3868	4413	−12.3
集体联营企业						
国有与集体联营企业	245869	215913	13.9	168072	144209	16.5
其他联营企业	16489	16364	0.8	15632	16438	−4.9
有限责任公司	2452703	1897547	29.3	1819420	1340696	35.7
国有独资公司	37396	28368	31.8	31046	23507	32.1
其他有限责任公司	2404918	1858843	29.4	1782870	1311777	35.9
股份有限公司	1243754	924501	34.5	700715	563491	24.4
私营企业	1406572	882263	59.4	1180714	759765	55.4
私营独资企业	4983	4028	23.7	3406	2870	18.7
私营合伙企业						
私营有限责任公司	1251065	787644	58.8	1020157	664884	53.4
私营股份有限公司	48173	34754	38.6	43264	32799	31.9
其他企业	12047	10765	11.9	11790	10459	12.7
港澳台商投资企业	**34617**	**35956**	**−3.7**	**19813**	**22499**	**−11.9**
港澳台合资经营企业	19292	21044	−8.3	11974	13439	−10.9
港澳台合作经营企业	7825	5674	37.9	3239	2580	25.5
港澳台独资经营企业	7500	9238	−18.8	4600	6481	−29.0
港澳台商投资股份有限公司						
外商投资企业	**217867**	**110341**	**97.4**	**145669**	**78170**	**86.3**
中外合资经营企业	158170	62309	153.8	99777	41492	140.5
中外合作经营企业	25353	26324	−3.7	19584	19673	−0.5
外资企业	34344	21708	58.2	26308	17005	54.7
外商投资股份有限公司						

3—15 限额以上直营连锁专卖店情况

（按登记注册类型分）

注册类型	门店数(个)			营业面积(平方米)			从业人员(人)		
	2004 年	2003 年	±%	2004 年	2003 年	±%	2004 年	2003 年	±%
合　计	**1797**	**1515**	**18.6**	**244183**	**192035**	**27.2**	**17714**	**15092**	**17.4**
内资企业	**1312**	**1132**	**15.9**	**188748**	**163001**	**15.8**	**13472**	**11699**	**15.2**
国有企业	50	46	8.7	2911	2250	29.4	396	429	—7.7
集体企业	153	130	17.7	19651	16273	20.8	1465	1326	10.5
股份合作企业	124	110	12.7	5925	5648	4.9	629	549	14.6
联营企业									
国有联营企业									
集体联营企业									
国有与集体联营企业									
其他联营企业									
有限责任公司	555	469	18.3	109220	99856	9.4	5374	4629	16.1
国有独资公司									
其他有限责任公司	555	469	18.3	109220	99856	9.4	5374	4629	16.1
股份有限公司	65	66	—1.5	11659	11710	—0.4	621	807	—23.0
私营企业	361	307	17.6	38782	26664	45.4	4924	3903	26.2
私营独资企业	23	24	—4.2	1950	2280	—14.5	312	340	—8.2
私营合伙企业									
私营有限责任公司	332	277	19.9	36281	23915	51.7	4522	3455	30.9
私营股份有限公司	6	6		551	469	17.5	90	108	—16.7
其他企业	4	4		600	600		63	56	12.5
港澳台商投资企业	**51**	**43**	**18.6**	**25976**	**6253**	**315.4**	**1918**	**1640**	**17.0**
港澳台合资经营企业	7	5	40.0	2780	1430	94.4	150	141	6.4
港澳台合作经营企业	25	13	92.3	19177	822	2233.0	1385	958	44.6
港澳台独资经营企业	19	25	—24.0	4019	4001	0.4	383	541	—29.2
港澳台商投资股份有限公司									
外商投资企业	**434**	**340**	**27.6**	**29459**	**22781**	**29.3**	**2324**	**1753**	**32.6**
中外合资经营企业									
中外合作经营企业	408	324	25.9	28559	22281	28.2	2216	1689	31.2
外资企业	26	16	62.5	900	500	80.0	108	64	68.8
外商投资股份有限公司									

3—15 续表1

注册类型	销售额(万元)			#零售额(万元)			利润总额(万元)		
	2004年	2003年	±%	2004年	2003年	±%	2004年	2003年	±%
合计	**575722**	**480284**	**19.9**	**430953**	**356806**	**20.8**	**19189**	**18304**	**4.8**
内资企业	**406773**	**335931**	**21.1**	**335519**	**271902**	**23.4**	**15125**	**14644**	**3.3**
国有企业	13507	11078	21.9	6492	5508	17.9	495	446	11.0
集体企业	33291	33464	—0.5	32293	32700	—1.2	2159	1949	10.8
股份合作企业	7624	5649	35.0	2956	2703	9.4	778	586	32.8
联营企业									
国有联营企业									
集体联营企业									
国有与集体联营企业									
其他联营企业									
有限责任公司	171048	160432	6.6	132451	122997	7.7	4649	5799	—19.8
国有独资公司									
其他有限责任公司	171048	160432	6.6	132451	122997	7.7	4649	5799	—19.8
股份有限公司	85520	52591	62.6	73427	41569	76.6	5425	4396	23.4
私营企业	92914	69683	33.3	86049	65070	32.2	1617	1465	10.4
私营独资企业	3187	3324	—4.1	3187	3324	—4.1	249	177	40.7
私营合伙企业									
私营有限责任公司	87811	64758	35.6	81585	60678	34.5	1313	1233	6.5
私营股份有限公司	1917	1602	19.7	1278	1068	19.7	55	55	
其他企业	2868	3033	—5.4	1852	1354	36.8	3	2	50.0
港澳台商投资企业	**108743**	**94474**	**15.1**	**35227**	**35025**	**0.6**	**1506**	**670**	**124.8**
港澳台合资经营企业	2767	1265	118.7	2767	1265	118.7			
港澳台合作经营企业	92320	78795	17.2	18804	19346	—2.8	1670	922	81.1
港澳台独资经营企业	13656	14414	—5.3	13656	14414	—5.3	—164	—252	—35.0
港澳台商投资股份有限公司									
外商投资企业	**60207**	**49879**	**20.7**	**60207**	**49879**	**20.7**	**2558**	**2990**	**—14.4**
中外合资经营企业									
中外合作经营企业	59299	49159	20.6	59299	49159	20.6	2297	2839	—19.1
外资企业	908	721	25.9	908	721	25.9	260	152	71.1
外商投资股份有限公司									

3—15 续表2

注册类型	资产总额(万元)			负债总额(万元)		
	2004年	2003年	±%	2004年	2003年	±%
合　计	**342893**	**254116**	**34.9**	**185822**	**120495**	**54.2**
内资企业	**262405**	**201313**	**30.3**	**126478**	**85396**	**48.1**
国有企业	3776	3510	7.6	2176	1951	11.5
集体企业	29929	28428	5.3	8390	8130	3.2
股份合作企业	11352	9276	22.4	7955	6900	15.3
联营企业						
国有联营企业						
集体联营企业						
国有与集体联营企业						
其他联营企业						
有限责任公司	91831	68888	33.3	49889	31415	58.8
国有独资公司						
其他有限责任公司	91831	68888	33.3	49889	31415	58.8
股份有限公司	31285	20744	50.8	23946	14741	62.4
私营企业	93150	69747	33.6	33129	21621	53.2
私营独资企业	641	886	—27.7	225	201	11.9
私营合伙企业						
私营有限责任公司	90707	67073	35.2	32738	21233	54.2
私营股份有限公司	1802	1788	0.8	167	188	—11.2
其他企业	1081	720	50.1	993	637	55.9
港澳台商投资企业	**55708**	**28981**	**92.2**	**45719**	**23115**	**97.8**
港澳台合资经营企业						
港澳台合作经营企业	52445	25233	107.8	42832	19207	123.0
港澳台独资经营企业	3263	3748	—12.9	2887	3908	—26.1
港澳台商投资股份有限公司						
外商投资企业	**24781**	**23821**	**4.0**	**13625**	**11984**	**13.7**
中外合资经营企业						
中外合作经营企业	22918	22619	1.3	12946	11522	12.4
外资企业	1863	1202	55.0	680	463	46.9
外商投资股份有限公司						

3—16　限额以上直营连锁便利店情况

（按登记注册类型分）

注册类型	门店数（个）			营业面积（平方米）			从业人员（人）		
	2004年	2003年	±%	2004年	2003年	±%	2004年	2003年	±%
合　计	**6027**	**5524**	**9.1**	**678956**	**590803**	**14.9**	**45917**	**47225**	**−2.8**
内资企业	**5677**	**5250**	**8.1**	**640479**	**565171**	**13.3**	**42410**	**44341**	**−4.4**
国有企业	576	643	−10.4	69489	77877	−10.8	6291	6547	−3.9
集体企业	46	45	2.2	21159	9582	120.8	557	356	56.5
股份合作企业	71	65	9.2	8520	3900	118.5	560	400	40.0
联营企业									
国有联营企业									
集体联营企业									
国有与集体联营企业									
其他联营企业									
有限责任公司	4542	4070	11.6	404319	370349	9.2	29827	32185	−7.3
国有独资公司									
其他有限责任公司	3539	3069	15.3	325921	279249	16.7	22909	24027	−4.7
股份有限公司	56	62	−9.7	68244	39210	74.0	2077	1656	25.4
私营企业	386	365	5.8	68748	64253	7.0	3098	3197	−3.1
私营独资企业									
私营合伙企业									
私营有限责任公司	375	346	8.4	50704	43933	15.4	2697	2687	0.4
私营股份有限公司	11	19	−42.1	18044	20320	−11.2	401	510	−21.4
其他企业									
港澳台商投资企业	**252**	**194**	**29.9**	**24366**	**13218**	**84.3**	**2603**	**2103**	**23.8**
港澳台合资经营企业	252	194	29.9	24366	13218	84.3	2603	2103	23.8
港澳台合作经营企业									
港澳台独资经营企业									
港澳台商投资股份有限公司									
外商投资企业									
中外合资经营企业									
中外合作经营企业									
外资企业									
外商投资股份有限公司									

3—16 续表1

注册类型	销售额(万元)			#零售额(万元)			利润总额(万元)		
	2004年	2003年	±%	2004年	2003年	±%	2004年	2003年	±%
合　计	**1134727**	**736226**	**54.1**	**1063983**	**688778**	**54.5**	**—26042**	**—24666**	**5.6**
内资企业	**903858**	**695136**	**30.0**	**833114**	**647688**	**28.6**	**—23803**	**—22027**	**8.1**
国有企业	76197	64333	18.4	69794	61624	13.3	—1491	—1795	—17.0
集体企业	17014	11155	52.5	17014	11155	52.5	164	91	80.2
股份合作企业	6311	3239	94.8	6311	3239	94.8	273	1665	—83.6
联营企业									
国有联营企业									
集体联营企业									
国有与集体联营企业									
其他联营企业									
有限责任公司	716167	541324	32.3	666602	509273	30.9	—18608	—17499	6.3
国有独资公司									
其他有限责任公司	520928	424712	22.7	471363	392661	20.0	—11430	—10121	12.9
股份有限公司	16117	10641	51.5	15855	10471	51.4	—632	—156	305.1
私营企业	72053	64445	11.8	57538	51927	10.8	—3509	—4333	—19.0
私营独资企业									
私营合伙企业									
私营有限责任公司	58153	52909	9.9	43638	40391	8.0	—3392	—3866	—12.3
私营股份有限公司	13900	11536	20.5	13900	11536	20.5	—118	—467	—74.7
其他企业									
港澳台商投资企业	**211368**	**23095**	**815.2**	**211368**	**23095**	**815.2**	**—1447**	**—2089**	**—30.7**
港澳台合资经营企业	211368	23095	815.2	211368	23095	815.2	—1447	—2089	—30.7
港澳台合作经营企业									
港澳台独资经营企业									
港澳台商投资股份有限公司									
外商投资企业									
中外合资经营企业									
中外合作经营企业									
外资企业									
外商投资股份有限公司									

3—16 续表2

注册类型	资产总额(万元)			负债总额(万元)		
	2004年	2003年	±%	2004年	2003年	±%
合　计	**379415**	**276734**	**37.1**	**304874**	**263010**	**15.9**
内资企业	**330184**	**251487**	**31.3**	**282161**	**247461**	**14.0**
国有企业	63098	73799	—14.5	50422	58923	—14.4
集体企业	4469	2898	54.2	3941	2492	58.1
股份合作企业	14752	1028	1335.0	11067	72	15270.8
联营企业						
国有联营企业						
集体联营企业						
国有与集体联营企业						
其他联营企业						
有限责任公司	192905	137679	40.1	168335	150180	12.1
国有独资公司						
其他有限责任公司	163374	115368	41.6	119532	115775	3.2
股份有限公司	11237	2278	393.3	3472	2071	67.6
私营企业	43723	33805	29.3	44925	33724	33.2
私营独资企业						
私营合伙企业						
私营有限责任公司	34581	28555	21.1	37908	29115	30.2
私营股份有限公司	9142	5251	74.1	7017	4609	52.2
其他企业						
港澳台商投资企业	**12196**	**10660**	**14.4**	**12249**	**9255**	**32.4**
港澳台合资经营企业	12196	10660	14.4	12249	9255	32.4
港澳台合作经营企业						
港澳台独资经营企业						
港澳台商投资股份有限公司						
外商投资企业						
中外合资经营企业						
中外合作经营企业						
外资企业						
外商投资股份有限公司						

3—17 限额以上加盟连锁零售业情况

（按登记注册类型分）

注册类型	门店数(个)			营业面积(平方米)			从业人员(人)		
	2004年	2003年	±%	2004年	2003年	±%	2004年	2003年	±%
合　计	**20301**	**15110**	**34.4**	**3729495**	**3150550**	**18.4**	**201707**	**170828**	**18.1**
内资企业	**18895**	**13878**	**36.2**	**2783406**	**2379146**	**17.0**	**156339**	**127974**	**22.2**
国有企业	752	610	23.3	82128	74208	10.7	4462	4076	9.5
集体企业	260	186	39.8	66656	62543	6.6	3725	3069	21.4
股份合作企业	381	273	39.6	42534	37341	13.9	1153	917	25.7
联营企业	147	141	4.3	150950	138537	9.0	8560	7760	10.3
国有联营企业									
集体联营企业									
国有与集体联营企业	147	141	4.3	150950	138537	9.0	8560	7760	10.3
其他联营企业									
有限责任公司	5615	4198	33.8	825594	674799	22.3	37605	30154	24.7
国有独资公司	172	75	129.3	83690	112400	−25.5	856	3067	−72.1
其他有限责任公司	5443	4122	32.0	741904	562354	31.9	36749	27085	35.7
股份有限公司	8373	5298	58.0	1315477	933900	40.9	79314	54719	44.9
私营企业	3364	3169	6.2	299695	457446	−34.5	21502	27261	−21.1
私营独资企业	514	557	−7.7	30045	30932	−2.9	5679	6207	−8.5
私营合伙企业									
私营有限责任公司	2494	2266	10.1	222237	397581	−44.1	14041	19654	−28.6
私营股份有限公司	348	329	5.8	46988	28028	67.6	1748	1325	31.9
其他企业	3	3		372	372		18	18	
港澳台商投资企业	**172**	**163**	**5.5**	**235104**	**194320**	**21.0**	**7264**	**6166**	**17.8**
港澳台合资经营企业	56	55	1.8	176251	168052	4.9	4153	2994	38.7
港澳台合作经营企业	104	99	5.1	58235	25768	126.0	3051	3126	−2.4
港澳台独资经营企业	12	9	33.3	618	500	23.6	60	46	30.4
港澳台商投资股份有限公司									
外商投资企业	**1234**	**1069**	**15.4**	**710985**	**577084**	**23.2**	**38104**	**36688**	**3.9**
中外合资经营企业	1120	958	16.9	500334	393859	27.0	24866	25738	−3.4
中外合作经营企业	100	105	−4.8	210251	183025	14.9	13181	10926	20.6
外资企业	14	6	133.3	400	200	100.0	57	24	137.5
外商投资股份有限公司									

3—17 续表

注册类型	销售额(万元)			#零售额(万元)		
	2004年	2003年	±%	2004年	2003年	±%
合　计	**10146609**	**7641766**	**32.8**	**9463782**	**7390039**	**28.1**
内资企业	**8233512**	**6255642**	**31.6**	**7653091**	**6010419**	**27.3**
国有企业	53646	40147	33.6	52514	38387	36.8
集体企业	106709	56630	88.4	105407	56412	86.9
股份合作企业	22866	15477	47.7	20014	12518	59.9
联营企业	697990	423265	64.9	602620	407863	47.8
国有联营企业						
集体联营企业						
国有与集体联营企业	697990	423265	64.9	602620	407863	47.8
其他联营企业						
有限责任公司	901662	593480	51.9	859680	575857	49.3
国有独资公司	62446	60091	3.9	62446	59198	5.5
其他有限责任公司	839216	533367	57.3	797234	516636	54.3
股份有限公司	3016656	1902063	58.6	2604774	1722787	51.2
私营企业	3433522	3224233	6.5	3407622	3196249	6.6
私营独资企业	26070	28789	—9.4	24841	27194	—8.7
私营合伙企业						
私营有限责任公司	3376647	3181439	6.1	3351975	3155200	6.2
私营股份有限公司	30735	13855	121.8	30735	13705	124.3
其他企业	461	347	32.9	461	347	32.9
港澳台商投资企业	**371613**	**338603**	**9.7**	**364582**	**332099**	**9.8**
港澳台合资经营企业	231350	245666	—5.8	231350	245666	—5.8
港澳台合作经营企业	140209	92885	50.9	133178	86381	54.2
港澳台独资经营企业	54	52	3.8	54	52	3.8
港澳台商投资股份有限公司						
外商投资企业	**1541484**	**1047521**	**47.2**	**1446109**	**1047521**	**38.1**
中外合资经营企业	848105	563910	50.4	848105	563910	50.4
中外合作经营企业	692875	483278	43.4	597500	483278	23.6
外资企业	504	333	51.4	504	333	51.4
外商投资股份有限公司						

3—18 限额以上加盟连锁百货店情况

（按登记注册类型分）

注册类型	门店数(个)			营业面积(平方米)			从业人员(人)		
	2004 年	2003 年	±%	2004 年	2003 年	±%	2004 年	2003 年	±%
合　计	**1640**	**1221**	**34.3**	**358520**	**229487**	**56.2**	**14448**	**7470**	**93.4**
内资企业	**1640**	**1221**	**34.3**	**358520**	**229487**	**56.2**	**14448**	**7470**	**93.4**
国有企业	18	22	—18.2	25295	25007	1.2	570	573	—0.5
集体企业									
股份合作企业	2	1	100.0	18500	14500	27.6	408	286	42.7
联营企业									
国有联营企业									
集体联营企业									
国有与集体联营企业									
其他联营企业									
有限责任公司	69	55	25.5	111986	93500	19.8	2448	1540	59.0
国有独资公司	7	7		77700	77700		516	440	17.3
其他有限责任公司	62	48	29.2	34286	15800	117.0	1932	1100	75.6
股份有限公司	1534	1126	36.2	191439	85480	124.0	10322	4396	134.8
私营企业	17	17		11300	11000	2.7	700	675	3.7
私营独资企业									
私营合伙企业									
私营有限责任公司	17	17		11300	11000	2.7	700	675	3.7
私营股份有限公司									
其他企业									
港澳台商投资企业									
港澳台合资经营企业									
港澳台合作经营企业									
港澳台独资经营企业									
港澳台商投资股份有限公司									
外商投资企业									
中外合资经营企业									
中外合作经营企业									
外资企业									
外商投资股份有限公司									

3—18 续表

注册类型	销售额(万元)			#零售额(万元)		
	2004 年	2003 年	±%	2004 年	2003 年	±%
合　计	**371004**	**182216**	**103.6**	**324989**	**165216**	**96.7**
内资企业	**371004**	**182216**	**103.6**	**324989**	**165216**	**96.7**
国有企业	8424	6164	36.7	8424	6164	36.7
集体企业						
股份合作企业	11645	5207	123.6	11645	5207	123.6
联营企业						
国有联营企业						
集体联营企业						
国有与集体联营企业						
其他联营企业						
有限责任公司	146034	64236	127.3	134819	64236	109.9
国有独资公司	62010	51207	21.1	62010	51207	21.1
其他有限责任公司	84025	13028	545.0	72809	13028	458.9
股份有限公司	199762	100397	99.0	164962	83397	97.8
私营企业	5139	6212	—17.3	5139	6212	—17.3
私营独资企业						
私营合伙企业						
私营有限责任公司	5139	6212	—17.3	5139	6212	—17.3
私营股份有限公司						
其他企业						
港澳台商投资企业						
港澳台合资经营企业						
港澳台合作经营企业						
港澳台独资经营企业						
港澳台商投资股份有限公司						
外商投资企业						
中外合资经营企业						
中外合作经营企业						
外资企业						
外商投资股份有限公司						

3—19 限额以上加盟连锁超级市场情况

（按登记注册类型分）

注册类型	门店数（个）			营业面积（平方米）			从业人员（人）		
	2004 年	2003 年	±%	2004 年	2003 年	±%	2004 年	2003 年	±%
合　计	**4966**	**3676**	**35.1**	**2094785**	**1700676**	**23.2**	**105211**	**91886**	**14.5**
内资企业	**3918**	**2749**	**42.5**	**1165876**	**942533**	**23.7**	**61360**	**50043**	**22.6**
国有企业	30	33	−9.1	10405	7725	34.7	424	382	11.0
集体企业	151	146	3.4	55236	53881	2.5	2867	2482	15.5
股份合作企业	35	31	12.9	8300	7220	15.0	195	164	18.9
联营企业									
国有联营企业									
集体联营企业									
国有与集体联营企业									
其他联营企业									
有限责任公司	1029	666	54.5	316500	221935	42.6	12331	9908	24.5
国有独资公司									
其他有限责任公司	1029	666	54.5	316500	221935	42.6	12331	9908	24.5
股份有限公司	2565	1782	43.9	708558	594663	19.2	41735	33767	23.6
私营企业	108	91	18.7	66877	57109	17.1	3808	3340	14.0
私营独资企业	8	7	14.3	9722	9692	0.3	1124	1116	0.7
私营合伙企业									
私营有限责任公司	96	80	20.0	46727	36989	26.3	2265	1824	24.2
私营股份有限公司	4	4		10428	10428		419	400	4.8
其他企业									
港澳台商投资企业	**64**	**61**	**4.9**	**233486**	**192920**	**21.0**	**6934**	**5890**	**17.7**
港澳台合资经营企业	56	55	1.8	176251	168052	4.9	4153	2994	38.7
港澳台合作经营企业	8	6	33.3	57235	24868	130.2	2781	2896	−4.0
港澳台独资经营企业									
港澳台商投资股份有限公司									
外商投资企业	**984**	**866**	**13.6**	**695423**	**565223**	**23.0**	**36917**	**35953**	**2.7**
中外合资经营企业	961	846	13.6	489000	385600	26.8	23960	25430	−5.8
中外合作经营企业	23	20	15.0	206423	179623	14.9	12957	10523	23.1
外资企业									
外商投资股份有限公司									

3—19 续表

注册类型	销售额(万元)			#零售额(万元)		
	2004 年	2003 年	±%	2004 年	2003 年	±%
合计	**4049879**	**2916131**	**38.9**	**3946222**	**2910137**	**35.6**
内资企业	**2182464**	**1567085**	**39.3**	**2174183**	**1561091**	**39.3**
国有企业	3902	4531	—13.9	3860	4310	—10.4
集体企业	78441	42383	85.1	77139	42165	82.9
股份合作企业	6064	5395	12.4	6064	5395	12.4
联营企业						
国有联营企业						
集体联营企业						
国有与集体联营企业						
其他联营企业						
有限责任公司	207359	129940	59.6	200864	124385	61.5
国有独资公司						
其他有限责任公司	207359	129940	59.6	200864	124385	61.5
股份有限公司	1853278	1364894	35.8	1852835	1364894	35.7
私营企业	33420	19943	67.6	33420	19943	67.6
私营独资企业	898	638	40.8	898	638	40.8
私营合伙企业						
私营有限责任公司	19464	8468	129.9	19464	8468	129.9
私营股份有限公司	13058	10837	20.5	13058	10837	20.5
其他企业						
港澳台商投资企业	**362293**	**329896**	**9.8**	**362293**	**329896**	**9.8**
港澳台合资经营企业	231350	245666	—5.8	231350	245666	—5.8
港澳台合作经营企业	130943	84230	55.5	130943	84230	55.5
港澳台独资经营企业						
港澳台商投资股份有限公司						
外商投资企业	**1505122**	**1019151**	**47.7**	**1409747**	**1019151**	**38.3**
中外合资经营企业	827600	550000	50.5	827600	550000	50.5
中外合作经营企业	677522	469151	44.4	582147	469151	24.1
外资企业						
外商投资股份有限公司						

3—20 限额以上加盟连锁专业店情况

（按登记注册类型分）

注册类型	门店数(个)			营业面积(平方米)			从业人员(人)		
	2004年	2003年	±%	2004年	2003年	±%	2004年	2003年	±%
合计	**9260**	**6788**	**36.4**	**969360**	**983449**	**—1.4**	**57330**	**53246**	**7.7**
内资企业	**9243**	**6769**	**36.5**	**968676**	**982630**	**—1.4**	**57276**	**53176**	**7.7**
国有企业	444	351	26.5	34463	30014	14.8	2280	1912	19.2
集体企业	73	7	942.9	4710	3930	19.8	455	183	148.6
股份合作企业	344	241	42.7	15734	15621	0.7	550	467	17.8
联营企业	147	141	4.3	150950	138537	9.0	8560	7760	10.3
国有联营企业									
集体联营企业									
国有与集体联营企业	147	141	4.3	150950	138537	9.0	8560	7760	10.3
其他联营企业									
有限责任公司	2248	1750	28.5	223343	227652	—1.9	9748	11350	—14.1
国有独资公司	165	68	142.6	5990	34700	—82.7	340	2627	—87.1
其他有限责任公司	2083	1681	23.9	217353	192907	12.7	9408	8721	7.9
股份有限公司	3664	2067	77.3	397015	240075	65.4	25020	14886	68.1
私营企业	2320	2209	5.0	142089	326429	—56.5	10645	16600	—35.9
私营独资企业	19	10	90.0	1817	620	193.1	172	66	160.6
私营合伙企业									
私营有限责任公司	2009	1882	6.7	118287	315304	—62.5	9290	15609	—40.5
私营股份有限公司	284	300	—5.3	21560	9600	124.6	1149	850	35.2
其他企业	3	3		372	372		18	18	
港澳台商投资企业									
港澳台合资经营企业									
港澳台合作经营企业									
港澳台独资经营企业									
港澳台商投资股份有限公司									
外商投资企业	**17**	**19**	**—10.5**	**684**	**819**	**—16.5**	**54**	**70**	**—22.9**
中外合资经营企业	17	19	—10.5	684	819	16.5	54	70	—22.9
中外合作经营企业									
外资企业									
外商投资股份有限公司									

3—20 续表

注册类型	销售额(万元)			#零售额(万元)		
	2004 年	2003 年	±%	2004 年	2003 年	±%
合　计	**5253716**	**4217055**	**24.6**	**4752291**	**4010994**	**18.5**
内资企业	**5251699**	**4216617**	**24.5**	**4750274**	**4010556**	**18.4**
国有企业	24963	18417	35.5	23873	16879	41.4
集体企业	17640	3951	346.5	17640	3951	346.5
股份合作企业	5158	4876	5.8	2306	1917	20.3
联营企业	697990	423265	64.9	602620	407863	47.8
国有联营企业						
集体联营企业						
国有与集体联营企业	697990	423265	64.9	602620	407863	47.8
其他联营企业						
有限责任公司	249767	201514	23.9	247050	196466	25.7
国有独资公司	436	8883	—95.1	436	7991	—94.5
其他有限责任公司	249331	192609	29.4	246614	188453	30.9
股份有限公司	928331	423628	119.1	551706	261352	111.1
私营企业	3327390	3140619	5.9	3304619	3121782	5.9
私营独资企业	419	124	237.9	419	124	237.9
私营合伙企业						
私营有限责任公司	3324225	3138127	5.9	3301453	3119440	5.8
私营股份有限公司	2677	2218	20.7	2677	2068	29.4
其他企业	461	347	32.9	461	347	32.9
港澳台商投资企业						
港澳台合资经营企业						
港澳台合作经营企业						
港澳台独资经营企业						
港澳台商投资股份有限公司						
外商投资企业	**2017**	**438**	**360.5**	**2017**	**438**	**360.5**
中外合资经营企业	2017	438	360.5	2017	438	360.5
中外合作经营企业						
外资企业						
外商投资股份有限公司						

3－21 限额以上加盟连锁专卖店情况

（按登记注册类型分）

注册类型	门店数(个)			营业面积(平方米)			从业人员(人)		
	2004年	2003年	±%	2004年	2003年	±%	2004年	2003年	±%
合　计	**2696**	**2133**	**26.4**	**149239**	**128265**	**16.4**	**14874**	**12180**	**22.1**
内资企业	**2497**	**1940**	**28.7**	**143393**	**123263**	**16.3**	**14263**	**11477**	**24.3**
国有企业	192	162	18.5	5843	4574	27.7	586	580	1.0
集体企业	29	25	16.0	5640	4545	24.1	388	389	－0.3
股份合作企业									
联营企业									
国有联营企业									
集体联营企业									
国有与集体联营企业									
其他联营企业									
有限责任公司	970	724	34.0	80305	69825	15.0	5453	2934	85.9
国有独资公司									
其他有限责任公司	970	724	34.0	80305	69825	15.0	5453	2934	85.9
股份有限公司	609	317	92.1	18315	12905	41.9	2233	1600	39.6
私营企业	697	712	－2.1	33290	31414	6.0	5603	5974	－6.2
私营独资企业	487	540	－9.8	18506	20620	－10.3	4383	5025	－12.8
私营合伙企业									
私营有限责任公司	210	172	22.1	14784	10794	37.0	1220	949	28.6
私营股份有限公司									
其他企业									
港澳台商投资企业	**108**	**102**	**5.9**	**1618**	**1400**	**15.6**	**330**	**276**	**19.6**
港澳台合资经营企业									
港澳台合作经营企业	96	93	3.2	1000	900	11.1	270	230	17.4
港澳台独资经营企业	12	9	33.3	618	500	23.6	60	46	30.4
港澳台商投资股份有限公司									
外商投资企业	**91**	**91**		**4228**	**3602**	**17.4**	**281**	**427**	**－34.2**
中外合资经营企业									
中外合作经营企业	77	85	－9.4	3828	3402	12.5	224	403	－44.4
外资企业	14	6	133.3	400	200	100.0	57	24	137.5
外商投资股份有限公司									

3—21 续表

注册类型	销售额(万元)			#零售额(万元)		
	2004年	2003年	±%	2004年	2003年	±%
合　计	**220939**	**209989**	**5.2**	**208063**	**197163**	**5.5**
内资企业	**195762**	**186821**	**4.8**	**189916**	**180499**	**5.2**
国有企业	9913	7456	33.0	9913	7456	33.0
集体企业	10366	10050	3.1	10366	10050	3.1
股份合作企业						
联营企业						
国有联营企业						
集体联营企业						
国有与集体联营企业						
其他联营企业						
有限责任公司	95558	116142	—17.7	92771	113022	—17.9
国有独资公司						
其他有限责任公司	95558	116142	—17.7	92771	113022	—17.9
股份有限公司	34927	12624	176.7	34927	12624	176.7
私营企业	44997	40550	11.0	41938	37347	12.3
私营独资企业	24753	28028	—11.7	23525	26432	—11.0
私营合伙企业						
私营有限责任公司	20244	12522	61.7	18413	10915	68.7
私营股份有限公司						
其他企业						
港澳台商投资企业	**9320**	**8707**	**7.0**	**2289**	**2203**	**3.9**
港澳台合资经营企业						
港澳台合作经营企业	9266	8655	7.1	2235	2151	3.9
港澳台独资经营企业	54	52	3.8	54	52	3.8
港澳台商投资股份有限公司						
外商投资企业	**15857**	**14460**	**9.7**	**15857**	**14460**	**9.7**
中外合资经营企业						
中外合作经营企业	15353	14127	8.7	15353	14127	8.7
外资企业	504	333	51.4	504	333	51.4
外商投资股份有限公司						

3—22 限额以上加盟连锁便利店情况

（按登记注册类型分）

注册类型	门店数（个）			营业面积（平方米）			从业人员（人）		
	2004年	2003年	±%	2004年	2003年	±%	2004年	2003年	±%
合　计	**1728**	**1275**	**35.5**	**153769**	**99505**	**54.5**	**9524**	**5366**	**77.5**
内资企业	**1586**	**1182**	**34.2**	**143119**	**92065**	**55.5**	**8672**	**5128**	**69.1**
国有企业	57	32	78.1	2300	1920	19.8	282	279	1.1
集体企业	7	8	－12.5	1070	187	472.2	15	15	
股份合作企业									
联营企业									
国有联营企业									
集体联营企业									
国有与集体联营企业									
其他联营企业									
有限责任公司	1299	999	30.0	93460	60687	54.0	7625	4292	77.7
国有独资公司									
其他有限责任公司	1299	999	30.0	93460	60687	54.0	7625	4292	77.7
股份有限公司	1	6	－83.3	150	777	－80.7	4	70	－94.3
私营企业	222	137	62.0	46139	28494	61.9	746	472	58.1
私营独资企业									
私营合伙企业									
私营有限责任公司	162	112	44.6	31139	20494	51.9	566	397	42.6
私营股份有限公司	60	25	140.0	15000	8000	87.5	180	75	140.0
其他企业									
港澳台商投资企业									
港澳台合资经营企业									
港澳台合作经营企业									
港澳台独资经营企业									
港澳台商投资股份有限公司									
外商投资企业	**142**	**93**	**52.7**	**10650**	**7440**	**43.1**	**852**	**238**	**258.0**
中外合资经营企业	142	93	52.7	10650	7440	43.1	852	238	258.0
中外合作经营企业									
外资企业									
外商投资股份有限公司									

3—22 续表

注册类型	销售额(万元)			#零售额(万元)		
	2004 年	2003 年	±%	2004 年	2003 年	±%
合　计	**247905**	**99195**	**149.9**	**229051**	**95205**	**140.6**
内资企业	**229417**	**85723**	**167.6**	**210563**	**81733**	**157.6**
国有企业	3278	311	954.0	3278	311	954.0
集体企业	262	246	6.5	262	246	6.5
股份合作企业						
联营企业						
国有联营企业						
集体联营企业						
国有与集体联营企业						
其他联营企业						
有限责任公司	202943	79311	155.9	184176	75411	144.2
国有独资公司						
其他有限责任公司	202943	79311	155.9	184176	75411	144.2
股份有限公司	358	520	—31.2	343	520	—34.0
私营企业	22576	5335	323.2	22506	5245	329.1
私营独资企业						
私营合伙企业						
私营有限责任公司	7576	4535	67.1	7506	4445	68.9
私营股份有限公司	15000	800	1775.0	15000	800	1775.0
其他企业						
港澳台商投资企业						
港澳台合资经营企业						
港澳台合作经营企业						
港澳台独资经营企业						
港澳台商投资股份有限公司						
外商投资企业	**18488**	**13472**	**37.2**	**18488**	**13472**	**37.2**
中外合资经营企业	18488	13472	37.2	18488	13472	37.2
中外合作经营企业						
外资企业						
外商投资股份有限公司						

3—23 限额以上连锁零售业统一配送比重

（按登记注册类型分）

单位：%

地 区	合 计	百货商店	超级市场	专业店	专卖店	便利店
内资企业	**76.1**	**73.4**	**80.5**	**79.1**	**49.0**	**41.6**
国有企业	93.1	90.9	93.0	90.8	75.4	68.2
集体企业	78.1	74.0	78.7	80.0	75.0	39.9
股份合作企业	87.7	71.4	81.5	65.5	50.6	64.8
联营企业	78.4	90.2	78.8	90.3	78.0	90.0
国有联营企业	79.4	85.9	79.4	85.9		
集体联营企业						
国有与集体联营企业	78.0	90.0	78.0	90.0	78.0	90.0
其他联营企业	100.0	100.0	100.0	100.0		
有限责任公司	81.3	80.7	80.5	80.1	77.0	75.6
国有独资公司	93.5	89.9	99.2	99.1	54.3	67.6
其他有限责任公司	80.3	79.9	79.0	78.7	78.7	76.5
股份有限公司	79.8	78.3	77.2	75.8	81.9	82.6
私营企业	49.6	40.6	78.1	73.6	5.5	4.3
私营独资企业	96.7	97.3	96.3	96.7	97.1	98.7
私营合伙企业	58.5	53.3	58.5	53.3		
私营有限责任公司	45.4	35.8	76.6	71.5	4.7	3.4
私营股份有限公司	76.8	72.8	75.6	70.7	12.8	15.0
其他企业	97.1	95.0	97.1	95.0	100.0	100.0
港澳台商投资企业	**67.5**	**67.5**	**65.1**	**65.3**	**36.6**	**39.5**
港澳台合资经营企业	65.3	63.8	65.8	64.7	32.1	37.2
港澳台合作经营企业	85.1	95.6	63.2	71.3	44.0	45.6
港澳台独资经营企业	100.0	100.0	100.0	100.0	100.0	100.0
港澳台商投资股份有限公司						
外商投资企业	**79.8**	**75.7**	**86.1**	**84.0**	**61.9**	**50.5**
中外合资经营企业	64.3	54.9	80.1	75.5	30.8	8.0
中外合作经营企业	92.0	91.4	89.8	89.4	99.9	100.0
外资企业	100.0	100.0	100.0	100.0	100.0	100.0
外商投资股份有限公司						

3—24 限额以上连锁零售业自有配送比重

（按登记注册类型分）

单位：%

地　　区	合　计	百货商店	超级市场	专业店	专卖店	便利店
内资企业	**53.8**	**51.6**	**56.5**	**55.3**	**36.7**	**16.2**
国有企业	87.1	85.3	87.5	85.7	31.2	59.1
集体企业	50.3	49.2	47.3	51.1	60.2	27.8
股份合作企业	66.9	56.5	66.5	54.5	32.8	26.2
联营企业	78.4	90.2	78.8	90.3	78.0	
国有联营企业	79.4	85.9	79.4	85.9		
集体联营企业						
国有与集体联营企业	78.0	90.0	78.0	90.0	78.0	
其他联营企业	100.0	100.0	100.0	100.0		
有限责任公司	52.7	53.1	52.0	52.3	47.4	44.9
国有独资公司	83.1	79.4	87.9	87.4	54.3	
其他有限责任公司	51.5	50.8	50.6	49.5	46.9	50.0
股份有限公司	56.1	50.9	54.0	49.0	59.9	34.9
私营企业	27.3	26.8	41.8	47.6	4.4	1.1
私营独资企业	94.6	93.8	94.2	92.7	95.6	1.4
私营合伙企业	51.5	45.3	51.5	45.3		
私营有限责任公司	25.4	24.8	41.8	48.8	3.6	1.1
私营股份有限公司	52.5	50.2	51.9	49.5	12.2	1.3
其他企业	34.4	31.2	33.9	30.8	100.0	
港澳台商投资企业	**31.6**	**32.4**	**33.4**	**33.5**	**16.9**	**21.6**
港澳台合资经营企业	32.2	31.6	33.0	31.7	23.1	8.5
港澳台合作经营企业	22.7	29.0	30.0	37.7	6.6	56.4
港澳台独资经营企业	100.0	100.0	100.0	100.0	100.0	
港澳台商投资股份有限公司						
外商投资企业	**33.5**	**27.1**	**39.4**	**34.7**	**16.5**	**66.9**
中外合资经营企业	53.3	40.8	65.1	56.8	28.6	3.3
中外合作经营企业	17.7	16.9	22.2	20.4	1.5	141.1
外资企业	6.8	5.2	6.3	4.7	100.0	
外商投资股份有限公司						

3—25　限额以上连锁零售业非自有配送比重

（按登记注册类型分）

单位：%

注册类型	合计		直营		加盟	
	2004年	2003年	2004年	2003年	2004年	2003年
内资企业	**22.3**	**21.8**	**24.0**	**23.8**	**12.3**	**10.4**
国有企业	5.9	5.6	5.4	5.1	44.2	45.0
集体企业	27.8	24.7	31.3	28.9	14.8	1.0
股份合作企业	20.8	14.9	15.1	11.1	17.8	16.7
联营企业						
国有联营企业						
集体联营企业						
国有与集体联营企业						
其他联营企业						
有限责任公司	28.5	27.5	28.5	27.7	29.6	22.5
国有独资公司	10.4	10.5	11.3	11.7		
其他有限责任公司	28.7	29.1	28.5	29.2	31.8	25.1
股份有限公司	23.8	27.4	23.2	26.8	22.0	25.4
私营企业	22.3	13.8	36.3	26.0	1.0	0.4
私营独资企业	2.2	3.5	2.2	4.0	1.5	1.3
私营合伙企业	0.3	0.3	0.3	0.3		
私营有限责任公司	20.0	10.9	34.8	22.7	1.0	0.4
私营股份有限公司	24.4	22.6	23.7	21.2	0.6	2.6
其他企业	62.8	63.8	63.2	64.1		
港澳台商投资企业	**35.9**	**35.0**	**31.7**	**31.8**	**19.7**	**14.5**
港澳台商合资经营企业	33.0	32.2	32.8	33.0	9.0	6.3
港澳台商合作经营企业	62.4	66.6	33.2	33.6	37.4	36.3
港澳台商独资经营企业						
港澳台商投资股份有限公司						
外商投资企业	**46.3**	**48.6**	**46.6**	**49.3**	**45.4**	**46.4**
中外合资经营企业	11.0	14.1	15.1	18.7	2.2	2.4
中外合作经营企业	74.3	74.4	67.7	69.0	98.4	97.8
外资企业	93.2	94.8	93.7	95.3		
外商投资股份有限公司						

3—26 限额以上连锁百货店统一配送比重

（按登记注册类型分）

单位：%

注册类型	合计		直营		加盟	
	2004年	2003年	2004年	2003年	2004年	2003年
内资企业	**68.3**	**66.8**	**69.4**	**68.2**	**41.0**	**38.6**
国有企业	36.5	32.9	31.0	29.2	92.6	91.7
集体企业	99.6	99.6	99.6	99.6		
股份合作企业	96.8	96.0	74.2	75.5	30.0	30.0
联营企业						
国有联营企业						
集体联营企业						
国有与集体联营企业						
其他联营企业						
有限责任公司	76.0	74.0	77.0	77.5	71.7	69.7
国有独资公司	93.4	89.2	100.0	100.0	54.0	62.0
其他有限责任公司	62.8	63.0	59.0	62.2	84.8	100.0
股份有限公司	65.4	64.4	67.2	65.8	15.5	12.0
私营企业	64.9	64.9	63.2	62.6	100.0	100.0
私营独资企业	100.0	100.0	100.0	100.0		
私营合伙企业						
私营有限责任公司	65.6	66.3	63.1	62.8	100.0	100.0
私营股份有限公司	60.0	60.0	60.0	60.0		
其他企业						
港澳台商投资企业	**75.8**	**78.3**	**75.8**	**78.3**		
港澳台合资经营企业	75.8	78.3	75.8	78.3		
港澳台合作经营企业						
港澳台独资经营企业						
港澳台商投资股份有限公司						
外商投资企业	**96.0**	**95.0**	**96.0**	**95.0**		
中外合资经营企业	96.0	95.0	96.0	95.0		
中外合作经营企业						
外资企业						
外商投资股份有限公司						

3—27 限额以上连锁百货店自有配送比重

（按登记注册类型分）

单位：%

注册类型	合计		直营		加盟	
	2004 年	2003 年	2004 年	2003 年	2004 年	2003 年
内资企业	**48.9**	**44.9**	**49.4**	**45.9**	**37.4**	**33.6**
国有企业	27.5	25.8	26.9	25.7	29.1	26.4
集体企业	27.8	27.0	27.8	27.0		
股份合作企业	42.4	47.0	37.4	42.0	10.0	10.0
联营企业						
国有联营企业						
集体联营企业						
国有与集体联营企业						
其他联营企业						
有限责任公司	69.2	67.7	70.1	70.8	70.9	69.7
国有独资公司	81.7	76.9	87.0	86.3	54.0	62.0
其他有限责任公司	59.7	61.3	56.8	60.4	83.4	100.0
股份有限公司	43.9	39.3	44.7	40.0	15.5	12.0
私营企业	30.5	28.4	30.0	27.9	10.0	35.0
私营独资企业	100.0	100.0	100.0	100.0		
私营合伙企业						
私营有限责任公司	40.4	40.3	40.4	40.8	10.0	35.0
私营股份有限公司						
其他企业						
港澳台商投资企业	**3.6**	**1.6**	**3.6**	**1.6**		
港澳台合资经营企业	3.6	1.6	3.6	1.6		
港澳台合作经营企业						
港澳台独资经营企业						
港澳台商投资股份有限公司						
外商投资企业	**79.9**	**80.0**	**79.9**	**80.0**		
中外合资经营企业	79.9	80.0	79.9	80.0		
中外合作经营企业						
外资企业						
外商投资股份有限公司						

3—28 限额以上连锁百货店非自有配送比重

（按登记注册类型分）

单位:%

注册类型	合计		直营		加盟	
	2004年	2003年	2004年	2003年	2004年	2003年
内资企业	**19.4**	**21.9**	**20.0**	**22.4**	**3.2**	**5.0**
国有企业	9.0	7.1	4.1	3.5	63.5	65.3
集体企业	71.8	72.7	71.8	72.7		
股份合作企业	54.4	49.0	36.7	33.5	20.0	20.0
联营企业						
国有联营企业						
集体联营企业						
国有与集体联营企业						
其他联营企业						
有限责任公司	6.8	6.3	6.9	6.7	0.8	
国有独资公司	11.7	12.3	13.0	13.7		
其他有限责任公司	3.1	1.7	2.2	1.7	1.3	
股份有限公司	21.5	25.1	22.5	25.8		
私营企业	34.5	36.6	33.2	34.7	60.0	65.0
私营独资企业						
私营合伙企业						
私营有限责任公司	25.2	26.0	22.7	22.0	60.0	65.0
私营股份有限公司	60.0	60.0	60.0	60.0		
其他企业						
港澳台商投资企业	**72.2**	**76.7**	**72.2**	**76.7**		
港澳台合资经营企业	72.2	76.7	72.2	76.7		
港澳台合作经营企业						
港澳台独资经营企业						
港澳台商投资股份有限公司						
外商投资企业	**16.1**	**14.9**	**16.1**	**14.9**		
中外合资经营企业	16.1	14.9	16.1	14.9		
中外合作经营企业						
外资企业						
外商投资股份有限公司						

3—29 限额以上连锁超级市场统一配送比重

（按登记注册类型分）

单位：%

注册类型	合计		直营		加盟	
	2004 年	2003 年	2004 年	2003 年	2004 年	2003 年
内资企业	**85.1**	**83.8**	**83.2**	**82.1**	**80.9**	**82.0**
国有企业	71.7	68.7	71.9	69.0	0.2	13.0
集体企业	70.5	65.7	66.4	73.3	79.0	43.8
股份合作企业	85.5	58.7	86.3	57.6	61.1	81.1
联营企业						
国有联营企业						
集体联营企业						
国有与集体联营企业						
其他联营企业						
有限责任公司	79.4	79.6	79.2	79.6	54.7	63.0
国有独资公司	80.8	88.3	80.8	88.3		
其他有限责任公司	79.3	79.4	79.1	79.3	54.7	63.0
股份有限公司	90.3	89.1	87.4	85.9	84.9	86.0
私营企业	88.3	87.4	88.5	87.4	35.2	32.7
私营独资企业	98.9	99.1	98.9	99.2	63.0	60.0
私营合伙企业	58.5	53.3	58.5	53.3		
私营有限责任公司	88.0	87.5	88.4	87.6	57.2	72.3
私营股份有限公司	82.5	78.5	81.1	76.7	0.4	0.2
其他企业	100.0	100.0	100.0	100.0		
港澳台商投资企业	**60.7**	**62.3**	**55.7**	**58.2**	**35.0**	**37.9**
港澳台合资经营企业	57.5	58.0	57.2	58.3	32.1	37.2
港澳台合作经营企业	84.4	99.7	51.0	59.7	40.0	40.0
港澳台独资经营企业						
港澳台商投资股份有限公司						
外商投资企业	**77.0**	**72.4**	**83.6**	**81.4**	**61.0**	**49.1**
中外合资经营企业	54.7	42.6	72.2	66.3	29.1	5.7
中外合作经营企业	91.7	91.0	89.4	88.9	100.0	100.0
外资企业	100.0	100.0	100.0	100.0		
外商投资股份有限公司						

3—30 限额以上连锁超级市场自有配送比重

（按登记注册类型分）

单位：%

注册类型	合计		直营		加盟	
	2004年	2003年	2004年	2003年	2004年	2003年
内资企业	**47.0**	**43.8**	**45.2**	**42.1**	**49.6**	**50.1**
国有企业	58.1	55.9	58.2	56.1	0.2	3.9
集体企业	59.1	54.5	50.2	58.6	77.6	42.4
股份合作企业	81.1	56.3	82.5	55.8	44.5	64.4
联营企业						
国有联营企业						
集体联营企业						
国有与集体联营企业						
其他联营企业						
有限责任公司	37.4	35.9	36.8	35.5	30.8	43.1
国有独资公司	64.7	88.3	64.7	88.3		
其他有限责任公司	36.9	35.2	36.2	34.8	30.8	43.1
股份有限公司	51.9	47.6	49.7	44.6	50.9	51.4
私营企业	48.1	46.7	48.3	46.8	32.4	28.5
私营独资企业	95.9	93.9	96.5	94.6	18.1	1.0
私营合伙企业	51.5	45.3	51.5	45.3		
私营有限责任公司	47.8	45.9	47.7	45.8	54.5	66.8
私营股份有限公司	33.1	36.7	34.1	37.3	0.4	0.2
其他企业	3.8	3.8	3.8	3.8		
港澳台商投资企业	**31.2**	**36.4**	**34.3**	**39.2**	**14.8**	**23.0**
港澳台合资经营企业	36.5	40.1	38.5	41.7	23.1	30.9
港澳台合作经营企业						
港澳台独资经营企业						
港澳台商投资股份有限公司						
外商投资企业	**30.8**	**23.4**	**36.9**	**31.4**	**16.0**	**3.1**
中外合资经营企业	51.4	35.3	66.7	54.9	29.1	5.7
中外合作经营企业	17.1	16.1	21.9	19.9		
外资企业	23.4	10.1	23.4	10.1		
外商投资股份有限公司						

3—31 限额以上连锁超级市场非自有配送比重

（按登记注册类型分）

单位：%

注册类型	合计		直营		加盟	
	2004 年	2003 年	2004 年	2003 年	2004 年	2003 年
内资企业	**38.1**	**40.0**	**38.0**	**40.0**	**31.3**	**31.9**
国有企业	13.6	12.8	13.6	12.8		9.1
集体企业	11.3	11.2	16.0	14.6	1.3	1.4
股份合作企业	4.5	2.4	3.8	1.8	16.6	16.6
联营企业						
国有联营企业						
集体联营企业						
国有与集体联营企业						
其他联营企业						
有限责任公司	42.0	43.7	42.4	44.1	23.9	19.9
国有独资公司	16.2		16.2			
其他有限责任公司	42.4	44.2	42.9	44.5	23.9	19.9
股份有限公司	38.5	41.6	37.6	41.3	34.0	34.6
私营企业	40.0	40.5	40.1	40.5	2.8	4.2
私营独资企业	3.0	5.2	2.5	4.6	44.9	59.0
私营合伙企业	0.3	0.3	0.3	0.3		
私营有限责任公司	40.2	41.4	40.6	41.6	2.8	5.5
私营股份有限公司	49.3	41.8	47.0	39.5		
其他企业	96.2	96.2	96.2	96.2		
港澳台商投资企业	**29.5**	**25.9**	**21.4**	**19.1**	**20.2**	**14.9**
港澳台合资经营企业	20.9	17.9	18.7	16.6	9.0	6.3
港澳台合作经营企业	84.4	99.7	51.0	59.7	40.0	40.0
港澳台独资经营企业						
港澳台商投资股份有限公司						
外商投资企业	**46.2**	**49.0**	**46.7**	**50.0**	**45.0**	**46.0**
中外合资经营企业	3.3	7.3	5.5	11.4		
中外合作经营企业	74.6	74.9	67.5	69.0	100.0	100.0
外资企业	76.6	89.9	76.6	89.9		
外商投资股份有限公司						

3—32 限额以上连锁专业店统一配送比重

（按登记注册类型分）

单位：%

注册类型	合计		直营		加盟	
	2004年	2003年	2004年	2003年	2004年	2003年
内资企业	**70.3**	**65.4**	**81.7**	**80.2**	**33.3**	**24.0**
国有企业	99.6	99.4	99.6	99.4	83.6	73.4
集体企业	99.6	99.6	99.5	99.6	100.0	100.0
股份合作企业	90.4	86.5	88.3	83.5	84.6	84.1
联营企业	78.4	90.2	78.8	90.3	78.0	90.0
国有联营企业	79.4	85.9	79.4	85.9		
集体联营企业						
国有与集体联营企业	78.0	90.0	78.0	90.0	78.0	90.0
其他联营企业	100.0	100.0	100.0	100.0		
有限责任公司	82.0	80.8	81.1	79.5	82.1	79.6
国有独资公司	95.3	95.2	95.4	94.5	100.0	100.0
其他有限责任公司	81.7	80.4	80.8	79.2	82.1	78.7
股份有限公司	75.8	73.7	72.5	71.4	89.7	88.3
私营企业	37.0	24.6	72.3	62.7	3.8	2.3
私营独资企业	59.2	57.4	60.5	58.6		
私营合伙企业						
私营有限责任公司	33.4	20.6	69.9	58.3	3.7	2.3
私营股份有限公司	75.2	69.5	74.9	69.1	32.8	82.0
其他企业	90.5	82.6	90.3	82.2	100.0	100.0
港澳台商投资企业	**69.9**	**67.2**	**69.9**	**67.2**		
港澳台合资经营企业	100.0	100.0	100.0	100.0		
港澳台合作经营企业						
港澳台独资经营企业	100.0	100.0	100.0	100.0		
港澳台商投资股份有限公司						
外商投资企业	**100.0**	**100.0**	**100.0**	**100.0**	**100.0**	**100.0**
中外合资经营企业	100.0	100.0	100.0	100.0	100.0	100.0
中外合作经营企业	100.0	100.0	100.0	100.0		
外资企业	100.0	100.0	100.0	100.0		
外商投资股份有限公司						

3—33 限额以上连锁专业店自有配送比重

（按登记注册类型分）

单位：%

注册类型	合计		直营		加盟	
	2004年	2003年	2004年	2003年	2004年	2003年
内资企业	**61.2**	**59.8**	**70.1**	**73.0**	**32.1**	**23.0**
国有企业	96.2	96.5	96.6	96.9	36.4	23.8
集体企业	61.8	91.7	72.8	91.1	16.7	100.0
股份合作企业	76.0	72.3	73.9	69.2	70.4	70.9
联营企业	78.4	90.2	78.8	90.3	78.0	90.0
国有联营企业	79.4	85.9	79.4	85.9		
集体联营企业						
国有与集体联营企业	78.0	90.0	78.0	90.0	78.0	90.0
其他联营企业	100.0	100.0	100.0	100.0		
有限责任公司	71.3	71.5	69.9	70.2	78.9	71.3
国有独资公司	95.3	95.2	95.4	94.5	100.0	100.0
其他有限责任公司	70.8	70.9	69.4	69.7	78.9	70.0
股份有限公司	72.6	68.8	68.6	65.8	89.7	88.3
私营企业	19.3	18.7	36.6	47.2	2.8	1.8
私营独资企业	59.2	57.4	60.5	58.6		
私营合伙企业						
私营有限责任公司	18.0	17.4	36.5	49.3	2.8	1.8
私营股份有限公司	75.1	69.3	74.9	69.1	26.2	65.6
其他企业	90.5	82.6	90.3	82.2	100.0	100.0
港澳台商投资企业	**68.0**	**66.2**	**68.0**	**66.2**		
港澳台合资经营企业	96.1	98.0	96.1	98.0		
港澳台合作经营企业						
港澳台独资经营企业	100.0	100.0	100.0	100.0		
港澳台商投资股份有限公司						
外商投资企业	**18.6**	**16.3**	**18.0**	**16.1**	**100.0**	**100.0**
中外合资经营企业	22.3	17.2	21.3	16.9	100.0	100.0
中外合作经营企业	30.4	26.9	30.4	26.9		
外资企业	0.8	1.3	0.8	1.3		
外商投资股份有限公司						

3－34 限额以上连锁专业店非自有配送比重

（按登记注册类型分）

单位：%

注册类型	合计		直营		加盟	
	2004 年	2003 年	2004 年	2003 年	2004 年	2003 年
内资企业	**9.1**	**5.5**	**11.6**	**7.2**	**1.3**	**0.8**
国有企业	3.4	2.8	3.0	2.4	47.1	49.6
集体企业	37.8	7.9	26.7	8.5	83.3	
股份合作企业	14.3	14.2	14.3	14.3	14.1	13.2
联营企业						
国有联营企业						
集体联营企业						
国有与集体联营企业						
其他联营企业						
有限责任公司	10.7	9.2	11.2	9.3	3.2	8.3
国有独资公司						
其他有限责任公司	10.9	9.4	11.4	9.5	3.2	8.7
股份有限公司	3.2	4.9	3.9	5.6		
私营企业	17.7	5.9	35.7	15.5	1.0	0.3
私营独资企业						
私营合伙企业						
私营有限责任公司	15.3	3.2	33.3	9.1	1.0	0.3
私营股份有限公司	0.1	0.2			6.6	16.4
其他企业						
港澳台商投资企业	**1.9**	**1.0**	**1.9**	**1.0**		
港澳台合资经营企业	3.9	2.0	3.9	2.0		
港澳台合作经营企业						
港澳台独资经营企业						
港澳台商投资股份有限公司						
外商投资企业	**81.4**	**83.7**	**82.0**	**83.9**		
中外合资经营企业	77.7	82.8	78.7	83.1		
中外合作经营企业	69.6	73.1	69.6	73.1		
外资企业	99.2	98.7	99.2	98.7		
外商投资股份有限公司						

3—35 限额以上连锁专卖店统一配送比重

（按登记注册类型分）

单位：%

注册类型	合计		直营		加盟	
	2004年	2003年	2004年	2003年	2004年	2003年
内资企业	**84.4**	**85.4**	**74.5**	**73.5**	**74.7**	**72.6**
国有企业	99.1	98.6	55.2	52.9	59.2	58.3
集体企业	21.8	14.6	23.5	18.7	3.1	0.1
股份合作企业	0.5	0.6	0.5	0.6		
联营企业						
国有联营企业						
集体联营企业						
国有与集体联营企业						
其他联营企业						
有限责任公司	80.8	89.0	64.1	70.8	71.9	70.7
国有独资公司						
其他有限责任公司	80.8	89.0	64.1	70.8	71.9	70.7
股份有限公司	100.0	100.0	100.0	100.0	98.5	100.0
私营企业	99.4	97.3	96.7	94.3	82.2	89.9
私营独资企业	100.0	100.0	100.0	100.0	100.0	100.0
私营合伙企业						
私营有限责任公司	99.2	96.1	96.5	93.9	60.3	67.4
私营股份有限公司	100.0	100.0	100.0	100.0		
其他企业	100.0	100.0	100.0	100.0		
港澳台商投资企业	**100.0**	**100.0**	**100.0**	**100.0**	**100.0**	**100.0**
港澳台合资经营企业	100.0	100.0	100.0	100.0		
港澳台合作经营企业	100.0	100.0	100.0	100.0	100.0	100.0
港澳台独资经营企业	100.0	100.0	100.0	100.0	100.0	100.0
港澳台商投资股份有限公司						
外商投资企业	**98.9**	**99.2**	**99.5**	**99.4**	**96.5**	**98.5**
中外合资经营企业						
中外合作经营企业	98.9	99.1	99.4	99.3	96.4	98.5
外资企业	100.0	100.0	100.0	100.0	100.0	100.0
外商投资股份有限公司						

3－36 限额以上连锁专卖店自有配送比重

（按登记注册类型分）

单位：%

注册类型	合计		直营		加盟	
	2004 年	2003 年	2004 年	2003 年	2004 年	2003 年
内资企业	**72.1**	**74.5**	**70**	**68.1**	**47.8**	**54.3**
国有企业	84.5	87.1	43.5	44.9	40.5	41.6
集体企业	21.8	14.6	23.5	18.7	3.1	0.1
股份合作企业	0.5	0.6	0.5	0.6		
联营企业						
国有联营企业						
集体联营企业						
国有与集体联营企业						
其他联营企业						
有限责任公司	70.8	76.7	60.1	65.8	54.3	52.3
国有独资公司						
其他有限责任公司	70.8	76.7	60.1	65.8	54.3	52.3
股份有限公司	63.9	69.4	89.0	83.8	1.0	9.7
私营企业	98.9	96.6	96.0	93.2	82.2	89.9
私营独资企业	100.0	100.0	100.0	100.0	100.0	100.0
私营合伙企业						
私营有限责任公司	98.6	95.1	95.8	92.6	60.3	67.4
私营股份有限公司	100.0	100.0	100.0	100.0		
其他企业	100.0	100.0	100.0	100.0		
港澳台商投资企业	**100.0**	**100.0**	**100.0**	**100.0**	**100.0**	**100.0**
港澳台合资经营企业	100.0	100.0	100.0	100.0		
港澳台合作经营企业	100.0	100.0	100.0	100.0	100.0	100.0
港澳台独资经营企业	100.0	100.0	100.0	100.0	100.0	100.0
港澳台商投资股份有限公司						
外商投资企业	**36.8**	**42.7**	**28.3**	**33.3**	**68.9**	**75.5**
中外合资经营企业						
中外合作经营企业	35.7	41.8	27.2	32.3	67.9	74.9
外资企业	100.0	100.0	100.0	100.0	100.0	100.0
外商投资股份有限公司						

3—37 限额以上连锁专卖店非自有配送比重

（按登记注册类型分）

单位：%

注册类型	合计		直营		加盟	
	2004年	2003年	2004年	2003年	2004年	2003年
内资企业	**12.3**	**10.9**	**4.5**	**5.4**	**26.9**	**18.2**
国有企业	14.6	11.5	11.7	8.0	18.7	16.7
集体企业						
股份合作企业						
联营企业						
国有联营企业						
集体联营企业						
国有与集体联营企业						
其他联营企业						
有限责任公司	10.0	12.3	4.0	4.9	17.6	18.4
国有独资公司						
其他有限责任公司	10.0	12.3	4.0	4.9	17.6	18.4
股份有限公司	36.1	30.6	11.0	16.2	97.5	90.3
私营企业	0.5	0.7	0.7	1.2		
私营独资企业						
私营合伙企业						
私营有限责任公司	0.6	1.0	0.8	1.2		
私营股份有限公司						
其他企业						
港澳台商投资企业						
港澳台合资经营企业						
港澳台合作经营企业						
港澳台独资经营企业						
港澳台商投资股份有限公司						
外商投资企业	**62.1**	**56.4**	**71.1**	**66.1**	**27.6**	**23.0**
中外合资经营企业						
中外合作经营企业	63.2	57.4	72.2	67.1	28.5	23.6
外资企业						
外商投资股份有限公司						

3—38 限额以上连锁便利店统一配送比重

(按登记注册类型分)

单位:%

注册类型	合计		直营		加盟	
	2004 年	2003 年	2004 年	2003 年	2004 年	2003 年
内资企业	**93.6**	**91.4**	**92.2**	**89.8**	**93.8**	**97.7**
国有企业	71.1	67.4	70.2	67.5	83.5	
集体企业	83.0	77.1	83.7	78.2	35.9	30.0
股份合作企业	100.0	100.0	100.0	100.0		
联营企业						
国有联营企业						
集体联营企业						
国有与集体联营企业						
其他联营企业						
有限责任公司	97.4	96.3	96.7	95.8	99.6	99.6
国有独资公司						
其他有限责任公司	96.7	95.5	95.4	94.7	99.6	99.6
股份有限公司	79.0	73.4	76.3	60.6	5.0	20.0
私营企业	79.8	74.6	75.4	67.5	45.0	85.0
私营独资企业						
私营合伙企业						
私营有限责任公司	84.1	73.4	81.4	71.3	94.6	94.7
私营股份有限公司	70.0	80.0	50.0	50.0	20.0	30.0
其他企业						
港澳台商投资企业	**90.5**	**92.9**	**90.5**	**92.9**		
港澳台合资经营企业	90.5	92.9	90.5	92.9		
港澳台合作经营企业						
港澳台独资经营企业						
港澳台商投资股份有限公司						
外商投资企业	**95.5**	**93.9**	**91.2**	**89.3**	**100.0**	**100.0**
中外合资经营企业	95.5	93.9	91.2	89.3	100.0	100.0
中外合作经营企业						
外资企业						
外商投资股份有限公司						

3—39 限额以上连锁便利店自有配送比重

（按登记注册类型分）

单位：%

注册类型	合计		直营		加盟	
	2004年	2003年	2004年	2003年	2004年	2003年
内资企业	**29.2**	**49.6**	**30.6**	**51.1**	**9.7**	**16.4**
国有企业	36.1	36.3	36.2	36.5	35.1	
集体企业	75.1	67.7	75.9	68.8	35.9	30.0
股份合作企业	70.0	70.0	70.0	70.0		
联营企业						
国有联营企业						
集体联营企业						
国有与集体联营企业						
其他联营企业						
有限责任公司	23.2	48.9	25.3	52.0	5.4	11.8
国有独资公司						
其他有限责任公司	29.5	38.0	34.8	40.0	5.4	11.8
股份有限公司	77.6	71.4	74.8	58.5	5.0	20.0
私营企业	62.1	60.5	53.0	52.3	45.0	85.0
私营独资企业						
私营合伙企业						
私营有限责任公司	58.6	56.4	53.7	52.8	94.4	94.7
私营股份有限公司	70.0	80.0	50.0	50.0	20.0	30.0
其他企业						
港澳台商投资企业	**90.5**	**92.9**	**90.5**	**92.9**		
港澳台合资经营企业	90.5	92.9	90.5	92.9		
港澳台合作经营企业						
港澳台独资经营企业						
港澳台商投资股份有限公司						
外商投资企业						
中外合资经营企业						
中外合作经营企业						
外资企业						
外商投资股份有限公司						

3—40 限额以上连锁便利店非自有配送比重

（按登记注册类型分）

单位：%

注册类型	合计		直营		加盟	
	2004年	2003年	2004年	2003年	2004年	2003年
内资企业	**64.2**	**41.8**	**61.3**	**38.7**	**84.1**	**81.3**
国有企业	31.9	31.1	30.9	31.0	48.4	
集体企业	7.8	9.4	7.8	9.4		
股份合作企业	30.0	30.0	30.0	30.0		
联营企业						
国有联营企业						
集体联营企业						
国有与集体联营企业						
其他联营企业						
有限责任公司	74.2	47.5	71.4	43.8	94.3	87.9
国有独资公司						
其他有限责任公司	67.2	57.5	60.6	54.7	94.3	87.9
股份有限公司	1.4	2.0	1.4	2.1		
私营企业	17.7	14.0	22.4	15.2		
私营独资企业						
私营合伙企业						
私营有限责任公司	25.5	17.1	27.8	18.5	0.1	
私营股份有限公司						
其他企业						
港澳台商投资企业						
港澳台合资经营企业						
港澳台合作经营企业						
港澳台独资经营企业						
港澳台商投资股份有限公司						
外商投资企业	**95.5**	**93.9**	**91.2**	**89.3**	**100.0**	**100.0**
中外合资经营企业	95.5	93.9	91.2	89.3	100.0	100.0
中外合作经营企业						
外资企业						
外商投资股份有限公司						

3—41 各地区限额以上连锁零售业集团(企业)数

(按业态分,2004 年)

单位:个

地区	合计	百货商店	超级市场	专业店	专卖店	便利店	其他
全国	**1055**	**69**	**391**	**471**	**62**	**58**	**4**
北京	100	3	29	39	16	13	
天津	14		7	5	1	1	
河北	29	2	14	8	1	4	
山西	48	1	17	26	2	2	
内蒙古	11	1	2	8			
辽宁	27	2	7	12	2	4	
吉林	14	2	3	9			
黑龙江	8	2	2	4			
上海	70		32	23	6	8	1
江苏	85	3	40	33	5	4	
浙江	101	3	44	41	7	6	
安徽	30	1	15	13	1		
福建	44	6	13	24	1		
江西	13	3	4	5	1		
山东	60	13	15	30	1	1	
河南	49	2	26	12	6	2	1
湖北	56	4	17	28	5	2	
湖南	37	2	19	14	1	1	
广东	105	10	37	51	2	4	1
广西	14		4	10			
海南	6		2	4			
重庆	19	2	3	11		2	1
四川	22	1	10	9	2		
贵州	12	1	5	6			
云南	26		8	16		2	
西藏							
陕西	14	1	4	6	1	2	
甘肃	10		2	8			
青海	6	2	1	3			
宁夏	4		3	1			
新疆	21	2	6	12	1		

3—42 各地区限额以上连锁零售业集团(企业)构成

(按业态分,2004 年)

单位:个

地 区	合 计	百货商店	超级市场	专业店	专卖店	便利店	其 他
全 国	100.0	100.0	100.0	100.0	100.0	100.0	100.0
北 京	9.5	4.3	7.4	8.3	25.8	22.4	
天 津	1.3		1.8	1.1	1.6	1.7	
河 北	2.7	2.9	3.6	1.7	1.6	6.9	
山 西	4.5	1.4	4.3	5.5	3.2	3.4	
内蒙古	1.0	1.4	0.5	1.7			
辽 宁	2.6	2.9	1.8	2.5	3.2	6.9	
吉 林	1.3	2.9	0.8	1.9			
黑龙江	0.8	2.9	0.5	0.8			
上 海	6.6		8.2	4.9	9.7	13.8	25.0
江 苏	8.1	4.3	10.2	7.0	8.1	6.9	
浙 江	9.6	4.3	11.3	8.7	11.3	10.3	
安 徽	2.8	1.4	3.8	2.8	1.6		
福 建	4.2	8.7	3.3	5.1	1.6		
江 西	1.2	4.3	1.0	1.1	1.6		
山 东	5.7	18.8	3.8	6.4	1.6	1.7	
河 南	4.6	2.9	6.6	2.5	9.7	3.4	25.0
湖 北	5.3	5.8	4.3	5.9	8.1	3.4	
湖 南	3.5	2.9	4.9	3.0	1.6	1.7	
广 东	10.0	14.5	9.5	10.8	3.2	6.9	25.0
广 西	1.3		1.0	2.1			
海 南	0.6		0.5	0.8			
重 庆	1.8	2.9	0.8	2.3		3.4	25.0
四 川	2.1	1.4	2.6	1.9	3.2		
贵 州	1.1	1.4	1.3	1.3			
云 南	2.5		2.0	3.4		3.4	
西 藏							
陕 西	1.3	1.4	1.0	1.3	1.6	3.4	
甘 肃	0.9		0.5	1.7			
青 海	0.6	2.9	0.3	0.6			
宁 夏	0.4		0.8	0.2			
新 疆	2.0	2.9	1.5	2.5	1.6		

3—43 各地区限额以上连锁零售业门店数

（按业态分）

单位：个

地　　区	2004年	2003年	±%	百货商店			超级市场		
				2004年	2003年	±%	2004年	2003年	±%
全　　国	**54891**	**46517**	**18.0**	**2637**	**2129**	**23.9**	**14073**	**11717**	**20.1**
北　　京	3759	3062	22.8	16	19	－15.8	1110	819	35.5
天　　津	613	497	23.3	4	2		449	354	26.8
河　　北	943	1013	－6.9	16	14	14.3	213	180	18.3
山　　西	833	762	9.3	2	2		212	172	23.3
内 蒙 古	166	170	－2.4	18	15	20.0	17	16	6.3
辽　　宁	1640	1311	25.1	4	4		54	43	25.6
吉　　林	455	420	8.3	76	75	1.3	47	47	
黑 龙 江	268	263	1.9	163	171	－4.7	20	15	33.3
上　　海	9709	8938	8.6	3	1		1959	1596	22.7
江　　苏	7094	5985	18.5	514	334	53.9	3669	3182	15.3
浙　　江	5540	4384	26.4	34	26	30.8	1489	1070	39.2
安　　徽	926	807	14.7	9	8	12.5	543	472	15.0
福　　建	631	557	13.3	44	43	2.3	136	135	0.7
江　　西	864	1109	－22.1	18	14	28.6	51	46	10.9
山　　东	2860	2659	7.6	1289	1030	25.1	550	507	8.5
河　　南	1198	1035	15.7	27	18	50.0	489	413	18.4
湖　　北	1959	1582	23.8	98	83	18.1	534	447	19.5
湖　　南	766	561	36.5	32	29	10.3	289	206	40.3
广　　东	3350	2885	16.1	59	48	22.9	732	676	8.3
广　　西	617	658	－6.2	2			144	138	4.3
海　　南	70	61	14.8				11	6	83.3
重　　庆	4048	3228	25.4	94	89	5.6	44	42	4.8
四　　川	3102	1686	84.0	36	32	12.5	798	677	17.9
贵　　州	259	223	16.1	16	13	23.1	36	30	20.0
云　　南	1307	758	72.4				51	49	4.1
西　　藏	7	1	600.0				6	1	
陕　　西	959	1015	－5.5	17	16	6.3	156	137	13.9
甘　　肃	271	271					77	50	54.0
青　　海	88	71	23.9	18	7	157.1	25	22	13.6
宁　　夏	119	130	－8.5				39	49	－20.4
新　　疆	384	333	15.3	28	36	－22.2	37	38	－2.6
港 澳 台	86	82	4.9				86	82	4.9

3—43 续表

单位:个

地区	专业店			专卖店			便利店		
	2004年	2003年	±%	2004年	2003年	±%	2004年	2003年	±%
全国	**25867**	**22132**	**16.9**	**4493**	**3648**	**23.2**	**7755**	**6799**	**14.1**
北京	1717	1514	13.4	371	288	28.8	545	422	29.1
天津	82	76	7.9	58	39	48.7	20	26	—23.1
河北	199	395	—49.6	199	151	31.8	316	273	15.8
山西	342	353	—3.1	150	117	28.2	127	118	7.6
内蒙古	113	130	—13.1	18	9				
辽宁	966	773	25.0	80	66	21.2	536	425	26.1
吉林	306	282	8.5	26	16				
黑龙江	47	39	20.5	38	38				
上海	2953	2859	3.3	528	401	31.7	4234	4050	4.5
江苏	1850	1747	5.9	468	358	30.7	593	364	62.9
浙江	3088	2531	22.0	400	365	9.6	529	392	34.9
安徽	291	251	15.9	83	76	9.2			
福建	402	346	16.2	49	33	48.5			
江西	681	950	—28.3	114	99	15.2			
山东	955	1052	—9.2	40	44	—9.1	26	26	
河南	222	226	—1.8	423	343	23.3	18	15	20.0
湖北	972	774	25.6	227	184	23.4	128	94	36.2
湖南	370	274	35.0	60	38	57.9	15	14	7.1
广东	1678	1560	7.6	349	192	81.8	522	381	37.0
广西	459	511	—10.2	12	9				
海南	53	50	6.0	6	5				
重庆	3780	2988	26.5	45	22		80	74	8.1
四川	2103	839	150.7	165	138	19.6			
贵州	202	176	14.8	5	4				
云南	1214	654	85.6	6	4		36	51	—29.4
西藏				1					
陕西	234	222	5.4	522	566	—7.8	30	74	—59.5
甘肃	183	215	—14.9	11	6				
青海	39	38	2.6	6	4				
宁夏	79	79		1	2				
新疆	287	228	25.9	32	31	3.2			
港澳台									

3—44　各地区限额以上直营连锁零售业门店数

（按业态分）

单位：个

地　区	2004 年	2003 年	±%	百货商店			超级市场		
				2004 年	2003 年	±%	2004 年	2003 年	±%
全　国	**34590**	**31407**	**10.1**	**997**	**908**	**9.8**	**9107**	**8041**	**13.3**
北　京	2832	2473	14.5	16	19	—15.8	781	718	8.8
天　津	559	453	23.4	4	2	100.0	448	354	26.6
河　北	502	436	15.1	12	10	20.0	168	138	21.7
山　西	513	454	13.0	2	2		143	131	9.2
内蒙古	139	138	0.7	18	15	20.0	12	11	9.1
辽　宁	1032	868	18.9	4	4		51	42	21.4
吉　林	257	237	8.4	76	75	1.3	44	45	—2.2
黑龙江	207	201	3.0	163	171	—4.7	20	15	33.3
上　海	7330	7155	2.4	3	1	200.0	1199	1099	9.1
江　苏	4047	3625	11.6	37	33	12.1	1658	1504	10.2
浙　江	4195	3461	21.2	33	26	26.9	846	674	25.5
安　徽	479	379	26.4	2	1	100.0	222	195	13.8
福　建	488	468	4.3	40	39	2.6	135	134	0.7
江　西	706	958	—26.3	16	13	23.1	25	25	
山　东	1212	1263	—4.0	172	157	9.6	329	319	3.1
河　南	805	690	16.7	27	18	50.0	402	331	21.5
湖　北	1537	1267	21.3	81	66	22.7	508	425	19.5
湖　南	477	385	23.9	32	29	10.3	198	173	14.5
广　东	2476	2179	13.6	58	48	20.8	636	586	8.5
广　西	294	290	1.4	2			95	95	
海　南	53	49	8.2				8	2	300.0
重　庆	1193	1119	6.6	94	89	5.6	43	40	7.5
四　川	1257	989	27.1	36	32	12.5	656	553	18.6
贵　州	189	180	5.0	16	13	23.1	36	30	20.0
云　南	752	694	8.4				45	45	
西　藏	2						2		
陕　西	350	348	0.6	17	16	6.3	151	133	13.5
甘　肃	236	236					77	50	54.0
青　海	63	51	23.5	18	7	157.1	22	20	10.0
宁　夏	78	88	—11.4				25	35	—28.6
新　疆	244	191	27.7	18	22	—18.2	36	37	—2.7
港澳台	86	82	4.9				86	82	4.9

3—44 续表

单位:个

地区	专业店			专卖店			便利店		
	2004年	2003年	±%	2004年	2003年	±%	2004年	2003年	±%
全国	**16607**	**15344**	**8.2**	**1797**	**1515**	**18.6**	**6027**	**5524**	**9.1**
北京	1291	1123	15.0	207	197	5.1	537	416	29.1
天津	46	39	17.9	41	32	28.1	20	26	—23.1
河北	141	131	7.6	42	23	82.6	139	134	3.7
山西	198	193	2.6	119	99	20.2	51	29	75.9
内蒙古	107	112	—4.5	2					
辽宁	479	399	20.1	48	41	17.1	450	382	17.8
吉林	137	117	17.1						
黑龙江	20	12	66.7	4	3	33.3			
上海	2595	2493	4.1	401	344	16.6	3111	3197	—2.7
江苏	1621	1563	3.7	244	188	29.8	487	337	44.5
浙江	2736	2289	19.5	188	164	14.6	392	308	27.3
安徽	233	169	37.9	22	14	57.1			
福建	300	286	4.9	13	9	44.4			
江西	649	905	—28.3	16	15	6.7			
山东	679	755	—10.1	6	6		26	26	
河南	188	181	3.9	151	125	20.8	18	15	20.0
湖北	715	620	15.3	114	86	32.6	119	70	70.0
湖南	191	138	38.4	41	31	32.3	15	14	7.1
广东	1199	1098	9.2	55	43	27.9	518	379	36.7
广西	196	195	0.5	1					
海南	45	47	—4.3						
重庆	967	896	7.9	4	11	—63.6	80	74	8.1
四川	511	348	46.8	54	56	—3.6			
贵州	137	137							
云南	672	606	10.9	1			34	43	—20.9
西藏									
陕西	146	117	24.8	6	8	—25.0	30	74	—59.5
甘肃	159	186	—14.5						
青海	23	24	—4.2						
宁夏	53	53							
新疆	173	112	54.5	17	20	—15.0			
港澳台									

3—45 各地区限额以上加盟连锁零售业门店数

（按业态分）

单位：个

地区	2004年	2003年	±%	百货商店			超级市场		
				2004年	2003年	±%	2004年	2003年	±%
全国	**20301**	**15110**	**34.4**	**1640**	**1221**	**34.3**	**4966**	**3676**	**35.1**
北京	927	589	57.4				329	101	225.7
天津	54	44	22.7				1		
河北	441	577	−23.6	4	4		45	42	7.1
山西	320	308	3.9				69	41	68.3
内蒙古	27	32	−15.6				5	5	
辽宁	608	443	37.2				3	1	200.0
吉林	198	183	8.2				3	2	50.0
黑龙江	61	62	−1.6						
上海	2379	1783	33.4				760	497	52.9
江苏	3047	2360	29.1	477	301	58.5	2011	1678	19.8
浙江	1345	923	45.7	1			643	396	62.4
安徽	447	428	4.4	7	7		321	277	15.9
福建	143	89	60.7	4	4		1	1	
江西	158	151	4.6	2	1	100.0	26	21	23.8
山东	1648	1396	18.1	1117	873	27.9	221	188	17.6
河南	393	345	13.9				87	82	6.1
湖北	422	315	34.0	17	17		26	22	18.2
湖南	289	176	64.2				91	33	175.8
广东	874	706	23.8	1			96	90	6.7
广西	323	368	−12.2				49	43	14.0
海南	17	12	41.7				3	4	−25.0
重庆	2855	2109	35.4				1	2	−50.0
四川	1845	697	164.7				142	124	14.5
贵州	70	43	62.8						
云南	555	64	767.2				6	4	50.0
西藏	5	1	400.0				4	1	300.0
陕西	609	667	−8.7				5	4	25.0
甘肃	35	35							
青海	25	20	25.0				3	2	50.0
宁夏	41	42	−2.4				14	14	
新疆	140	142	−1.4	10	14	−28.6	1	1	

3—45 续表

单位:个

地区	专业店			专卖店			便利店		
	2004年	2003年	±%	2004年	2003年	±%	2004年	2003年	±%
全国	**9260**	**6788**	**36.4**	**2696**	**2133**	**26.4**	**1728**	**1275**	**35.5**
北京	426	391	9.0	164	91	80.2	8	6	33.3
天津	36	37	−2.7	17	7	142.9			
河北	58	264	−78.0	157	128	22.7	177	139	27.3
山西	144	160	−10.0	31	18	72.2	76	89	−14.6
内蒙古	6	18	−66.7	16	9	77.8			
辽宁	487	374	30.2	32	25	28.0	86	43	100.0
吉林	169	165	2.4	26	16	62.5			
黑龙江	27	27		34	35	−2.9			
上海	358	366	−2.2	127	57	122.8	1123	853	31.7
江苏	229	184	24.5	224	170	31.8	106	27	292.6
浙江	352	242	45.5	212	201	5.5	137	84	63.1
安徽	58	82	−29.3	61	62	−1.6			
福建	102	60	70.0	36	24	50.0			
江西	32	45	−28.9	98	84	16.7			
山东	276	297	−7.1	34	38	−10.5			
河南	34	45	−24.4	272	218	24.8			
湖北	257	154	66.9	113	98	15.3	9	24	−62.5
湖南	179	136	31.6	19	7	171.4			
广东	479	462	3.7	294	149	97.3	4	2	100.0
广西	263	316	−16.8	11	9	22.2			
海南	8	3	166.7	6	5	20.0			
重庆	2813	2092	34.5	41	11	272.7			
四川	1592	491	224.2	111	82	35.4			
贵州	65	39	66.7	5	4	25.0			
云南	542	48	1029.2	5	4	25.0	2	8	−75.0
西藏				1					
陕西	88	105	−16.2	516	558	−7.5			
甘肃	24	29	−17.2	11	6	83.3			
青海	16	14	14.3	6	4	50.0			
宁夏	26	26		1	2	−50.0			
新疆	114	116	−1.7	15	11	36.4			

3—46 各地区限额以上连锁零售业门店数

（按登记注册类型分）

单位：个

地区	合计			直营店			加盟店		
	2004年	2003年	±%	2004年	2003年	±%	2004年	2003年	±%
全国	**54891**	**46517**	**18.0**	**34590**	**31407**	**10.1**	**20301**	**15110**	**34.4**
北京	3759	3062	22.8	2832	2473	14.5	927	589	57.4
天津	613	497	23.3	559	453	23.4	54	44	22.7
河北	943	1013	−6.9	502	436	15.1	441	577	−23.6
山西	833	762	9.3	513	454	13.0	320	308	3.9
内蒙古	166	170	−2.4	139	138	0.7	27	32	−15.6
辽宁	1640	1311	25.1	1032	868	18.9	608	443	37.2
吉林	455	420	8.3	257	237	8.4	198	183	8.2
黑龙江	268	263	1.9	207	201	3.0	61	62	−1.6
上海	9709	8938	8.6	7330	7155	2.4	2379	1783	33.4
江苏	7094	5985	18.5	4047	3625	11.6	3047	2360	29.1
浙江	5540	4384	26.4	4195	3461	21.2	1345	923	45.7
安徽	926	807	14.7	479	379	26.4	447	428	4.4
福建	631	557	13.3	488	468	4.3	143	89	60.7
江西	864	1109	−22.1	706	958	−26.3	158	151	4.6
山东	2860	2659	7.6	1212	1263	−4.0	1648	1396	18.1
河南	1198	1035	15.7	805	690	16.7	393	345	13.9
湖北	1959	1582	23.8	1537	1267	21.3	422	315	34.0
湖南	766	561	36.5	477	385	23.9	289	176	64.2
广东	3350	2885	16.1	2476	2179	13.6	874	706	23.8
广西	617	658	−6.2	294	290	1.4	323	368	−12.2
海南	70	61	14.8	53	49	8.2	17	12	41.7
重庆	4048	3228	25.4	1193	1119	6.6	2855	2109	35.4
四川	3102	1686	84.0	1257	989	27.1	1845	697	164.7
贵州	259	223	16.1	189	180	5.0	70	43	62.8
云南	1307	758	72.4	752	694	8.4	555	64	767.2
西藏	7	1	600.0	2			5	1	400.0
陕西	959	1015	−5.5	350	348	0.6	609	667	−8.7
甘肃	271	271		236	236		35	35	
青海	88	71	23.9	63	51	23.5	25	20	25.0
宁夏	119	130	−8.5	78	88	−11.4	41	42	−2.4
新疆	384	333	15.3	244	191	27.7	140	142	−1.4
港澳台	86	82	4.9	86	82	4.9			

3—47 各地区限额以上内资连锁零售业门店数

（按登记注册类型分）

单位：个

地区	合计			直营店			加盟店		
	2004年	2003年	±%	2004年	2003年	±%	2004年	2003年	±%
全国	**51114**	**43259**	**18.2**	**32219**	**29381**	**9.7**	**18895**	**13878**	**36.2**
北京	3710	3029	22.5	2783	2440	14.1	927	589	57.4
天津	451	332	35.8	397	288	37.8	54	44	22.7
河北	940	1010	−6.9	501	435	15.2	439	575	−23.7
山西	833	762	9.3	513	454	13.0	320	308	3.9
内蒙古	166	170	−2.4	139	138	0.7	27	32	−15.6
辽宁	1626	1304	24.7	1018	861	18.2	608	443	37.2
吉林	452	417	8.4	254	234	8.5	198	183	8.2
黑龙江	264	262	0.8	203	200	1.5	61	62	−1.6
上海	9168	8537	7.4	6955	6869	1.3	2213	1668	32.7
江苏	5680	4760	19.3	3389	3059	10.8	2291	1701	34.7
浙江	5334	4214	26.6	4045	3340	21.1	1289	874	47.5
安徽	728	625	16.5	470	372	26.3	258	253	2.0
福建	514	466	10.3	371	377	−1.6	143	89	60.7
江西	862	1108	−22.2	704	957	−26.4	158	151	4.6
山东	2814	2608	7.9	1205	1256	−4.1	1609	1352	19.0
河南	1176	1013	16.1	794	678	17.1	382	335	14.0
湖北	1923	1544	24.5	1515	1240	22.2	408	304	34.2
湖南	763	558	36.7	474	382	24.1	289	176	64.2
广东	2657	2289	16.1	1939	1731	12.0	718	558	28.7
广西	616	658	−6.4	293	290	1.0	323	368	−12.2
海南	70	61	14.8	53	49	8.2	17	12	41.7
重庆	4016	3206	25.3	1161	1097	5.8	2855	2109	35.4
四川	3100	1684	84.1	1255	987	27.2	1845	697	164.7
贵州	188	154	22.1	135	130	3.8	53	24	120.8
云南	1244	678	83.5	689	614	12.2	555	64	767.2
西藏	7	1	600.0	2			5	1	400.0
陕西	958	1014	−5.5	349	347	0.6	609	667	−8.7
甘肃	271	271		236	236		35	35	
青海	88	71	23.9	63	51	23.5	25	20	25.0
宁夏	119	130	−8.5	78	88	−11.4	41	42	−2.4
新疆	376	323	16.4	236	181	30.4	140	142	−1.4

3—48 各地区限额以上国有连锁零售业门店数

（按登记注册类型分）

单位：个

地区	合计			直营店			加盟店		
	2004年	2003年	±%	2004年	2003年	±%	2004年	2003年	±%
全国	**6999**	**6571**	**6.5**	**6247**	**5961**	**4.8**	**752**	**610**	**23.3**
北京	381	314	21.3	314	257	22.2	67	57	17.5
天津	10	9	11.1	10	9	11.1			
河北	306	281	8.9	146	136	7.4	160	145	10.3
山西	75	76	−1.3	75	76	−1.3			
内蒙古	1	1		1	1				
辽宁	201	183	9.8	186	183	1.6	15		
吉林	16	16		16	16				
黑龙江	3	3		3	3				
上海	2100	2067	1.6	2059	2057	0.1	41	10	310.0
江苏	268	292	−8.2	232	267	−13.1	36	25	44.0
浙江	1799	1420	26.7	1786	1415	26.2	13	5	160.0
安徽	135	99	36.4	110	82	34.1	25	17	47.1
福建	142	155	−8.4	87	121	−28.1	55	34	61.8
江西	25	24	4.2	25	24	4.2			
山东	549	500	9.8	469	439	6.8	80	61	31.1
河南	26	28	−7.1	19	24	−20.8	7	4	75.0
湖北	139	138	0.7	128	128		11	10	10.0
湖南	6	7	−14.3	6	7	−14.3			
广东	360	470	−23.4	229	340	−32.6	131	130	0.8
广西	17	19	−10.5	17	19	−10.5			
海南									
重庆	29	21	38.1	29	21	38.1			
四川									
贵州									
云南	10	14	−28.6	10	14	−28.6			
西藏									
陕西	285	300	−5.0	198	216	−8.3	87	84	3.6
甘肃	30	37	−18.9	30	37	−18.9			
青海									
宁夏	29	32	−9.4	15	18	−16.7	14	14	
新疆	57	65	−12.3	47	51	−7.8	10	14	−28.6

3—49 各地区限额以上集体连锁零售业门店数

（按登记注册类型分）

单位:个

地区	合计			直营店			加盟店		
	2004年	2003年	±%	2004年	2003年	±%	2004年	2003年	±%
全国	**1023**	**846**	**20.9**	**763**	**660**	**15.6**	**260**	**186**	**39.8**
北京	67	59	13.6	51	48	6.3	16	11	45.5
天津	231	189	22.2	231	189	22.2			
河北	36	34	5.9	20	18	11.1	16	16	
山西	5	5		5	5				
内蒙古	4	4		4	2	100.0		2	—100.0
辽宁	16	16		15	15		1	1	
吉林									
黑龙江	4	3	33.3	4	3	33.3			
上海	5	5		4	4		1	1	
江苏	144	181	—20.4	64	106	—39.6	80	75	6.7
浙江	61	47	29.8	53	43	23.3	8	4	100.0
安徽	41	36	13.9	22	17	29.4	19	19	
福建	61	67	—9.0	61	67	—9.0			
江西	2	2					2	2	
山东	47	47		8	8		39	39	
河南	64	56	14.3	60	52	15.4	4	4	
湖北	22	17	29.4	22	17	29.4			
湖南	16	16		13	13		3	3	
广东	175	30	483.3	106	29	265.5	69	1	6800.0
广西									
海南									
重庆									
四川									
贵州									
云南	22	32	—31.3	20	24	—16.7	2	8	—75.0
西藏									
陕西									
甘肃									
青海									
宁夏									
新疆									

3－50　各地区限额以上股份合作连锁零售业门店数

（按登记注册类型分）

单位：个

地　区	合　计			直营店			加盟店		
	2004 年	2003 年	±%	2004 年	2003 年	±%	2004 年	2003 年	±%
全　国	**909**	**750**	**21.2**	**528**	**477**	**10.7**	**381**	**273**	**39.6**
北　京	56	50	12.0	52	50	4.0	4		
天　津									
河　北	82	65	26.2	74	57	29.8	8	8	
山　西	115	99	16.2	115	99	16.2			
内蒙古									
辽　宁	62	46	34.8	48	35	37.1	14	11	27.3
吉　林									
黑龙江	8	8		1	1		7	7	
上　海									
江　苏	65	65		53	54	－1.9	12	11	9.1
浙　江	5	5		5	5				
安　徽	15	15		15	15				
福　建									
江　西	13	13		11	12	－8.3	2	1	100.0
山　东	40	40		29	28	3.6	11	12	－8.3
河　南	9	7	28.6	9	7	28.6			
湖　北	20	22	－9.1	20	22	－9.1			
湖　南									
广　东	15	15		15	15				
广　西									
海　南									
重　庆	404	300	34.7	81	77	5.2	323	223	44.8
四　川									
贵　州									
云　南									
西　藏									
陕　西									
甘　肃									
青　海									
宁　夏									
新　疆									

3—51 各地区限额以上联营连锁零售业门店数

（按登记注册类型分）

单位：个

地区	合计			直营店			加盟店		
	2004年	2003年	±%	2004年	2003年	±%	2004年	2003年	±%
全国	**287**	**269**	**6.7**	**140**	**128**	**9.4**	**147**	**141**	**4.3**
北京									
天津									
河北	18	15	20.0				18	15	20.0
山西									
内蒙古									
辽宁									
吉林									
黑龙江	6	3	100.0				6	3	100.0
上海									
江苏		1	—100.0					1	—100.0
浙江									
安徽									
福建	12	12		12	12				
江西									
山东	136	133	2.3	16	14	14.3	120	119	0.8
河南	3	3					3	3	
湖北									
湖南									
广东	112	102	9.8	112	102	9.8			
广西									
海南									
重庆									
四川									
贵州									
云南									
西藏									
陕西									
甘肃									
青海									
宁夏									
新疆									

3—52 各地区限额以上有限责任公司连锁零售业门店数

（按登记注册类型分）

单位：个

地　区	合　计			直营店			加盟店		
	2004年	2003年	±%	2004年	2003年	±%	2004年	2003年	±%
全　国	**19838**	**16936**	**17.1**	**14223**	**12738**	**11.7**	**5615**	**4198**	**33.8**
北　京	1526	1266	20.5	1047	854	22.6	479	412	16.3
天　津	78	42	85.7	49	13	276.9	29	29	
河　北	118	102	15.7	80	70	14.3	38	32	18.8
山　西	343	276	24.3	175	130	34.6	168	146	15.1
内蒙古	130	122	6.6	117	118	－0.8	13	4	225.0
辽　宁	1119	795	40.8	628	475	32.2	491	320	53.4
吉　林	153	135	13.3	119	104	14.4	34	31	9.7
黑龙江	31	30	3.3	4	2	100.0	27	28	－3.6
上　海	4709	4448	5.9	3537	3533	0.1	1172	915	28.1
江　苏	2420	1980	22.2	1832	1542	18.8	588	438	34.2
浙　江	2162	1746	23.8	1534	1354	13.3	628	392	60.2
安　徽	116	112	3.6	79	78	1.3	37	34	8.8
福　建	114	78	46.2	71	53	34.0	43	25	72.0
江　西	634	884	－28.3	615	869	－29.2	19	15	26.7
山　东	544	565	－3.7	444	473	－6.1	100	92	8.7
河　南	639	538	18.8	373	337	10.7	266	201	32.3
湖　北	781	597	30.8	498	398	25.1	283	199	42.2
湖　南	294	194	51.5	198	138	43.5	96	56	71.4
广　东	1216	885	37.4	870	699	24.5	346	186	86.0
广　西	282	209	34.9	91	105	－13.3	191	104	83.7
海　南	44	42	4.8	37	36	2.8	7	6	16.7
重　庆	368	138	166.7	201	77	161.0	167	61	173.8
四　川	1176	1008	16.7	924	675	36.9	252	333	－24.3
贵　州	101	96	5.2	94	88	6.8	7	8	－12.5
云　南	369	307	20.2	357	302	18.2	12	5	140.0
西　藏	1	1					1	1	
陕　西	17	18	－5.6	6	5	20.0	11	13	－15.4
甘　肃	62	81	－23.5	56	79	－29.1	6	2	200.0
青　海	2						2		
宁　夏	83	90	－7.8	57	64	－10.9	26	26	
新　疆	206	151	36.4	130	67	94.0	76	84	－9.5

3－53 各地区限额以上股份有限公司连锁零售业门店数

（按登记注册类型分）

单位：个

地区	合计			直营店			加盟店		
	2004年	2003年	±%	2004年	2003年	±%	2004年	2003年	±%
全国	**14344**	**10783**	**33.0**	**5971**	**5485**	**8.9**	**8373**	**5298**	**58.0**
北京	1260	961	31.1	966	887	8.9	294	74	297.3
天津	57	26	119.2	37	20	85.0	20	6	233.3
河北	101	84	20.2	80	72	11.1	21	12	75.0
山西	174	160	8.7	117	123	－4.9	57	37	54.1
内蒙古	14	12	16.7	2	1	100.0	12	11	9.1
辽宁	16	9	77.8	4			12	9	33.3
吉林	271	247	9.7	107	101	5.9	164	146	12.3
黑龙江	183	185	－1.1	162	172	－5.8	21	13	61.5
上海	1822	1429	27.5	843	741	13.8	979	688	42.3
江苏	2259	1774	27.3	818	737	11.0	1441	1037	39.0
浙江	823	605	36.0	243	209	16.3	580	396	46.5
安徽	305	228	33.8	148	98	51.0	157	130	20.8
福建	29	16	81.3	14	11	27.3	15	5	200.0
江西	66	45	46.7	11	9	22.2	55	36	52.8
山东	1426	1203	18.5	179	238	－24.8	1247	965	29.2
河南	113	95	18.9	60	47	27.7	53	48	10.4
湖北	720	571	26.1	641	510	25.7	79	61	29.5
湖南	250	163	53.4	95	93	2.2	155	70	121.4
广东	137	97	41.2	112	81	38.3	25	16	56.3
广西	92	88	4.5	62	63	－1.6	30	25	20.0
海南	4	6	－33.3				4	6	－33.3
重庆	2046	1946	5.1	786	842	－6.7	1260	1104	14.1
四川	1755	493	256.0	197	181	8.8	1558	312	399.4
贵州	41	21	95.2	8	8		33	13	153.8
云南	228	200	14.0	215	187	15.0	13	13	
西藏	1						1		
陕西	38	21	81.0	14	10	40.0	24	11	118.2
甘肃	37	35	5.7	8	12	－33.3	29	23	26.1
青海	60	48	25.0	41	31	32.3	19	17	11.8
宁夏	1	2	－50.0				1	2	－50.0
新疆	15	13	15.4	1	1		14	12	16.7

3—54 各地区限额以上私营连锁零售业门店数

（按登记注册类型分）

单位：个

地区	合计			直营店			加盟店		
	2004年	2003年	±%	2004年	2003年	±%	2004年	2003年	±%
全国	7628	7047	8.2	4264	3878	10.0	3364	3169	6.2
北京	420	379	10.8	353	344	2.6	67	35	91.4
天津	75	66	13.6	70	57	22.8	5	9	−44.4
河北	279	429	−35.0	101	82	23.2	178	347	−48.7
山西	121	146	−17.1	26	21	23.8	95	125	−24.0
内蒙古	17	31	−45.2	15	16	−6.3	2	15	−86.7
辽宁	212	255	−16.9	137	153	−10.5	75	102	−26.5
吉林	12	19	−36.8	12	13	−7.7		6	−100.0
黑龙江	29	30	−3.3	29	19	52.6		11	−100.0
上海	482	562	−14.2	462	508	−9.1	20	54	−63.0
江苏	524	467	12.2	390	353	10.5	134	114	17.5
浙江	484	391	23.8	424	314	35.0	60	77	−22.1
安徽	116	135	−14.1	96	82	17.1	20	53	−62.3
福建	145	128	13.3	115	103	11.7	30	25	20.0
江西	122	140	−12.9	42	43	−2.3	80	97	−17.5
山东	72	120	−40.0	60	56	7.1	12	64	−81.3
河南	318	282	12.8	269	207	30.0	49	75	−34.7
湖北	241	199	21.1	206	165	24.8	35	34	2.9
湖南	197	178	10.7	162	131	23.7	35	47	−25.5
广东	621	673	−7.7	477	451	5.8	144	222	−35.1
广西	225	342	−34.2	123	103	19.4	102	239	−57.3
海南	22	13	69.2	16	13	23.1	6		
重庆	1169	801	45.9	64	80	−20.0	1105	721	53.3
四川	169	183	−7.7	134	131	2.3	35	52	−32.7
贵州	46	37	24.3	33	34	−2.9	13	3	333.3
云南	615	125	392.0	87	87		528	38	1289.5
西藏	5			2			3		
陕西	618	675	−8.4	131	116	12.9	487	559	−12.9
甘肃	142	118	20.3	142	108	31.5		10	−100.0
青海	26	23	13.0	22	20	10.0	4	3	33.3
宁夏	6	6		6	6				
新疆	98	94	4.3	58	62	−6.5	40	32	25.0

3－55 各地区限额以上港澳台商投资连锁零售业门店数

（按登记注册类型分）

单位：个

地区	合计			直营店			加盟店		
	2004年	2003年	±%	2004年	2003年	±%	2004年	2003年	±%
全国	1396	1237	12.9	1224	1074	14.0	172	163	5.5
北京	33	28	17.9	33	28	17.9			
天津	122	120	1.7	122	120	1.7			
河北									
山西									
内蒙古									
辽宁	4	4		4	4				
吉林	3	3		3	3				
黑龙江	3	1	200.0	3	1	200.0			
上海	25	18	38.9	25	18	38.9			
江苏	228	211	8.1	224	205	9.3	4	6	－33.3
浙江	26	14	85.7	26	14	85.7			
安徽									
福建	97	73	32.9	97	73	32.9			
江西	1	1		1	1				
山东	2	2		2	2				
河南	5	5		5	5				
湖北	27	29	－6.9	15	20	－25.0	12	9	33.3
湖南	1	1		1	1				
广东	610	519	17.5	454	371	22.4	156	148	5.4
广西	1			1					
海南									
重庆	31	21	47.6	31	21	47.6			
四川									
贵州	24	17	41.2	24	17	41.2			
云南	61	78	－21.8	61	78	－21.8			
西藏									
陕西									
甘肃									
青海									
宁夏									
新疆	6	10	－40.0	6	10	－40.0			
港澳台	86	82	4.9	86	82	4.9			

3—56 各地区限额以上外商投资连锁零售业门店数

（按登记注册类型分）

单位：个

地区	合计			直营店			加盟店		
	2004年	2003年	±%	2004年	2003年	±%	2004年	2003年	±%
全国	**2381**	**2021**	**17.8**	**1147**	**952**	**20.5**	**1234**	**1069**	**15.4**
北京	16	5	220.0	16	5	220.0			
天津	40	45	−11.1	40	45	−11.1			
河北	3	3		1	1		2	2	
山西									
内蒙古									
辽宁	10	3	233.3	10	3	233.3			
吉林									
黑龙江	1			1					
上海	516	383	34.7	350	268	30.6	166	115	44.3
江苏	1186	1014	17.0	434	361	20.2	752	653	15.2
浙江	180	156	15.4	124	107	15.9	56	49	14.3
安徽	198	182	8.8	9	7	28.6	189	175	8.0
福建	20	18	11.1	20	18	11.1			
江西	1			1					
山东	44	49	−10.2	5	5		39	44	−11.4
河南	17	17		6	7	−14.3	11	10	10.0
湖北	9	9		7	7		2	2	
湖南	2	2		2	2				
广东	83	77	7.8	83	77	7.8			
广西									
海南									
重庆	1	1		1	1				
四川	2	2		2	2				
贵州	47	52	−9.6	30	33	−9.1	17	19	−10.5
云南	2	2		2	2				
西藏									
陕西	1	1		1	1				
甘肃									
青海									
宁夏									
新疆	2			2					

3—57 各地区限额以上连锁零售业营业面积

（按业态分）

单位：平方米

地　区	2004 年	2003 年	±%	百货商店			超级市场		
				2004 年	2003 年	±%	2004 年	2003 年	±%
全　国	**35170643**	**27801905**	**26.5**	**6110570**	**4559992**	**34.0**	**15943112**	**13314138**	**19.7**
北　京	3082209	2443775	26.1	413482	253910	62.8	1437003	1085624	32.4
天　津	513852	366803	40.1				367709	244514	50.4
河　北	612163	493942	23.9	95232	78662	21.1	364949	304854	19.7
山　西	541995	536496	1.0	30000	30000		313447	319500	−1.9
内蒙古	81793	59245	38.1	34300	28000	22.5	18930	12994	45.7
辽　宁	429458	350088	22.7	42814	38325	11.7	139521	101366	37.6
吉　林	538132	126319	326.0	53821	26121	106.0	61025	56232	8.5
黑龙江	201505	171667	17.4	110900	95900	15.6	49020	45332	8.1
上　海	5147824	4348966	18.4				3958440	3354988	18.0
江　苏	4254884	3109238	36.8	488908	396512	23.3	1607087	1396943	15.0
浙　江	5222315	4134451	26.3	31539	26300	19.9	865173	686150	26.1
安　徽	354023	271357	30.5	106300	97700	8.8	166607	112932	47.5
福　建	218347	206194	5.9	54957	45184	21.6	85755	85738	
江　西	296986	276107	7.6	222500	177600	25.3	17463	7360	137.3
山　东	2189869	1658470	32.0	1357097	967714	40.2	422020	313538	34.6
河　南	646109	495712	30.3	64600	43770	47.6	396859	313840	26.5
湖　北	1911446	1574256	21.4	831407	717707	15.8	725254	559637	29.6
湖　南	1101420	831537	32.5	31000	23800	30.3	973114	761091	27.9
广　东	4990168	3918423	27.4	1581936	1046166	51.2	2765504	2368131	16.8
广　西	290997	286369	1.6				250080	250560	−0.2
海　南	45199	22359	102.2				38300	16000	139.4
重　庆	699885	561152	24.7	413761	330776	25.1	57331	48232	18.9
四　川	546854	405845	34.7	11000	9000	22.2	260203	231741	12.3
贵　州	169519	159176	6.5	9230	8830	4.5	73398	72978	0.6
云　南	378823	285609	32.6				192273	194840	−1.3
西　藏									
陕　西	193969	301366	−35.6	17340	17340		136890	235130	−41.8
甘　肃	109749	90683	21.0				46450	36400	27.6
青　海	103405	96015	7.7	64840	57800	12.2	4250	3900	9.0
宁　夏	51944	35084	48.1				44064	27204	62.0
新　疆	245801	185201	32.7	43606	42875	1.7	104993	66389	58.1

3—57 续表

单位:平方米

地区	专业店			专卖店			便利店		
	2004 年	2003 年	±%	2004 年	2003 年	±%	2004 年	2003 年	±%
全国	**11874235**	**8878710**	**33.7**	**393422**	**320300**	**22.8**	**832725**	**690308**	**20.6**
北京	1106406	1003525	10.3	48819	36776	32.7	76499	63940	19.6
天津	136667	112895	21.1	1965	1300	51.2	7511	8094	—7.2
河北	26486	24391	8.6	2384	2028	17.6	123112	84007	46.5
山西	178805	173546	3.0	4893	4450	10.0	14850	9000	65.0
内蒙古	28563	18251	56.5						
辽宁	173209	154586	12.0	8354	8300	0.7	65560	47511	38.0
吉林	423286	43966	862.8						
黑龙江	41585	30435	36.6						
上海	751872	588730	27.7	49706	36058	37.9	377377	358313	5.3
江苏	2125586	1288205	65.0	20577	20032	2.7	12726	7546	68.6
浙江	4190464	3314241	26.4	85044	78890	7.8	50095	28870	73.5
安徽	79916	60265	32.6	1200	460	160.9			
福建	77035	74672	3.2	600	600				
江西	55526	89817	—38.2	1497	1330	12.6			
山东	386530	354818	8.9	6000	7400	—18.9	18222	15000	21.5
河南	107545	82501	30.4	67325	46001	46.4	8500	5500	54.5
湖北	317588	266486	19.2	10012	10299	—2.8	27185	20127	35.1
湖南	93206	42046	121.7	2600	2500	4.0	1500	2100	—28.6
广东	579783	455084	27.4	23829	5047	372.1	35466	23195	52.9
广西	40917	35809	14.3						
海南	6899	6359	8.5						
重庆	217827	173996	25.2				9746	5468	78.2
四川	274440	164155	67.2	1211	949	27.6			
贵州	86891	77368	12.3						
云南	184519	88413	108.7				2031	2356	—13.8
西藏									
陕西	17988	17735	1.4	19406	21880	—11.3	2345	9281	—74.7
甘肃	63299	54283	16.6						
青海	34315	34315							
宁夏	7880	7880							
新疆	59202	39937	48.2	38000	36000	5.6			

3—58 各地区限额以上直营连锁零售业营业面积

（按业态分）

单位:平方米

地区	2004年	2003年	±%	百货商店			超级市场		
				2004年	2003年	±%	2004年	2003年	±%
全国	**31441148**	**24651355**	**27.5**	**5752050**	**4330505**	**32.8**	**13848327**	**11613462**	**19.2**
北京	2942624	2102466	40.0	413482	253910	62.8	1377564	1055608	30.5
天津	513852	366803	40.1				367709	244514	50.4
河北	511879	402406	27.2	73232	56662	29.2	321313	259638	23.8
山西	522246	523890	—0.3	30000	30000		305902	314899	—2.9
内蒙古	81793	57245	42.9	34300	28000	22.5	18930	12994	45.7
辽宁	363036	301981	20.2	42814	38325	11.7	139321	101366	37.4
吉林	524941	114853	357.1	53821	26121	106.0	59134	55666	6.2
黑龙江	198445	168607	17.7	110900	95900	15.6	49020	45332	8.1
上海	4108445	3483226	17.9				3050891	2574998	18.5
江苏	3290122	2396044	37.3	417749	371012	12.6	988386	901118	9.7
浙江	5081636	4023446	26.3	31409	26300	19.4	811293	647290	25.3
安徽	274121	191851	42.9	28600	20000	43.0	166307	112932	47.3
福建	207391	196352	5.6	52257	42527	22.9	85755	85738	
江西	277356	260622	6.4	204000	163100	25.1	17463	7360	137.3
山东	1868935	1416220	32.0	1218661	891934	36.6	409530	303678	34.9
河南	586756	447027	31.3	64600	43770	47.6	376299	292010	28.9
湖北	1845883	1538942	19.9	820107	706707	16.0	705889	557956	26.5
湖南	1043844	788526	32.4	31000	23800	30.3	930058	726039	28.1
广东	4690681	3676370	27.6	1565936	1046166	49.7	2527252	2171057	16.4
广西	258198	252271	2.3				234606	231116	1.5
海南	33529	22194	51.1				27300	16000	70.6
重庆	590053	458763	28.6	413761	330776	25.1	57331	48232	18.9
四川	455385	357649	27.3	11000	9000	22.2	224859	216681	3.8
贵州	164635	156462	5.2	9230	8830	4.5	73398	72978	0.6
云南	340452	279951	21.6				189903	192572	—1.4
西藏									
陕西	167074	272786	—38.8	17340	17340		134790	233330	—42.2
甘肃	108829	89923	21.0				46450	36400	27.6
青海	102523	95163	7.7	64840	57800	12.2	4080	3760	8.5
宁夏	48311	31451	53.6				42671	25811	65.3
新疆	238173	177865	33.9	43011	42525	1.1	104923	66389	58.0

3—58 续表

单位:平方米

地区	专业店			专卖店			便利店		
	2004年	2003年	±%	2004年	2003年	±%	2004年	2003年	±%
全国	**10904875**	**7895261**	**38.1**	**244183**	**192035**	**27.2**	**678956**	**590803**	**14.9**
北京	1040668	701366	48.4	35264	28419	24.1	75646	63163	19.8
天津	136667	112895	21.1	1965	1300	51.2	7511	8094	−7.2
河北	24774	23229	6.7	684	684		91876	62193	47.7
山西	176201	171771	2.6	4893	4450	10.0	5250	2770	89.5
内蒙古	28563	16251	75.8						
辽宁	123587	116079	6.5	7354	7300	0.7	49960	38911	28.4
吉林	411986	33066	1146.0						
黑龙江	38525	27375	40.7						
上海	722565	570989	26.5	31039	24001	29.3	297343	307329	−3.2
江苏	1853976	1098531	68.8	18927	17907	5.7	11084	7476	48.3
浙江	4168485	3299226	26.3	33763	29760	13.5	36686	20870	75.8
安徽	78014	58459	33.5	1200	460	160.9			
福建	68779	67487	1.9	600	600				
江西	55526	89817	−38.2	367	345	6.4			
山东	217522	200608	8.4	5000	5000		18222	15000	21.5
河南	105645	82501	28.1	30432	19146	58.9	8500	5500	54.5
湖北	286067	249055	14.9	7895	7940	−0.6	25925	17284	50.0
湖南	78786	34087	131.1	2500	2500		1500	2100	−28.6
广东	536073	414138	29.4	22369	4014	457.3	35401	23195	52.6
广西	23592	21155	11.5						
海南	6229	6194	0.6						
重庆	107995	72807	48.3				9746	5468	78.2
四川	218495	131019	66.8	1031	949	8.6			
贵州	82007	74654	9.8						
云南	148588	85210	74.4				1961	2169	−9.6
西藏									
陕西	11699	11575	1.1	900	1260	−28.6	2345	9281	−74.7
甘肃	62379	53523	16.5						
青海	33603	33603							
宁夏	5640	5640							
新疆	52239	32951	58.5	38000	36000	5.6			

3—59　各地区限额以上加盟连锁零售业营业面积

（按业态分）

单位:平方米

地　区	2004 年	2003 年	±%	百货商店			超级市场		
				2004 年	2003 年	±%	2004 年	2003 年	±%
全　国	**3729495**	**3150550**	**18.4**	**358520**	**229487**	**56.2**	**2094785**	**1700676**	**23.2**
北　京	139585	341309	—59.1				59439	30016	98.0
天　津									
河　北	100284	91536	9.6	22000	22000		43636	45216	—3.5
山　西	19749	12606	56.7				7545	4601	64.0
内蒙古		2000	—100.0						
辽　宁	66422	48107	38.1				200		
吉　林	13191	11466	15.0				1891	566	234.1
黑龙江	3060	3060							
上　海	1039379	865740	20.1				907549	779990	16.4
江　苏	964762	713194	35.3	71159	25500	179.1	618701	495825	24.8
浙　江	140679	111005	26.7	130			53880	38860	38.7
安　徽	79902	79506	0.5	77700	77700		300		
福　建	10956	9842	11.3	2700	2657	1.6			
江　西	19630	15485	26.8	18500	14500	27.6			
山　东	320934	242250	32.5	138436	75780	82.7	12490	9860	26.7
河　南	59353	48685	21.9				20560	21830	—5.8
湖　北	65563	35314	85.7	11300	11000	2.7	19365	1681	1052.0
湖　南	57576	43011	33.9				43056	35052	22.8
广　东	299487	242053	23.7	16000			238252	197074	20.9
广　西	32799	34098	—3.8				15474	19444	—20.4
海　南	11670	165	6972.7				11000		
重　庆	109832	102389	7.3						
四　川	91469	48196	89.8				35344	15060	134.7
贵　州	4884	2714	80.0						
云　南	38371	5658	578.2				2370	2268	4.5
西　藏									
陕　西	26895	28580	—5.9				2100	1800	16.7
甘　肃	920	760	21.1						
青　海	882	852	3.5				170	140	21.4
宁　夏	3633	3633					1393	1393	
新　疆	7628	7336	4.0	595	350	70.0	70		

3—59 续表

单位:平方米

地区	专业店			专卖店			便利店		
	2004 年	2003 年	±%	2004 年	2003 年	±%	2004 年	2003 年	±%
全国	**969360**	**983449**	**—1.4**	**149239**	**128265**	**16.4**	**153769**	**99505**	**54.5**
北京	65738	302159	—78.2	13555	8357	62.2	853	777	9.8
天津									
河北	1712	1162	47.3	1700	1344	26.5	31236	21814	43.2
山西	2604	1775	46.7				9600	6230	54.1
内蒙古		2000	—100.0						
辽宁	49622	38507	28.9	1000	1000		15600	8600	81.4
吉林	11300	10900	3.7						
黑龙江	3060	3060							
上海	29307	17741	65.2	18667	12057	54.8	80034	50984	57.0
江苏	271610	189674	43.2	1650	2125	22.4	1642	70	2245.7
浙江	21979	15015	46.4	51281	49130	4.4	13409	8000	67.6
安徽	1902	1806	5.3						
福建	8256	7185	14.9						
江西				1130	985	14.7			
山东	169008	154210	9.6	1000	2400	—58.3			
河南	1900			36893	26855	37.4			
湖北	31521	17431	80.8	2117	2359	—10.3	1260	2843	—55.7
湖南	14420	7959	81.2	100					
广东	43710	40946	6.8	1460	1033	41.3	65		
广西	17325	14654	18.2						
海南	670	165	306.1						
重庆	109832	101189	8.5						
四川	55945	33136	68.8	180					
贵州	4884	2714	80.0						
云南	35931	3203	1021.8				70	187	—62.6
西藏									
陕西	6289	6160	2.1	18506	20620	—10.3			
甘肃	920	760	21.1						
青海	712	712							
宁夏	2240	2240							
新疆	6963	6986	—0.3						

3—60 各地区限额以上连锁零售业从业人员

（按业态分）

单位：人

地区	2004年	2003年	±%	百货商店			超级市场		
				2004年	2003年	±%	2004年	2003年	±%
全国	**1055978**	**924060**	**14.3**	**139048**	**121640**	**14.3**	**510827**	**444362**	**15.0**
北京	95764	93258	2.7	11417	10542	8.3	44597	38473	15.9
天津	15215	12969	17.3				11442	9658	18.5
河北	18996	17690	7.4	2198	2158	1.9	9626	8885	8.3
山西	17640	15385	14.7	2299	2299		11504	9522	20.8
内蒙古	2609	2014	29.5	1179	816	44.5	486	351	38.5
辽宁	17459	14107	23.8	395	403	−2.0	4854	2830	71.5
吉林	5607	4709	19.1	659	649	1.5	2356	1532	53.8
黑龙江	7470	6595	13.3	4102	4216	−2.7	1090	942	15.7
上海	197531	174779	13.0				136376	118884	14.7
江苏	174472	142188	22.7	13355	13672	−2.3	65302	58571	11.5
浙江	60420	54271	11.3	1138	1074	6.0	25001	18884	32.4
安徽	9844	7659	28.5	926	740	25.1	5652	3987	41.8
福建	10100	8731	15.7	1512	1548	−2.3	4007	3445	16.3
江西	10127	11690	−13.4	4473	4129	8.3	676	382	77.0
山东	53449	47765	11.9	21740	17323	25.5	13147	11906	10.4
河南	28539	21495	32.8	1823	1619	12.6	13346	10461	27.6
湖北	44737	39726	12.6	13551	13190	2.7	18744	15379	21.9
湖南	39384	34985	12.6	758	784	−3.3	33116	30567	8.3
广东	145553	123598	17.8	41843	32220	29.9	74466	66540	11.9
广西	8809	7770	13.4				5674	4627	22.6
海南	978	780	25.4				432	204	111.8
重庆	27870	24904	11.9	10373	9066	14.4	2971	2852	4.2
四川	19872	17426	14.0	1800	1300	38.5	10271	10529	−2.5
贵州	5396	5796	−6.9	369	363	1.7	2277	2705	−15.8
云南	15346	11439	34.2				5170	5555	−6.9
西藏									
陕西	11033	11884	−7.2	968	1081	−10.5	3596	3419	5.2
甘肃	2856	2542	12.4				1458	1023	42.5
青海	2128	2483	−14.3	1089	1352	−19.5	140	141	−0.7
宁夏	1538	1492	3.1				1099	1058	3.9
新疆	5236	3930	33.2	1081	1096	−1.4	1951	1050	85.8

3—60 续表

单位:人

地区	专业店			专卖店			便利店		
	2004年	2003年	±%	2004年	2003年	±%	2004年	2003年	±%
全国	**317156**	**275912**	**14.9**	**32588**	**27272**	**19.5**	**55441**	**52591**	**5.4**
北京	30901	36044	−14.3	3758	3222	16.6	5091	4977	2.3
天津	2685	2349	14.3	863	721	19.7	225	241	−6.6
河北	1824	1807	0.9	415	470	−11.7	4933	4370	12.9
山西	2579	2469	4.5	470	445	5.6	788	650	21.2
内蒙古	944	847	11.5						
辽宁	10276	9328	10.2	296	260	13.8	1638	1286	27.4
吉林	2592	2528	2.5						
黑龙江	2278	1437	58.5						
上海	21745	17935	21.2	4421	3578	23.6	34228	33583	1.9
江苏	92573	67298	37.6	2349	1915	22.7	893	732	22.0
浙江	29929	30544	−2.0	3040	2886	5.3	1312	883	48.6
安徽	3240	2912	11.3	26	20	30.0			
福建	4518	3682	22.7	63	56	12.5			
江西	4465	6720	−33.6	513	459	11.8			
山东	17956	18066	−0.6	56	70	−20.0	550	400	37.5
河南	5759	4636	24.2	7268	4267	70.3	294	157	87.3
湖北	9862	8598	14.7	1685	1584	6.4	895	975	−8.2
湖南	5139	3284	56.5	253	214	18.2	118	136	−13.2
广东	23465	19523	20.2	2225	1576	41.2	3497	2879	21.5
广西	3135	3143	−0.3						
海南	546	576	−5.2						
重庆	13858	12244	13.2				617	473	30.4
四川	7631	5443	40.2	170	154	10.4			
贵州	2750	2728	0.8						
云南	9966	5651	76.4				210	233	−9.9
西藏									
陕西	1772	1553	14.1	4545	5215	−12.8	152	616	−75.3
甘肃	1398	1519	−8.0						
青海	899	990	−9.2						
宁夏	439	434	1.2						
新疆	2032	1624	25.1	172	160	7.5			

3—61 各地区限额以上直营连锁零售业从业人员

（按业态分）

单位：人

地　区	2004 年	2003 年	±%	百货商店			超级市场		
				2004 年	2003 年	±%	2004 年	2003 年	±%
全　国	**854271**	**753232**	**13.4**	**124600**	**114170**	**9.1**	**405616**	**352476**	**15.1**
北　京	89756	78351	14.6	11417	10542	8.3	42438	37094	14.4
天　津	15215	12969	17.3				11442	9658	18.5
河　北	16014	14691	9.0	1778	1738	2.3	8025	7346	9.2
山　西	16036	14281	12.3	2299	2299		10700	9066	18.0
内蒙古	2609	1984	31.5	1179	816	44.5	486	351	38.5
辽　宁	14916	12273	21.5	395	403	－2.0	4846	2830	71.2
吉　林	4892	4105	19.2	659	649	1.5	2262	1495	51.3
黑龙江	7270	6402	13.6	4102	4216	－2.7	1090	942	15.7
上　海	131866	124234	6.1				82564	75253	9.7
江　苏	120007	97318	23.3	8355	12172	－31.4	35894	28019	28.1
浙　江	56754	51759	9.7	1136	1074	5.8	23646	18092	30.7
安　徽	9181	7088	29.5	410	300	36.7	5632	3987	41.3
福　建	9450	8378	12.8	1382	1423	－2.9	4007	3445	16.3
江　西	9413	11137	－15.5	4065	3843	5.8	676	382	77.0
山　东	36847	35284	4.4	14768	13327	10.8	12545	11487	9.2
河　南	23340	18486	26.3	1823	1619	12.6	12669	9778	29.6
湖　北	40569	36711	10.5	12851	12515	2.7	17480	14751	18.5
湖　南	35106	31274	12.3	758	784	－3.3	29785	27435	8.6
广　东	134989	114461	17.9	41563	32220	29.0	67486	60573	11.4
广　西	6911	5758	20.0				4839	3818	26.7
海　南	786	768	2.3				290	204	42.2
重　庆	21682	18200	19.1	10373	9066	14.4	2971	2852	4.2
四　川	16132	14923	8.1	1800	1300	38.5	8467	8949	－5.4
贵　州	5245	5656	－7.3	369	363	1.7	2277	2705	－15.8
云　南	12266	10806	13.5				5099	5484	－7.0
西　藏									
陕　西	5922	6173	－4.1	968	1081	－10.5	3486	3329	4.7
甘　肃	2810	2495	12.6				1458	1023	42.5
青　海	2075	2438	－14.9	1089	1352	－19.5	123	132	－6.8
宁　夏	1362	1316	3.5				987	946	4.3
新　疆	4850	3513	38.1	1061	1068	－0.7	1946	1050	85.3

3—61 续表

单位:人

地区	专业店			专卖店			便利店		
	2004 年	2003 年	±%	2004 年	2003 年	±%	2004 年	2003 年	±%
全　国	**259826**	**222666**	**16.7**	**17714**	**15092**	**17.4**	**45917**	**47225**	**—2.8**
北　京	28115	23409	20.1	2755	2399	14.8	5031	4907	2.5
天　津	2685	2349	14.3	863	721	19.7	225	241	—6.6
河　北	1716	1718	—0.1	159	180	—11.7	4336	3709	16.9
山　西	2303	2266	1.6	470	445	5.6	264	205	28.8
内蒙古	944	817	15.5						
辽　宁	7981	7629	4.6	251	215	16.7	1443	1196	20.7
吉　林	1971	1961	0.5						
黑龙江	2078	1244	67.0						
上　海	20041	16519	21.3	2151	1908	12.7	26669	30105	—11.4
江　苏	72954	54710	33.3	2096	1690	24.0	708	727	—2.6
浙　江	29029	29945	—3.1	1948	1955	—0.4	995	693	43.6
安　徽	3113	2781	11.9	26	20	30.0			
福　建	3998	3454	15.7	63	56	12.5			
江　西	4465	6720	—33.6	207	192	7.8			
山　东	8935	10025	—10.9	49	45	8.9	550	400	37.5
河　南	5679	4636	22.5	2826	1941	45.6	294	157	87.3
湖　北	7917	7486	5.8	1503	1396	7.7	818	563	45.3
湖　南	4202	2705	55.3	243	214	13.6	118	136	—13.2
广　东	20746	16918	22.6	1645	1211	35.8	3492	2879	21.3
广　西	2072	1940	6.8						
海　南	496	564	—12.1						
重　庆	7670	5670	35.3				617	473	30.4
四　川	5740	4520	27.0	125	154	—18.8			
贵　州	2599	2588	0.4						
云　南	6962	5104	36.4				205	218	—6.0
西　藏									
陕　西	1154	957	20.6	162	190	—14.7	152	616	—75.3
甘　肃	1352	1472	—8.2						
青　海	863	954	—9.5						
宁　夏	375	370	1.4						
新　疆	1671	1235	35.3	172	160	7.5			

3－62　各地区限额以上加盟连锁零售业从业人员

（按业态分）

单位：人

地　　区	2004 年	2003 年	±%	百货商店			超级市场		
				2004 年	2003 年	±%	2004 年	2003 年	±%
全　　国	**201707**	**170828**	**18.1**	**14448**	**7470**	**93.4**	**105211**	**91886**	**14.5**
北　　京	6008	14907	－59.7				2159	1379	56.6
天　　津									
河　　北	2982	2999	－0.6	420	420		1601	1539	4.0
山　　西	1604	1104	45.3				804	456	76.3
内 蒙 古		30	－100.0						
辽　　宁	2543	1834	38.7				8		
吉　　林	715	604	18.4				94	37	154.1
黑 龙 江	200	193	3.6						
上　　海	65665	50545	29.9				53812	43631	23.3
江　　苏	54465	44870	21.4	5000	1500	233.3	29408	30552	－3.7
浙　　江	3666	2512	45.9	2			1355	792	71.1
安　　徽	663	571	16.1	516	440	17.3	20		
福　　建	650	353	84.1	130	125	4.0			
江　　西	714	553	29.1	408	286	42.7			
山　　东	16602	12481	33.0	6972	3996	74.5	602	419	43.7
河　　南	5199	3009	72.8				677	683	－0.9
湖　　北	4168	3015	38.2	700	675	3.7	1264	628	101.3
湖　　南	4278	3711	15.3				3331	3132	6.4
广　　东	10564	9137	15.6	280			6980	5967	17.0
广　　西	1898	2012	－5.7				835	809	3.2
海　　南	192	12	1500.0				142		
重　　庆	6188	6704	－7.7						
四　　川	3740	2503	49.4				1804	1580	14.2
贵　　州	151	140	7.9						
云　　南	3080	633	386.6				71	71	
西　　藏									
陕　　西	5111	5711	－10.5				110	90	22.2
甘　　肃	46	47	－2.1						
青　　海	53	45	17.8				17	9	88.9
宁　　夏	176	176					112	112	
新　　疆	386	417	－7.4	20	28	－28.6	5		

3—62 续表

单位:人

地区	专业店			专卖店			便利店		
	2004 年	2003 年	±%	2004 年	2003 年	±%	2004 年	2003 年	±%
全国	**57330**	**53246**	**7.7**	**14874**	**12180**	**22.1**	**9524**	**5366**	**77.5**
北京	2786	12635	—78.0	1003	823	21.9	60	70	—14.3
天津									
河北	108	89	21.3	256	290	—11.7	597	661	—9.7
山西	276	203	36.0				524	445	17.8
内蒙古		30	—100.0						
辽宁	2295	1699	35.1	45	45		195	90	116.7
吉林	621	567	9.5						
黑龙江	200	193	3.6						
上海	1704	1416	20.3	2270	1670	35.9	7559	3478	117.3
江苏	19619	12588	55.9	253	225	12.4	185	5	3600.0
浙江	900	599	50.3	1092	931	17.3	317	190	66.8
安徽	127	131	—3.1						
福建	520	228	128.1						
江西				306	267	14.6			
山东	9021	8041	12.2	7	25	—72.0			
河南	80			4442	2326	91.0			
湖北	1945	1112	74.9	182	188	—3.2	77	412	—81.3
湖南	937	579	61.8	10					
广东	2719	2605	4.4	580	365	58.9	5		
广西	1063	1203	—11.6						
海南	50	12	316.7						
重庆	6188	6574	—5.9						
四川	1891	923	104.9	45					
贵州	151	140	7.9						
云南	3004	547	449.2				5	15	—66.7
西藏									
陕西	618	596	3.7	4383	5025	12.8			
甘肃	46	47	—2.1						
青海	36	36							
宁夏	64	64							
新疆	361	389	—7.2						

3－63 各地区限额以上连锁零售业销售额

（按业态分）

单位：万元

地　区	2004年	2003年	±%	百货商店			超级市场		
				2004年	2003年	±%	2004年	2003年	±%
全　国	55806959	42586344	31.0	7447315	5965183	24.8	24099402	19255550	25.2
北　京	9737229	8014694	21.5	602396	505613	19.1	2796636	2014309	38.8
天　津	619135	435338	42.2				365601	289106	26.5
河　北	342289	282812	21.0	39996	37903	5.5	232716	188034	23.8
山　西	370160	320831	15.4	11897	7742	53.7	280578	251004	11.8
内蒙古	65387	52869	23.7	34910	28348	23.1	3040	1871	62.5
辽　宁	497923	380574	30.8	18775	18247	2.9	138222	109204	26.6
吉　林	127680	117561	8.6	5192	8768	－40.8	77475	66925	15.8
黑龙江	283144	253358	11.8	155966	148934	4.7	17093	15501	10.3
上　海	12959450	9800862	32.2				10235099	8321609	23.0
江　苏	8198081	5500451	49.0	978215	742569	31.7	2557274	1936018	32.1
浙　江	4809418	3543022	35.7	25895	24472	5.8	698856	563923	23.9
安　徽	508270	325227	56.3	265045	192131	38.0	108312	63762	69.9
福　建	457067	253421	80.4	32322	33899	－4.7	149374	98828	51.1
江　西	387852	315671	22.9	323540	248163	30.4	2703	2191	23.4
山　东	3736900	2700532	38.4	1352039	967205	39.8	564516	466618	21.0
河　南	441650	385628	14.5	21562	18227	18.3	188294	147299	27.8
湖　北	2715083	2200145	23.4	1250573	1077732	16.0	869721	690423	26.0
湖　南	732457	550615	33.0	25574	21982	16.3	588029	466510	26.0
广　东	6236910	4886407	27.6	1638331	1246952	31.4	3246871	2726308	19.1
广　西	159187	133119	19.6				132103	105097	25.7
海　南	30785	19371	58.9				21971	10546	108.3
重　庆	731341	683433	7.0	551965	522773	5.6	29471	12359	138.5
四　川	589680	508358	16.0	8789	9516	－7.6	315947	275342	14.7
贵　州	211528	186956	13.1	12387	8822	40.4	64721	71509	－9.5
云　南	396734	328453	20.8				219386	203355	7.9
西　藏									
陕　西	170885	175536	－2.6	32000	43000	－25.6	100830	86974	15.9
甘　肃	50873	45209	12.5				8120	6399	26.9
青　海	63279	56670	11.7	50354	45490	10.7	2157	1357	59.0
宁　夏	32924	23543	39.8				24768	16416	50.9
新　疆	143664	105681	35.9	9595	6696	43.3	59522	46755	27.3

3—63 续表

单位:万元

地区	专业店			专卖店			便利店		
	2004年	2003年	±%	2004年	2003年	±%	2004年	2003年	±%
全国	**22066942**	**15814125**	**39.5**	**796661**	**690273**	**15.4**	**1382632**	**835421**	**65.5**
北京	6049664	5255074	15.1	151284	122627	23.4	137249	117071	17.2
天津	248724	141536	75.7	3085	2773	11.3	1725	1923	—10.3
河北	29286	28106	4.2	3331	2095	59.0	36962	26673	38.6
山西	67051	56168	19.4	3895	3482	11.9	6739	2434	176.9
内蒙古	27437	22651	21.1						
辽宁	274296	205431	33.5	3951	3878	1.9	62679	43812	43.1
吉林	45013	41869	7.5						
黑龙江	110084	88923	23.8						
上海	1799090	857926	109.7	96202	61464	56.5	822367	553557	48.6
江苏	4530591	2726891	66.1	105816	84052	25.9	26185	10922	139.7
浙江	3960308	2843107	39.3	104541	98019	6.7	19821	13501	46.8
安徽	133925	68509	95.5	988	824	19.9			
福建	272503	117661	131.6	2868	3033	—5.4			
江西	56167	62424	—10.0	5443	2893	88.1			
山东	1740458	1217454	43.0	67622	37843	78.7	12265	11413	7.5
河南	140573	97430	44.3	88801	120675	—26.4	1382	689	100.6
湖北	561797	405788	38.4	10482	11100	—5.6	22511	15101	49.1
湖南	110679	54522	103.0	5679	4462	27.3	2497	3140	—20.5
广东	1019578	777643	31.1	106586	93538	13.9	220225	27472	701.6
广西	27084	28022	—3.3						
海南	8814	8826	—0.1						
重庆	141142	139827	0.9				7808	4790	63.0
四川	260113	219738	18.4	4831	3763	28.4			
贵州	134420	106626	26.1						
云南	176227	123657	42.5				1121	1442	—22.3
西藏									
陕西	9678	13328	—27.4	27280	30752	—11.3	1096	1482	—26.0
甘肃	42753	38810	10.2						
青海	10770	9823	9.6						
宁夏	8156	7127	14.4						
新疆	70569	49230	43.3	3978	3000	32.6			

3—64 各地区限额以上直营连锁零售业销售额

（按业态分）

单位：万元

地区	2004年	2003年	±%	百货商店			超级市场		
				2004年	2003年	±%	2004年	2003年	±%
全国	**45660350**	**34944578**	**30.7**	**7076311**	**5782967**	**22.4**	**20049523**	**16339419**	**22.7**
北京	6471741	4925753	31.4	602396	505613	19.1	2780805	2001986	38.9
天津	619135	435338	42.2				365601	289106	26.5
河北	299798	253831	18.1	34150	33449	2.1	206847	170679	21.2
山西	356434	312529	14.0	11897	7742	53.7	273783	247151	10.8
内蒙古	65387	51516	26.9	34910	28348	23.1	3040	1871	62.5
辽宁	457076	370740	23.3	18775	18247	2.9	137992	109204	26.4
吉林	124904	114944	8.7	5192	8768	—40.8	76882	66310	15.9
黑龙江	281155	251418	11.8	155966	148934	4.7	17093	15501	10.3
上海	10131034	7841676	29.2				7686702	6474265	18.7
江苏	5989066	4247176	41.0	823415	662569	24.3	1609541	1311151	22.8
浙江	4713684	3456777	36.4	25882	24472	5.8	660992	529485	24.8
安徽	444049	271743	63.4	203035	140924	44.1	108157	63762	69.6
福建	449244	249590	80.0	29811	32290	—7.7	149374	98828	51.1
江西	373008	308944	20.7	311895	242956	28.4	2703	2191	23.4
山东	2905867	2229658	30.3	1236979	933779	32.5	562902	465491	20.9
河南	377307	304900	23.7	21562	18227	18.3	179993	143167	25.7
湖北	2682812	2181494	23.0	1245434	1071520	16.2	858024	686326	25.0
湖南	696398	522666	33.2	25574	21982	16.3	560148	446104	25.6
广东	5759551	4449739	29.4	1624417	1246952	30.3	2874515	2394104	20.1
广西	140296	120594	16.3				119126	95240	25.1
海南	23719	19274	23.1				15294	10546	45.0
重庆	710414	644188	10.3	551965	522773	5.6	29471	12359	138.5
四川	562170	499165	12.6	8789	9516	—7.6	293585	274181	7.1
贵州	208834	184814	13.0	12387	8822	40.4	64721	71509	—9.5
云南	389291	324638	19.9				218619	202510	8.0
西藏									
陕西	141342	142347	—0.7	32000	43000	—25.6	99342	85646	16.0
甘肃	50313	44759	12.4				8120	6399	26.9
青海	62972	56613	11.2	50354	45490	10.7	1886	1346	40.1
宁夏	32762	23348	40.3				24762	16248	52.4
新疆	140591	104406	34.7	9528	6595	44.5	59506	46755	27.3

3－64　续表

单位:万元

地　区	专业店			专卖店			便利店		
	2004年	2003年	±%	2004年	2003年	±%	2004年	2003年	±%
全　国	**16813226**	**11597070**	**45.0**	**575722**	**480284**	**19.9**	**1134727**	**736226**	**54.1**
北　京	2828442	2202588	28.4	123358	99015	24.6	136740	116551	17.3
天　津	248724	141536	75.7	3085	2773	11.3	1725	1923	－10.3
河　北	27996	26786	4.5	1538	850	80.9	29267	22066	32.6
山　西	64295	53648	19.8	3895	3482	11.9	2564	505	407.7
内蒙古	27437	21298	28.8						
辽　宁	249512	197202	26.5	3388	3313	2.3	47409	42772	10.8
吉　林	42830	39867	7.4						
黑龙江	108095	86983	24.3						
上　海	1769752	850138	108.2	57762	46727	23.6	613291	467507	31.2
江　苏	3436921	2185545	57.3	95966	77042	24.6	23223	10869	113.7
浙　江	3951887	2838029	39.2	57449	52141	10.2	17476	12650	38.2
安　徽	131869	66233	99.1	988	824	19.9			
福　建	267191	115439	131.5	2868	3033	－5.4			
江　西	56167	62424	－10.0	2244	1373	63.4			
山　东	1026439	782352	31.2	67282	36623	83.7	12265	11413	7.5
河　南	139036	97430	42.7	34295	44080	－22.2	1382	689	100.6
湖　北	552207	401469	37.5	9941	10979	－9.5	17207	11200	53.6
湖　南	102506	46979	118.2	5674	4462	27.2	2497	3140	－20.5
广　东	940230	694211	35.4	95175	84080	13.2	219895	27472	700.4
广　西	21170	25354	－16.5						
海　南	8425	8729	－3.5						
重　庆	120215	102920	16.8				7808	4790	63.0
四　川	255485	211706	20.7	4311	3763	14.6			
贵　州	131726	104484	26.1						
云　南	169791	120933	40.4				881	1196	－26.3
西　藏									
陕　西	6377	9495	－32.8	2527	2724	－7.2	1096	1482	－26.0
甘　肃	42193	38360	10.0						
青　海	10733	9777	9.8						
宁　夏	8000	7100	12.7						
新　疆	67579	48056	40.6	3978	3000	32.6			

3—65 各地区限额以上加盟连锁零售业销售额

（按业态分）

单位：万元

地区	2004 年	2003 年	±%	百货商店			超级市场		
				2004 年	2003 年	±%	2004 年	2003 年	±%
全国	**10146609**	**7641766**	**32.8**	**371004**	**182216**	**103.6**	**4049879**	**2916131**	**38.9**
北京	3265488	3088941	5.7				15831	12323	28.5
天津									
河北	42491	28981	46.6	5846	4454	31.3	25869	17355	49.1
山西	13726	8302	65.3				6795	3853	76.4
内蒙古		1353	−100.0						
辽宁	40847	9834	315.4				230		
吉林	2776	2617	6.1				593	615	−3.6
黑龙江	1989	1940	2.5						
上海	2828416	1959186	44.4				2548397	1847344	37.9
江苏	2209015	1253275	76.3	154800	80000	93.5	947733	624867	51.7
浙江	95734	86245	11.0	13			37864	34438	9.9
安徽	64221	53484	20.1	62010	51207	21.1	155		
福建	7823	3831	104.2	2511	1609	56.1			
江西	14844	6727	120.7	11645	5207	123.6			
山东	831033	470874	76.5	115060	33426	244.2	1614	1127	43.2
河南	64343	80728	−20.3				8301	4132	100.9
湖北	32271	18651	73.0	5139	6212	−17.3	11697	4097	185.5
湖南	36059	27949	29.0				27881	20406	36.6
广东	477359	436668	9.3	13914			372356	332204	12.1
广西	18891	12525	50.8				12977	9857	31.7
海南	7066	97	7184.5				6677		
重庆	20927	39245	−46.7						
四川	27510	9193	199.2				22362	1161	1826.1
贵州	2694	2142	25.8						
云南	7443	3815	95.1				767	845	−9.2
西藏									
陕西	29543	33189	−11.0				1488	1328	12.0
甘肃	560	450	24.4						
青海	307	57	438.6				271	11	2363.6
宁夏	162	195	−16.9				6	168	−96.4
新疆	3073	1275	141.0	67	101	−33.7	16		

3—65 续表

单位:万元

地区	专业店			专卖店			便利店		
	2004年	2003年	±%	2004年	2003年	±%	2004年	2003年	±%
全国	**5253716**	**4217055**	**24.6**	**220939**	**209989**	**5.2**	**247905**	**99195**	**149.9**
北京	3221222	3052486	5.5	27926	23612	18.3	509	520	-2.1
天津									
河北	1290	1320	-2.3	1793	1245	44.0	7695	4607	67.0
山西	2756	2520	9.4				4175	1929	116.4
内蒙古		1353	-100.0						
辽宁	24784	8229	201.2	563	565	-0.4	15270	1040	1368.3
吉林	2183	2002	9.0						
黑龙江	1989	1940	2.5						
上海	29338	7788	276.7	38440	14737	160.8	209076	86050	143.0
江苏	1093670	541346	102.0	9850	7010	40.5	2962	53	5488.7
浙江	8421	5078	65.8	47092	45878	2.6	2345	851	175.6
安徽	2056	2276	-9.7						
福建	5312	2222	139.1						
江西				3199	1520	110.5			
山东	714019	435102	64.1	340	1220	-72.1			
河南	1537			54506	76595	-28.8			
湖北	9590	4319	122.0	541	121	347.1	5304	3901	36.0
湖南	8173	7543	8.4	5					
广东	79348	83432	-4.9	11411	9458	20.6	330		
广西	5914	2668	121.7						
海南	389	97	301.0						
重庆	20927	36907	-43.3						
四川	4628	8032	-42.4	520					
贵州	2694	2142	25.8						
云南	6436	2724	136.3				240	246	-2.4
西藏									
陕西	3301	3833	-13.9	24753	28028	-11.7			
甘肃	560	450	24.4						
青海	37	46	-19.6						
宁夏	156	27	477.8						
新疆	2990	1174	154.7						

3—66 各地区限额以上连锁零售业零售额

（按业态分）

单位：万元

地区	2004年	2003年	±%	百货商店			超级市场		
				2004年	2003年	±%	2004年	2003年	±%
全国	**45099029**	**34641233**	**30.2**	**6638207**	**5242786**	**26.6**	**20072011**	**16101955**	**24.7**
北京	9046064	7411655	22.1	598088	497225	20.3	2705817	1936774	39.7
天津	587171	431238	36.2				365601	289106	26.5
河北	333478	271965	22.6	39996	37903	5.5	225591	179416	25.7
山西	342714	295628	15.9	11897	7742	53.7	260643	234824	11.0
内蒙古	52544	45693	15.0	24904	23805	4.6	3040	1871	62.5
辽宁	403212	280583	43.7	18775	18247	2.9	90118	69562	29.6
吉林	108779	94751	14.8	5192	8768	—40.8	64743	49476	30.9
黑龙江	266710	231413	15.3	145305	132357	9.8	17093	15501	10.3
上海	10084038	7608666	32.5				7485361	6196424	20.8
江苏	5630785	3835076	46.8	719448	507037	41.9	2221137	1657586	34.0
浙江	2869816	2087067	37.5	21790	21254	2.5	647381	529131	22.3
安徽	410508	276242	48.6	219266	167008	31.3	100352	56643	77.2
福建	381882	196591	94.3	28501	28873	—1.3	89272	62073	43.8
江西	342618	269609	27.1	278468	202131	37.8	2703	2191	23.4
山东	2775996	2083117	33.3	1144665	854513	34.0	343058	291294	17.8
河南	417459	380125	9.8	21023	17777	18.3	184455	146942	25.5
湖北	2108780	1734690	21.6	1076003	909211	18.3	657816	538642	22.1
湖南	708746	525826	34.8	25574	21982	16.3	564319	441721	27.8
广东	6009017	4678585	28.4	1636600	1237793	32.2	3225179	2700921	19.4
广西	155045	127924	21.2				128417	99946	28.5
海南	30785	19371	58.9				21971	10546	108.3
重庆	643473	559043	15.1	509625	436218	16.8	29471	12359	138.5
四川	471859	395734	19.2	8789	9516	—7.6	212859	181156	17.5
贵州	163197	143379	13.8	12387	8822	40.4	64039	69845	—8.3
云南	342549	299268	14.5				194130	194706	—0.3
西藏									
陕西	151981	154384	—1.6	31963	42421	—24.7	84188	70560	19.3
甘肃	46019	38799	18.6				7317	6011	21.7
青海	62533	56216	11.2	50354	45490	10.7	2157	1357	59.0
宁夏	28476	21552	32.1				20320	14425	40.9
新疆	122796	87050	41.1	9595	6696	43.3	53468	40948	30.6

3—66 续表

单位:万元

地区	专业店			专卖店			便利店		
	2004年	2003年	±%	2004年	2003年	±%	2004年	2003年	±%
全国	**16444612**	**11938604**	**37.7**	**639016**	**553969**	**15.4**	**1293034**	**783983**	**64.9**
北京	5495323	4765951	15.3	119230	98402	21.2	127606	113304	12.6
天津	216761	137435	57.7	3085	2773	11.3	1725	1923	—10.3
河北	28200	26904	4.8	3331	2095	59.0	36362	25646	41.8
山西	60996	48536	25.7	2439	2092	16.6	6739	2434	176.9
内蒙古	24600	20018	22.9						
辽宁	238614	157686	51.3	3641	3593	1.3	52065	31494	65.3
吉林	38844	36508	6.4						
黑龙江	104312	83555	24.8						
上海	1729768	819770	111.0	96202	61464	56.5	766014	524702	46.0
江苏	2586836	1602683	61.4	77956	56852	37.1	25408	10919	132.7
浙江	2077131	1425452	45.7	104541	98019	6.7	18974	13211	43.6
安徽	89905	51823	73.5	985	767	28.4			
福建	262257	104291	151.5	1852	1354	36.8			
江西	56004	62394	—10.2	5443	2893	88.1			
山东	601831	479378	25.5	55188	25600	115.6	12265	11413	7.5
河南	738204	512779	44.0	34554	45257	—23.6	1130	387	192.0
湖北	342969	260217	31.8	64447	87574	26.4	13456	11200	20.1
湖南	112096	51298	118.5	6215	4583	35.6	2497	3140	—20.5
广东	828537	603876	37.2	21664	22312	—2.9	219118	26989	711.9
广西	98640	107953	—8.6	4380	2954	48.3	330		
海南	14339	11397	25.8						
重庆	78535	69463	13.1				7128	4299	65.8
四川	260308	231624	12.4	3673	3229	13.8			
贵州	88541	67248	31.7	520					
云南	142952	101338	41.1				881	1196	—26.3
西藏	6436	2574	150.0				240	246	—2.4
陕西	8684	10765	—19.3	26052	29156	—10.6	1096	1402	—26.0
甘肃	38703	32788	18.0						
青海	10023	9369	7.0						
宁夏	8156	7127	14.4						
新疆	56113	36406	54.1	3620	3000	20.7			

3－67 各地区限额以上直营连锁零售业零售额

（按业态分）

单位：万元

地区	2004年	2003年	±%	百货商店			超级市场		
				2004年	2003年	±%	2004年	2003年	±%
全国	**35635247**	**27251194**	**30.8**	**6313218**	**5077570**	**24.3**	**16125789**	**13191818**	**22.2**
北京	5783947	4326069	33.7	598088	497225	20.3	2689986	1924451	39.8
天津	587171	431238	36.2				365601	289106	26.5
河北	290987	242984	19.8	34150	33449	2.1	199722	162061	23.2
山西	328988	287326	14.5	11897	7742	53.7	253848	230971	9.9
内蒙古	52544	44340	18.5	24904	23805	4.6	3040	1871	62.5
辽宁	364625	271439	34.3	18775	18247	2.9	89888	69562	29.2
吉林	106003	92134	15.1	5192	8768	－40.8	64150	48861	31.3
黑龙江	264794	229535	15.4	145305	132357	9.8	17093	15501	10.3
上海	7364461	5649480	30.4				5032339	4349080	15.7
江苏	3862717	2783621	38.8	599448	444037	35.0	1281163	1038492	23.4
浙江	2774179	2000822	38.7	21777	21254	2.5	609614	494693	23.2
安徽	346420	222808	55.5	157256	115801	35.8	100197	56643	76.9
福建	374059	193331	93.5	25990	27264	－4.7	89272	62073	43.8
江西	327774	262882	24.7	266823	196924	35.5	2703	2191	23.4
山东	2051549	1627645	26.0	1040820	821087	26.8	341444	290167	17.7
河南	353116	299397	17.9	21023	17777	18.3	176154	142810	23.3
湖北	2081812	1719940	21.0	1070864	902999	18.6	646119	534545	20.9
湖南	672687	497877	35.1	25574	21982	16.3	536438	421315	27.3
广东	5540113	4255065	30.2	1622686	1237793	31.1	2852823	2368717	20.4
广西	136538	115399	18.3				115823	90089	28.6
海南	23719	19274	23.1				15294	10546	45.0
重庆	625325	523588	19.4	509625	436218	16.8	29471	12359	138.5
四川	445118	391245	13.8	8789	9516	－7.6	190497	179995	5.8
贵州	161108	142587	13.0	12387	8822	40.4	64039	69845	－8.3
云南	335106	295603	13.4				193363	193861	－0.3
西藏									
陕西	124666	123930	0.6	31963	42421	－24.7	82742	69453	19.1
甘肃	45459	38349	18.5				7317	6011	21.7
青海	62226	56159	10.8	50354	45490	10.7	1886	1346	40.1
宁夏	28314	21357	32.6				20314	14257	42.5
新疆	119723	85775	39.6	9528	6595	44.5	53452	40948	30.5

3—67 续表

单位:万元

地区	专业店			专卖店			便利店		
	2004 年	2003 年	±%	2004 年	2003 年	±%	2004 年	2003 年	±%
全国	**11692321**	**7927610**	**47.5**	**430953**	**356806**	**20.8**	**1063983**	**688778**	**54.5**
北京	2274628	1713663	32.7	94133	77946	20.8	127112	112784	12.7
天津	216761	137435	57.7	3085	2773	11.3	1725	1923	—10.3
河北	26910	25584	5.2	1538	850	80.9	28667	21039	36.3
山西	58240	46016	26.6	2439	2092	16.6	2564	505	407.7
内蒙古	24600	18665	31.8						
辽宁	216020	150057	44.0	3078	3028	1.7	36865	30544	20.7
吉林	36661	34506	6.2						
黑龙江	102396	81677	25.4						
上海	1700430	811982	109.4	57762	46727	23.6	570402	438652	30.0
江苏	1889765	1238814	52.5	69894	51412	35.9	22446	10866	106.6
浙江	2068710	1420374	45.6	57449	52141	10.2	16629	12360	34.5
安徽	87982	49596	77.4	985	767	28.4			
福建	256945	102640	150.3	1852	1354	36.8			
江西	56004	62394	—10.2	2244	1373	63.4			
山东	601831	479378	25.5	55188	25600	115.6	12265	11413	7.5
河南	119556	93079	28.4	34214	44037	—22.3	1130	387	192.0
湖北	341432	260217	31.2	9941	10979	—9.5	13456	11200	20.1
湖南	102506	46979	118.2	5674	4462	27.2	2497	3140	—20.5
广东	820364	596333	37.6	21659	22312	—2.9	219118	26989	711.9
广西	20716	25310	—18.2						
海南	8425	8729	—3.5						
重庆	78146	69366	12.7				7128	4299	65.8
四川	242160	198506	22.0	3673	3229	13.8			
贵州	84682	63920	32.5						
云南	140863	100546	40.1				881	1196	—26.3
西藏									
陕西	6339	7850	—19.2	2527	2724	—7.2	1096	1482	—26.0
甘肃	38143	32338	18.0						
青海	9986	9323	7.1						
宁夏	8000	7100	12.7						
新疆	53123	35232	50.8	3620	3000	20.7			

3—68 各地区限额以上加盟连锁零售业零售额

（按业态分）

单位：万元

地区	2004年	2003年	±%	百货商店			超级市场		
				2004年	2003年	±%	2004年	2003年	±%
全国	**9463782**	**7390039**	**28.1**	**324989**	**165216**	**96.7**	**3946222**	**2910137**	**35.6**
北京	3262117	3085586	5.7				15831	12323	28.5
天津									
河北	42491	28981	46.6	5846	4454	31.3	25869	17355	49.1
山西	13726	8302	65.3				6795	3853	76.4
内蒙古		1353	−100.0						
辽宁	38587	9144	322.0				230		
吉林	2776	2617	6.1				593	615	−3.6
黑龙江	1916	1878	2.0						
上海	2719577	1959186	38.8				2453022	1847344	32.8
江苏	1768068	1051455	68.2	120000	63000	90.5	939974	619094	51.8
浙江	95637	86245	10.9	13			37767	34438	9.7
安徽	64088	53434	19.9	62010	51207	21.1	155		
福建	7823	3260	140.0	2511	1609	56.1			
江西	14844	6727	120.7	11645	5207	123.6			
山东	724447	455472	59.1	103845	33426	210.7	1614	1127	43.2
河南	64343	80728	−20.3				8301	4132	100.9
湖北	26968	14750	82.8	5139	6212	−17.3	11697	4097	185.5
湖南	36059	27949	29.0				27881	20406	36.6
广东	468904	423520	10.7	13914			372356	332204	12.1
广西	18507	12525	47.8				12594	9857	27.8
海南	7066	97	7184.5				6677		
重庆	18148	35455	−48.8						
四川	26741	4489	495.7				22362	1161	1826.1
贵州	2089	792	163.8						
云南	7443	3665	103.1				767	845	−9.2
西藏									
陕西	27315	30454	−10.3				1446	1107	30.6
甘肃	560	450	24.4						
青海	307	57	438.6				271	11	2363.6
宁夏	162	195	−16.9				6	168	−96.4
新疆	3073	1275	141.0	67	101	−33.7	16		

3—68 续表

单位:万元

地区	专业店			专卖店			便利店		
	2004 年	2003 年	±%	2004 年	2003 年	±%	2004 年	2003 年	±%
全　国	**4752291**	**4010994**	**18.5**	**208063**	**197163**	**5.5**	**229051**	**95205**	**140.6**
北　京	3220695	3052288	5.5	25097	20456	22.7	494	520	—5.0
天　津									
河　北	1290	1320	—2.3	1793	1245	44.0	7695	4607	67.0
山　西	2756	2520	9.4				4175	1929	116.4
内蒙古		1353	—100.0						
辽　宁	22594	7629	196.2	563	565	—0.4	15200	950	1500.0
吉　林	2183	2002	9.0						
黑龙江	1916	1878	2.0						
上　海	29338	7788	276.7	38440	14737	160.8	195612	86050	127.3
江　苏	697071	363869	91.6	8062	5440	48.2	2962	53	5488.7
浙　江	8421	5078	65.8	47092	45878	2.6	2345	851	175.6
安　徽	1923	2227	—13.7						
福　建	5312	1651	221.7						
江　西				3199	1520	110.5			
山　东									
河　南	618648	419700	47.4	340	1220	—72.1			
湖　北	1537			54506	76595	—28.8			
湖　南	9590	4319	122.0	541	121	347.1			
广　东	8173	7543	8.4	5					
广　西	77924	82643	—5.7	4380	2954	48.3	330		
海　南	5914	2668	121.7						
重　庆	389	97	301.0						
四　川	18148	33118	—45.2						
贵　州	3859	3328	16.0	520					
云　南	2089	792	163.8						
西　藏	6436	2574	150.0				240	246	—2.4
陕　西	2345	2915	—19.6	23525	26432	11.0			
甘　肃	560	450	24.4						
青　海	37	46	—19.6						
宁　夏	156	27	477.8						
新　疆	2990	1174	154.7						

3－69 各地区限额以上直营连锁零售业统一配送比重

（按业态分）

单位：%

地区	2004年	2003年	百货商店		超级市场		专业店		专卖店		便利店	
			2004年	2003年	2004年	2003年	2004年	2003年	2004年	2003年	2004年	2003年
全国	**80.0**	**78.7**	**71.6**	**70.7**	**80.6**	**79.6**	**82.0**	**80.6**	**82.0**	**81.4**	**91.8**	**89.8**
北京	36.2	32.7	9.6	10.8	60.4	53.1	16.6	17.3	31.2	32.8	72.0	68.2
天津	91.6	92.2			86.6	89.4	99.4	99.0	100.0	100.0		
河北	73.2	69.3	19.6	16.3	82.6	79.8	86.8	86.4	92.0	98.0	55.4	46.3
山西	48.8	44.3	100.0	100.0	36.3	33.3	93.7	89.8	1.0	1.0	89.6	47.7
内蒙古	71.8	70.2	50.0	40.0			90.5	93.5				
辽宁	62.6	60.7			1.8	2.7	99.2	99.0	91.1	88.1	69.3	56.1
吉林	66.2	70.3	100.0	100.0	45.9	48.9	98.6	99.4				
黑龙江	70.8	70.8	73.3	79.9	58.5	57.3	69.0	57.8				
上海	99.6	99.6			99.5	99.5	100.0	100.0	100.0	100.0	100.0	100.0
江苏	91.1	90.2	74.2	71.6	97.3	96.3	92.1	91.8	96.0	98.4	100.0	100.0
浙江	97.5	96.9	90.2	91.5	87.4	85.0	99.2	99.2	99.0	99.0	87.9	91.5
安徽	95.8	95.9	100.0	100.0	87.2	82.7	96.3	100.0	100.0	100.0		
福建	79.6	70.1	73.5	80.4	81.1	78.5	79.2	59.2	100.0	100.0		
江西	96.0	96.2	95.7	95.7	100.0	100.0	100.0	100.0	28.0	20.0		
山东	69.3	70.0	45.0	41.5	86.1	83.8	86.9	94.0	100.0	100.0	100.0	100.0
河南	90.3	85.7	34.8	29.8	95.2	92.8	95.7	95.1	77.8	64.7	100.0	100.0
湖北	83.5	79.1	100.0	100.0	52.3	37.0	94.0	94.3	100.0	100.0	100.0	100.0
湖南	90.6	90.3	100.0	100.0	88.4	88.8	99.7	99.1	100.0	100.0	100.0	100.0
广东	70.5	70.2	84.6	85.3	51.3	53.2	97.0	97.2	98.8	99.4	90.1	91.1
广西	74.2	76.8			70.3	71.1	96.2	98.0				
海南	100.0	100.0			100.0	100.0	100.0	100.0				
重庆	83.6	81.5	84.0	79.2	29.4	35.6	94.0	98.2			100.0	98.4
四川	89.9	88.0	95.0	95.0	85.5	83.1	95.1	94.4	100.0	100.0		
贵州	77.5	88.3			85.8	99.3	80.7	88.1				
云南	87.3	84.6			78.5	76.2	98.7	98.8			65.2	60.8
西藏												
陕西	73.4	65.5			95.2	94.9	97.4	90.2	100.0	100.0	41.1	49.1
甘肃	95.8	92.8			86.0	86.1	97.7	93.9				
青海	25.9	27.3	11.3	13.6	100.0	100.0	81.8	80.9				
宁夏	84.8	78.7			96.0	91.2	50.0	50.0				
新疆	100.0	99.7	100.0	100.0	100.0	99.4	100.0	100.0	100.0	100.0		

3—70 各地区限额以上直营连锁零售业自有配送比重

（按业态分）

单位：%

地区	2004年	2003年	百货商店		超级市场		专业店		专卖店		便利店	
			2004年	2003年	2004年	2003年	2004年	2003年	2004年	2003年	2004年	2003年
全　国	**53.3**	**51.8**	**46.2**	**43.5**	**42.6**	**39.8**	**69.2**	**72.0**	**71.3**	**70.8**	**41.2**	**51.1**
北　京	18.3	18.4			27.4	25.5	10.8	13.2	31.2	32.8	58.6	60.7
天　津	30.7	27.2			11.5	12.8	58.1	55.8	100.0	100.0		
河　北	40.0	38.8	8.5	5.1	43.6	43.9	47.9	50.0			45.9	37.6
山　西	36.5	34.1	100.0	100.0	35.3	32.1	30.7	36.0	1.0	1.0	71.7	38.3
内蒙古	71.8	70.2	50.0	40.0			90.5	93.5				
辽　宁	61.6	60.6			1.8	2.7	99.0	98.8	91.1	88.1	60.9	56.1
吉　林	61.9	57.8	96.1	90.9	45.9	41.3	86.3	78.0				
黑龙江	70.8	70.8	73.3	79.9	58.5	57.3	69.0	57.8				
上　海	27.6	29.5			30.7	27.4	18.8	39.2	2.7	4.0	15.5	44.9
江　苏	85.8	82.9	74.2	71.5	84.7	81.9	89.2	86.8	96.0	97.3	12.7	12.2
浙　江	95.0	93.9	30.9	35.2	73.7	69.4	99.0	98.9	99.0	99.0	80.7	84.0
安　徽	93.6	93.3	100.0	100.0	83.9	78.3	91.6	93.3	100.0	100.0		
福　建	72.1	60.0	70.9	78.1	64.8	66.2	76.0	48.5	100.0	100.0		
江　西	89.7	90.1	88.6	88.5	91.5	85.8	98.1	97.9	28.0	20.0		
山　东	61.8	62.5	45.0	41.5	53.5	50.4	83.8	92.7	100.0	100.0	95.0	90.0
河　南	84.1	80.5	34.8	29.8	86.3	86.6	92.9	92.6	67.1	54.4	93.4	83.3
湖　北	47.2	36.9	24.3	16.7	48.7	32.8	94.0	94.3	100.0	100.0	96.1	96.0
湖　南	73.5	77.9	100.0	100.0	70.5	74.3	81.0	99.0	100.0	100.0	100.0	100.0
广　东	50.2	48.0	42.7	42.8	41.3	39.0	76.3	80.5	98.8	99.4	87.7	81.0
广　西	71.3	72.6			70.3	71.1	76.9	78.0				
海　南	94.9	100.0			92.2	100.0	100.0	100.0				
重　庆	72.7	71.5	70.4	67.5	29.4	35.6	93.7	96.2			75.8	78.1
四　川	89.6	87.4	95.0	95.0	85.0	82.0	95.1	94.4	100.0	100.0		
贵　州	75.9	83.9			84.2	92.6	79.0	85.0				
云　南	65.7	63.2			40.6	42.3	98.1	98.4			32.1	34.2
西　藏												
陕　西	71.8	63.3			95.2	94.9	64.3	61.3	100.0	100.0	20.6	24.5
甘　肃	92.9	90.2			68.0	67.8	97.7	93.9				
青　海	25.6	27.1	11.3	13.6	90.0	90.0	81.8	80.9				
宁　夏	84.8	72.8			96.0	82.8	50.0	50.0				
新　疆	72.7	82.2	100.0	100.0	37.9	62.4	97.8	98.0	100.0	100.0		

3－71 各地区限额以上直营连锁零售业非自有配送比重

（按业态分）

单位：%

地区	2004年	2003年	百货商店		超级市场		专业店		专卖店		便利店	
			2004年	2003年	2004年	2003年	2004年	2003年	2004年	2003年	2004年	2003年
全国	**26.7**	**26.9**	**25.4**	**27.2**	**38.0**	**39.7**	**12.7**	**8.5**	**10.6**	**10.6**	**50.4**	**38.7**
北京	17.9	14.3	9.6	10.8	33.0	27.6	5.8	4.0			13.4	7.4
天津	60.9	64.9			75.1	76.6	41.3	43.2				
河北	33.2	30.5	11.2	11.1	39.0	35.9	38.9	36.4	92.0	98.0	9.5	8.7
山西	12.2	10.2			1.0	1.2	63.0	53.8			17.9	9.4
内蒙古												
辽宁	0.3										3.4	
吉林	4.4	12.5	3.9	9.1		7.6	12.3	21.4				
黑龙江												
上海	72.0	70.0			68.7	72.1	81.2	60.8	97.3	96.0	84.5	55.1
江苏	5.4	7.3			12.6	14.4	2.9	5.0		1.2	87.3	87.8
浙江	2.5	3.0	59.3	56.3	13.8	15.6	0.2	0.2			7.2	7.5
安徽	2.1	2.5			2.9	3.7	4.7	6.7				
福建	7.5	10.1	2.7	2.2	16.3	12.3	3.2	10.7				
江西	6.3	6.2	7.1	7.2	8.5	14.2	1.9	2.1				
山东	7.4	7.5			32.6	33.4	3.1	1.3			5.0	10.0
河南	6.2	5.2			8.9	6.1	2.8	2.5	10.7	10.3	6.6	16.7
湖北	36.3	42.3	75.7	83.3	3.6	4.2					3.9	4.0
湖南	17.2	12.4			17.9	14.5	18.7	0.1				
广东	20.3	22.2	41.9	42.5	10.0	14.2	20.7	16.7			2.5	10.1
广西	2.9	4.2					19.3	20.1				
海南	5.1				7.8							
重庆	10.9	9.9	13.6	11.7			0.4	2.0			24.2	20.3
四川	0.1	0.1			0.1	0.1						
贵州	1.5	4.3			1.5	6.7	1.6	3.1				
云南	21.6	21.4			37.9	33.9	0.6	0.4			33.1	26.6
西藏												
陕西	1.2	0.9					22.4	9.4			20.6	24.5
甘肃	2.9	2.6			18.0	18.3						
青海	0.3	0.2			10.0	10.0						
宁夏		5.8				8.4						
新疆	27.3	17.5			62.1	37.0	2.2	2.0				

3—72 各地区限额以上加盟连锁零售业统一配送比重

（按业态分）

单位：%

地 区	2004年	2003年	百货商店		超级市场		专业店		专卖店		便利店	
			2004年	2003年	2004年	2003年	2004年	2003年	2004年	2003年	2004年	2003年
全 国	**50.5**	**42.7**	**41.0**	**38.6**	**69.4**	**65.5**	**33.4**	**24.0**	**77.4**	**75.5**	**94.3**	**98.0**
北 京	0.6	0.5			2.3	1.1	0.4	0.4	21.7	17.3	5.6	20.0
天 津												
河 北	46.8	50.8	91.5	90.3	16.6	22.1	100.0	100.0	100.0	100.0	93.0	93.2
山 西	32.4	27.3					25.0	25.0			90.0	85.0
内 蒙 古		100.0						100.0				
辽 宁	67.9	85.4					98.6	95.6	52.0	52.0	19.6	23.1
吉 林	78.6	76.5					100.0	100.0				
黑 龙 江	60.0	60.0					60.0	60.0				
上 海	89.7	89.7			88.7	89.3	91.9	64.5	100.0	100.0	100.0	100.0
江 苏	60.9	43.0	3.9	5.7	36.2	12.8	89.9	82.5	100.0	100.0	100.0	100.0
浙 江	82.1	88.9	100.0		61.5	77.9	97.3	99.3	95.1	95.8	100.0	100.0
安 徽	55.1	63.3	54.0	62.0	10.0		90.3	93.1				
福 建	90.5	94.7	95.0	95.0			88.4	94.4				
江 西	39.1	41.3	30.0	30.0					72.0	80.0		
山 东	78.9	88.1	82.6	61.5	10.3	16.5	78.5	90.3	100.0	100.0		
河 南	63.7	63.9			93.5	89.9	100.0		58.1	62.5		
湖 北	84.5	99.0	100.0	100.0	61.9	100.0	94.3	95.9	100.0	100.0	100.0	100.0
湖 南	60.1	55.3			52.9	43.8	84.7	86.3	100.0			
广 东	46.2	51.3	8.0		36.7	38.3	91.7	92.0	88.7	92.4	1.0	
广 西	66.4	64.7			51.1	55.2	100.0	100.0				
海 南	2.5	100.0					46.2	100.0				
重 庆	74.9	76.6					74.9	79.5				
四 川	29.8	75.8			20.2	22.4	78.1	83.2				
贵 州	100.0	100.0					100.0	100.0				
云 南	71.7	85.0			100.0	100.0	69.8	85.3			30.0	30.0
西 藏												
陕 西	83.8	84.5					0.2		100.0	100.0		
甘 肃												
青 海	70.0	84.3			70.0	60.0	70.0	90.0				
宁 夏	96.4	13.8					100.0	100.0				
新 疆	99.6	100.0	100.0	100.0	20.0		100.0	100.0				

3—73　各地区限额以上加盟连锁零售业自有配送比重

（按业态分）

单位：%

地　区	2004 年	2003 年	百货商店		超级市场		专业店		专卖店		便利店	
			2004 年	2003 年	2004 年	2003 年	2004 年	2003 年	2004 年	2003 年	2004 年	2003 年
全　国	**32.9**	**27.1**	**37.4**	**33.6**	**34.0**	**30.6**	**32.1**	**23.0**	**51.5**	**57.7**	**9.0**	**14.1**
北　京	0.5	0.5			1.2	0.5	0.4	0.4	21.7	17.3	3.5	20.0
天　津												
河　北	25.2	27.5			8.7	13.5	100.0	100.0			93.0	93.2
山　西	21.3	15.1									70.0	65.0
内蒙古		100.0						100.0				
辽　宁	67.9	85.4					98.6	95.6	52.0	52.0	19.6	23.1
吉　林	60.4	61.2					76.9	79.9				
黑龙江	60.0	60.0					60.0	60.0				
上　海	34.0	36.1			36.8	37.9	78.0	53.0			0.7	3.9
江　苏	58.9	40.7	3.9	5.7	34.9	11.3	87.2	79.1	100.0	100.0	2.7	
浙　江	71.9	80.6	100.0		39.4	60.9	97.3	99.3	92.0	93.0	100.0	100.0
安　徽	55.1	63.3	54.0	62.0	10.0		90.3	93.1				
福　建	33.0	42.6	95.0	95.0			3.7	4.7				
江　西	23.4	25.8	10.0	10.0					72.0	80.0		
山　东	78.9	88.0	82.6	61.5	10.3	16.5	78.4	90.2	100.0	100.0		
河　南	38.6	38.6			85.1	82.2	100.0		29.8	36.2		
湖　北	66.5	70.8	10.0	35.0	61.9	100.0	81.9	67.3	100.0	100.0	100.0	100.0
湖　南	59.0	53.9			51.5	42.0	84.7	86.3	100.0			
广　东	23.6	37.3			14.3	22.8	62.0	80.8	88.7	92.4		
广　西	56.8	61.4			51.1	55.2	69.2	84.3				
海　南	2.5	100.0					46.2	100.0				
重　庆	70.6	54.4					70.6	55.9				
四　川	13.6	73.1			0.1	1.3	78.1	83.2				
贵　州	83.9	83.5					83.9	83.5				
云　南	64.7	73.4			32.4	47.6	69.8	85.3			30.0	30.0
西　藏												
陕　西	83.8	84.5					0.1		100.0	100.0		
甘　肃												
青　海	61.2	84.3			60.0	60.0	70.0	90.0				
宁　夏	96.4	13.8					100.0	100.0				
新　疆	99.6	100.0	100.0	100.0	20.0		100.0	100.0				

3—74 各地区限额以上加盟连锁零售业非自有配送比重

（按业态分）

单位：%

地区	2004年	2003年	百货商店		超级市场		专业店		专卖店		便利店	
			2004年	2003年	2004年	2003年	2004年	2003年	2004年	2003年	2004年	2003年
全国	**17.6**	**15.5**	**3.2**	**5.0**	**35.4**	**34.9**	**1.3**	**0.8**	**25.9**	**17.8**	**85.3**	**83.8**
北京					1.2	0.5					2.1	
天津												
河北	21.6	23.3	91.5	90.3	7.8	8.6			100.0	100.0		
山西	11.1	12.2					25.0	25.0			20.0	20.0
内蒙古												
辽宁												
吉林	18.2	15.3					23.1	20.1				
黑龙江												
上海	55.7	53.6			51.9	51.4	14.0	11.5	100.0	100.0	99.3	96.1
江苏	2.0	2.3			1.2	1.6	2.6	3.4			97.3	100.0
浙江	10.2	8.3			22.0	16.9			3.0	2.9		
安徽												
福建	57.5	52.0					84.7	89.7				
江西	15.7	15.5	20.0	20.0								
山东	0.1						0.1					
河南	25.1	25.3			8.4	7.7			28.4	26.2		
湖北	13.2	28.3	60.0	65.0			12.4	28.6				
湖南	1.0	1.3			1.3	1.8						
广东	22.7	13.9	8.0		22.4	15.5	29.7	11.2			1.0	
广西	9.6	3.3					30.8	15.7				
海南												
重庆	4.3	2.6					4.3	2.7				
四川	16.2	2.6			20.0	21.2						
贵州	16.1	16.5					16.1	16.5				
云南	7.0	11.6			67.6	52.4						
西藏												
陕西							0.1					
甘肃												
青海	8.8				10.0							
宁夏												
新疆												

3-75 各地区限额以上连锁零售业利润总额

（按业态分）

单位：万元

地　　区	2004 年	2003 年	±%	百货商店			超级市场		
				2004 年	2003 年	±%	2004 年	2003 年	±%
全　　国	**787328**	**573345**	**37.3**	**126870**	**101630**	**24.8**	**204744**	**123700**	**65.5**
北　　京	102425	103170	-0.7	21429	18471	16.0	13985	13471	3.8
天　　津	3320	-22					-555	-1207	-54.0
河　　北	-361	-1458	-75.2	398	105	279.0	573	217	164.1
山　　西	3799	5969	-36.4	76	69	10.1	-1988	-416	377.9
内 蒙 古	560	1959	-71.4	1071	955	12.1	-153	-22	695.5
辽　　宁	-4266	-3123	36.6	-392	-509	-23.0	-4511	-2944	53.2
吉　　林	1662	-709		-235	329		624	-489	
黑 龙 江	822	3129	-73.7	3286	3381	-2.8	-1476	-409	260.9
上　　海	134114	78032	71.9				132729	76020	74.6
江　　苏	141971	91143	55.8	23541	16288	44.5	19828	14631	35.5
浙　　江	253235	178183	42.1	97	142	-31.7	6822	2190	211.5
安　　徽	1643	1428	15.1	1368	1317	3.9	6	-96	
福　　建	1051	-2204		228	303	-24.8	1415	-1379	
江　　西	1770	2352	-24.7	2671	2753	-3.0	52	30	73.3
山　　东	41699	31983	30.4	23527	15352	53.3	8119	7226	12.4
河　　南	-1140	-1224	-6.9	61	-66		-1130	-809	39.7
湖　　北	9270	16650	-44.3	-1404	7578		5058	2567	97.0
湖　　南	11476	9912	15.8	-355	401		12556	10181	23.3
广　　东	68131	49400	37.9	37456	30279	23.7	14343	8492	68.9
广　　西	1086	1847	-41.2				2105	2396	-12.1
海　　南	-41	-371	-89.0				-195	-589	-66.9
重　　庆	12203	4814	153.5	14979	5156	190.5	-929	-1901	-51.1
四　　川	7338	8576	-14.4	-437	-116	276.7	547	2044	-73.2
贵　　州	-4412	-1369	222.3	73	80	-8.8	-1865	-1422	31.2
云　　南	4340	-3332					556	-4304	
西　　藏									
陕　　西	533	224	137.9	60	121	-50.4	725	701	3.4
甘　　肃	-1049	-423	148.0				53	23	130.4
青　　海	405	208	94.7	373	446	-16.4	56	71	-21.1
宁　　夏	49	214	-77.1				-71	184	61.4
新　　疆	-4307	-1612	167.2	-1001	-1204	-16.9	-2531	-757	234.3

注：利润总额%空缺项为利润由盈转亏或由亏转盈，下同。

3—75　续表

单位:万元

地　区	专业店			专卖店			便利店		
	2004 年	2003 年	±%	2004 年	2003 年	±%	2004 年	2003 年	±%
全　国	**462466**	**354255**	**30.5**	**19189**	**18304**	**4.8**	**—26042**	**—24666**	**5.6**
北　京	63818	67486	—5.4	3792	3760	0.9	—599	—18	3227.8
天　津	3865	1074	259.9	40	102	—60.8	—30	10	
河　北	—712	—392	81.6	—92	—144	—36.1	—528	—1244	—57.6
山　西	5321	5744	—7.4	729	572	27.4	—338	—1	33700.0
内蒙古	—358	1026							
辽　宁	1052	917	14.7	—12	—33	—63.6	—403	—554	—27.3
吉　林	1274	—549							
黑龙江	—988	158							
上　海	16911	16885	0.2	6940	6956	—0.2	—22692	—21944	3.4
江　苏	97804	59812	63.5	770	524	46.9	30	—112	
浙　江	242116	171386	41.3	4217	4521	—6.7	—16	—56	—71.4
安　徽	273	211	29.4	—5	—3	66.7			
福　建	—595	—1130	—47.3	3	2	50.0			
江　西	—1048	—523	100.4	96	91	5.5			
山　东	9878	9332	5.9	128	30	326.7	47	43	9.3
河　南	—447	—990	—54.8	455	652	—30.2	—30	—10	200.0
湖　北	5994	6508	—7.9	—238	—300	—20.7	—140	298	
湖　南	—699	—640	9.2	—45	—54	—16.7	20	24	—16.7
广　东	16032	11661	37.5	1828	1072	70.5	—1453	—2113	—31.2
广　西	—1019	—550	85.3						
海　南	154	218	—29.4						
重　庆	—2060	—34	5958.8				215	1594	—86.5
四　川	6947	6508	6.7	281	141	99.3			
贵　州	—2621	—27	9607.4						
云　南	3804	1043	264.7				—19	—72	—73.6
西　藏									
陕　西	—262	—142	84.5	117	57	105.3	—106	512	—79.3
甘　肃	—1101	—446	146.9						
青　海	—24	—308	—92.2						
宁　夏	120	30	300.0						
新　疆	—962	—10	9520.0	186	358	—48.0			

3—76 各地区限额以上连锁零售业资产总额

（按业态分）

单位:万元

地区	2004年	2003年	±%	百货商店			超级市场		
				2004年	2003年	±%	2004年	2003年	±%
全国	**18005588**	**14507088**	**24.1**	**3170432**	**2820893**	**12.4**	**7409390**	**6241062**	**18.7**
北京	2507438	1762658	42.3	174421	151500	15.1	971179	733698	32.4
天津	276670	238941	15.8				169742	163736	3.7
河北	170884	151035	13.1	24306	25266	−3.8	86817	73231	18.6
山西	392643	345011	13.8	11982	14491	−17.3	312296	262147	19.1
内蒙古	32182	25748	25.0	14181	11910	19.1	1436	822	74.7
辽宁	235146	206974	13.6	5507	5671	−2.9	96457	88023	9.6
吉林	102900	108924	−5.5	4064	13273	−69.4	54893	55905	−1.8
黑龙江	124788	116728	6.9	80879	75138	7.6	16946	16626	1.9
上海	3070712	2395340	28.2				2091540	1721599	21.5
江苏	1842279	1326011	38.9	322920	248384	30.0	395559	354029	11.7
浙江	1598349	1261866	26.7	14592	14616	−0.2	411094	318235	29.2
安徽	223495	166966	33.9	114509	91727	24.8	47570	39945	19.1
福建	319080	193497	64.9	19040	19832	−4.0	72335	51604	40.2
江西	198369	164518	20.6	151985	125139	21.5	3810	3303	15.3
山东	1337141	1095587	22.0	698187	564258	23.7	219539	188903	16.2
河南	238597	159965	49.2	12254	10907	12.3	97461	75237	29.5
湖北	1176823	1173204	0.3	500619	525603	−4.8	391601	359592	8.9
湖南	489806	346379	41.4	12013	20706	−42.0	406338	299277	35.8
广东	2297082	2035260	12.9	660817	583173	13.3	1133807	1038010	9.2
广西	73336	71552	2.5				63283	63054	0.4
海南	27937	20713	34.9				19199	11728	63.7
重庆	405512	353839	14.6	291069	257266	13.1	16892	14542	16.2
四川	256217	198830	28.9	10180	8217	23.9	73328	53761	36.4
贵州	172627	167733	2.9	1800	9233	−80.5	65484	75901	−13.7
云南	202338	202733	−0.2				103062	107542	−4.2
西藏									
陕西	53675	71249	−24.7	11228	12448	−9.8	29836	27088	10.1
甘肃	21005	15757	33.3				4642	2727	70.2
青海	40749	37140	9.7	26464	25241	4.8	488	434	12.4
宁夏	17410	11588	50.2				14410	10088	42.8
新疆	100400	81346	23.4	7416	6896	7.5	38348	30277	26.7

3—76 续表

单位:万元

地区	专业店			专卖店			便利店		
	2004年	2003年	±%	2004年	2003年	±%	2004年	2003年	±%
全国	**6699685**	**4904781**	**36.6**	**342893**	**254116**	**34.9**	**379415**	**276734**	**37.1**
北京	1249794	814104	53.5	50050	39770	25.8	61994	23586	162.8
天津	100984	69647	45.0	2057	1832	12.3	3888	3726	4.3
河北	20358	17230	18.2	811	764	6.2	38592	34543	11.7
山西	56013	58387	—4.1	10306	8259	24.8	2046	1727	18.5
内蒙古	16565	13016	27.3						
辽宁	113556	98401	15.4	1966	1942	1.2	17659	12936	36.5
吉林	43944	39746	10.6						
黑龙江	26962	24964	8.0						
上海	774697	514919	50.5	20300	20094	1.0	182551	137374	32.9
江苏	1058201	673336	57.2	58939	46368	27.1	6660	3895	71.0
浙江	1109472	868414	27.8	53611	54846	—2.3	9580	5755	66.5
安徽	61180	35141	74.1	236	154	53.2			
福建	226625	121341	86.8	1081	720	50.1			
江西	32862	29228	12.4	9713	6849	41.8			
山东	394558	327945	20.3	21028	11031	90.6	3828	3449	11.0
河南	97509	56484	72.6	29379	15797	86.0	1582	1092	44.9
湖北	267267	272140	—1.8	9117	7660	19.0	8220	8210	0.1
湖南	69731	24354	186.3	955	1452	—34.2	770	589	30.7
广东	424411	362912	16.9	57272	31033	84.6	20329	13511	50.5
广西	10053	8498	18.3						
海南	8738	8985	—2.7						
重庆	76289	74503	2.4				19971	6449	209.7
四川	170875	135033	26.5	1834	1820	0.8			
贵州	105343	82599	27.5						
云南	98611	94421	4.4				665	770	—13.6
西藏									
陕西	10951	11767	—6.9	581	826	—20.7	1080	19120	—94.4
甘肃	16363	13030	25.6						
青海	13798	11465	20.3						
宁夏	3000	1500	100.0						
新疆	40978	41273	—0.7	13658	2900	371.0			

3—77 各地区限额以上连锁零售业负债总额

（按业态分）

单位：万元

地区	2004年	2003年	±%	百货商店			超级市场		
				2004年	2003年	±%	2004年	2003年	±%
全国	**13093718**	**10637667**	**23.1**	**2340159**	**2081110**	**12.4**	**5678246**	**4880112**	**16.4**
北京	1916396	1177759	62.7	113713	85991	32.2	834884	518398	61.1
天津	221635	186335	18.9				128949	119927	7.5
河北	138911	121460	14.4	19998	21437	−6.7	69816	59857	16.6
山西	309737	268024	15.6	13542	16667	−18.7	256038	211784	20.9
内蒙古	27968	22253	25.7	10909	9518	14.6	1143	838	36.4
辽宁	184016	149446	23.1	6822	6534	4.4	67708	48334	40.1
吉林	84501	88662	−4.7	2940	5415	−45.7	40346	44833	−10.0
黑龙江	98395	93475	5.3	62108	59573	4.3	10867	8421	29.0
上海	2258292	1906461	18.5				1514015	1343897	12.7
江苏	1240361	941377	31.8	231165	180250	28.2	305404	277787	9.9
浙江	756682	598552	26.4	11323	11227	0.9	315092	246799	27.7
安徽	178527	136683	30.6	103036	80664	27.7	32590	30537	6.7
福建	257923	141072	82.8	12224	13068	−6.5	38248	26165	46.2
江西	151248	117697	28.5	111607	87339	27.8	1894	1114	70.0
山东	1016690	809223	25.6	527656	420227	25.6	171316	137942	24.2
河南	214753	142416	50.8	11175	9865	13.3	86862	67691	28.3
湖北	790081	782280	1.0	329366	349126	−5.7	255407	242507	5.3
湖南	351219	288678	21.7	5193	19519	−73.4	289871	248956	16.4
广东	1813212	1663068	9.0	488368	458992	6.4	947600	899910	5.3
广西	55269	52539	5.2				46081	45571	1.1
海南	22204	14791	50.1				18789	11399	64.8
重庆	311806	269983	15.5	224464	194924	15.2	6662	6340	5.1
四川	216012	207954	3.9	7112	5491	29.5	60709	94031	−35.4
贵州	165250	146365	12.9	6697	5302	26.3	52010	59738	−12.9
云南	131761	131711					63779	71424	−10.7
西藏									
陕西	48839	64662	−24.5	9453	10580	−10.7	26095	24142	8.1
甘肃	17180	13350	28.7				2294	2316	−0.9
青海	31551	29365	7.4	21053	21439	−1.8	241	192	25.5
宁夏	7977	5338	49.4				7523	5038	49.3
新疆	75323	66690	12.9	10236	7962	28.6	26013	24227	7.4

3—77 续表

单位:万元

地　　区	专业店			专卖店			便利店		
	2004 年	2003 年	±%	2004 年	2003 年	±%	2004 年	2003 年	±%
全　　国	**4579886**	**3285729**	**39.4**	**185822**	**120495**	**54.2**	**304874**	**263010**	**15.9**
北　　京	923727	546168	69.1	17941	12068	48.7	26132	15135	72.7
天　　津	88715	63461	39.8	346	421	−17.8	3626	2526	43.5
河　　北	13663	10275	33.0	679	541	25.5	34754	29350	18.4
山　　西	30715	32414	−5.2	7575	6339	19.5	1867	820	127.7
内 蒙 古	15915	11896	33.8						
辽　　宁	93873	82056	14.4	1906	1923	−0.9	13707	10598	29.3
吉　　林	41216	38414	7.3						
黑 龙 江	25420	25481	−0.2						
上　　海	560594	394043	42.3	10202	9786	4.3	172344	157840	9.2
江　　苏	683313	469362	45.6	14113	10669	32.3	6366	3309	92.4
浙　　江	400986	317113	26.4	21581	18620	15.9	7700	4793	60.7
安　　徽	42785	25451	68.1	117	31	277.4			
福　　建	206458	101202	104.0	993	637	55.9			
江　　西	29950	24238	23.6	7798	5006	55.8			
山　　东	294236	237882	23.7	20419	10500	94.5	3064	2673	14.6
河　　南	93248	52216	78.6	22296	11609	92.1	707	587	20.4
湖　　北	195945	182700	7.2	7610	6455	17.9	1754	1491	17.6
湖　　南	55013	18392	199.1	857	1509	−43.2	284	303	−6.3
广　　东	310501	263464	17.9	46166	23407	97.2	17938	11683	53.5
广　　西	9188	6968	31.9						
海　　南	3415	3392	0.7						
重　　庆	67502	66149	2.0				12688	2315	448.1
四　　川	148025	108244	36.8	167	188	−11.2			
贵　　州	106543	81324	31.0						
云　　南	67428	59524	13.3				554	763	−27.4
西　　藏									
陕　　西	11696	10937	6.9	205	181	13.3	1390	18823	−92.6
甘　　肃	14885	11034	34.9						
青　　海	10257	7733	32.6						
宁　　夏	454	300	51.3						
新　　疆	34221	33896	1.0	4853	605	702.1			

3—78 东中西部地区限额以上连锁零售业门店数

（按业态分）

单位：个

地区	2004年	2003年	±%	百货商店			超级市场		
				2004年	2003年	±%	2004年	2003年	±%
全国	**54891**	**46517**	**18.0**	**2637**	**2129**	**23.9**	**14073**	**11717**	**20.1**
东部	38170	33426	14.2	2014	1538	30.9	11112	9226	20.4
中部	6696	5817	15.1	428	406	5.4	1718	1417	21.2
西部	10025	7274	37.7	195	185	5.4	1243	1074	14.6

3—78 续表

单位：个

地区	专业店			专卖店			便利店		
	2004年	2003年	±%	2004年	2003年	±%	2004年	2003年	±%
全国	**25867**	**22132**	**16.9**	**4493**	**3648**	**23.2**	**7755**	**6799**	**14.1**
东部	14618	13892	5.2	3063	2352	30.2	7321	6359	15.1
中部	3344	3018	10.8	899	715	25.7	288	241	19.5
西部	7905	5222	51.4	531	581	−8.6	146	199	−26.6

3—79 东中西部地区限额以上直营连锁零售业门店数

（按业态分）

单位：个

地区	2004年	2003年	±%	百货商店			超级市场		
				2004年	2003年	±%	2004年	2003年	±%
全国	**34590**	**31407**	**10.1**	**997**	**908**	**9.8**	**9107**	**8041**	**13.3**
东部	25454	23080	10.3	410	356	15.2	6535	5823	12.2
中部	4989	4603	8.4	402	381	5.5	1500	1290	16.3
西部	4147	3724	11.2	185	171	8.2	1072	928	15.0

3—79 续表

单位：个

地区	专业店			专卖店			便利店		
	2004年	2003年	±%	2004年	2003年	±%	2004年	2003年	±%
全国	**16607**	**15344**	**8.2**	**1797**	**1515**	**18.6**	**6027**	**5524**	**9.1**
东部	11517	10555	9.1	1281	1095	17.0	5680	5205	9.1
中部	2384	2405	−0.9	481	379	26.9	203	128	58.6
西部	2706	2384	13.5	35	41	−14.6	144	191	−24.6

3—80 东中西部地区限额以上加盟连锁零售业门店数

（按业态分）

单位：个

地区	2004年	2003年	±%	百货商店			超级市场		
				2004年	2003年	±%	2004年	2003年	±%
全国	**20301**	**15110**	**34.4**	**1640**	**1221**	**34.3**	**4966**	**3676**	**35.1**
东部	12716	10346	22.9	1604	1182	35.7	4577	3403	34.5
中部	1707	1214	40.6	26	25	4.0	218	127	71.7
西部	5878	3550	65.4	10	14	−28.6	171	146	12.6

3—80 续表

单位：个

地区	专业店			专卖店			便利店		
	2004年	2003年	±%	2004年	2003年	±%	2004年	2003年	±%
全国	**9260**	**6788**	**36.4**	**2696**	**2133**	**26.4**	**1728**	**1275**	**35.5**
东部	3101	3337	−7.1	1782	1257	41.8	1641	1154	42.2
中部	960	613	56.6	418	336	24.4	85	113	−24.8
西部	5199	2838	83.2	496	540	−8.1	2	8	−75.0

3—81 东中西部地区限额以上连锁零售业营业面积

（按业态分）

单位：平方米

地区	2004年	2003年	±%	百货商店			超级市场		
				2004年	2003年	±%	2004年	2003年	±%
全国	**35170643**	**27801905**	**26.5**	**6110570**	**4559992**	**34.0**	**15943112**	**13314138**	**19.7**
东部	26997285	21339078	26.5	4065965	2852773	42.5	12301541	10208406	20.5
中部	5690621	4355454	30.7	1484828	1240598	19.7	2721719	2188918	24.3
西部	2482737	2107373	17.8	559777	466621	20.0	919852	916814	0.3

3—81 续表

单位：平方米

地区	专业店			专卖店			便利店		
	2004年	2003年	±%	2004年	2003年	±%	2004年	2003年	±%
全国	**11874235**	**8878710**	**33.7**	**393422**	**320300**	**22.8**	**832725**	**690308**	**20.6**
东部	9601854	7413315	29.5	247278	196431	25.9	766568	636476	20.4
中部	1343232	820071	63.8	87527	65040	34.6	52035	36727	41.7
西部	929149	645324	44.0	58617	58829	−0.4	14122	17105	−17.4

3—82 东中西部地区限额以上直营连锁零售业营业面积

（按业态分）

单位：平方米

地区	2004年	2003年	±%	百货商店			超级市场		
				2004年	2003年	±%	2004年	2003年	±%
全　国	**31441148**	**24651355**	**27.5**	**5752050**	**4330505**	**32.8**	**13848327**	**11613462**	**19.2**
东　部	23870328	18639779	28.1	3815540	2726836	39.9	10340920	8592121	20.4
中　部	5372597	4104321	30.9	1377328	1137398	21.1	2629002	2125188	23.7
西　部	2198223	1907255	15.3	559182	466271	19.9	878405	896153	−2.0

3—82 续表

单位：平方米

地区	专业店			专卖店			便利店		
	2004年	2003年	±%	2004年	2003年	±%	2004年	2003年	±%
全　国	**10904875**	**7895261**	**38.1**	**244183**	**192035**	**27.2**	**678956**	**590803**	**14.9**
东　部	8922917	6631897	34.5	156965	118985	31.9	623729	546231	14.2
中　部	1276525	775140	64.7	47287	34841	35.7	41175	27654	48.9
西　部	705433	488224	44.5	39931	38209	4.5	14052	16918	−16.9

3—83 东中西部地区限额以上加盟连锁零售业营业面积

（按业态分）

单位：平方米

地区	2004年	2003年	±%	百货商店			超级市场		
				2004年	2003年	±%	2004年	2003年	±%
全　国	**3729495**	**3150550**	**18.4**	**358520**	**229487**	**56.2**	**2094785**	**1700676**	**23.2**
东　部	3126957	2699299	15.8	250425	125937	98.8	1960621	1616285	21.3
中　部	318024	251133	26.6	107500	103200	4.2	92717	63730	45.5
西　部	284514	200118	42.1	595	350	70.0	41447	20661	102.0

3—83 续表

单位：平方米

地区	专业店			专卖店			便利店		
	2004年	2003年	±%	2004年	2003年	±%	2004年	2003年	±%
全　国	**969360**	**983449**	**−1.4**	**149239**	**128265**	**16.4**	**153769**	**99505**	**54.5**
东　部	678937	781418	−13.1	90313	77446	16.6	142839	90245	58.3
中　部	66707	44931	48.5	40240	30199	33.2	10860	9073	19.7
西　部	223716	157100	42.4	18686	20620	−9.4	70	187	−62.6

3—84 东中西部地区限额以上连锁零售业从业人员

（按业态分）

单位：人

地区	2004年	2003年	±%	百货商店			超级市场		
				2004年	2003年	±%	2004年	2003年	±%
全国	**1055978**	**924060**	**14.3**	**139048**	**121640**	**14.3**	**510827**	**444362**	**15.0**
东部	798746	697906	14.4	93598	78940	18.6	394924	342907	15.2
中部	166601	144844	15.0	29770	28442	4.7	86970	73123	18.9
西部	90631	81310	11.5	15680	14258	10.0	28933	28332	2.1

3—84 续表

单位：人

地区	专业店			专卖店			便利店		
	2004年	2003年	±%	2004年	2003年	±%	2004年	2003年	±%
全国	**317156**	**275912**	**14.9**	**32588**	**27272**	**19.5**	**55441**	**52591**	**5.4**
东部	239553	210295	13.9	17486	14754	18.5	52367	49351	6.1
中部	37502	34017	10.2	10215	6989	46.2	2095	1918	9.2
西部	40101	31600	26.9	4887	5529	—11.6	979	1322	—25.9

3—85 东中西部地区限额以上直营连锁零售业从业人员

（按业态分）

单位：人

地区	2004年	2003年	±%	百货商店			超级市场		
				2004年	2003年	±%	2004年	2003年	±%
全国	**854271**	**753232**	**13.4**	**124600**	**114170**	**9.1**	**405616**	**352476**	**15.1**
东部	633511	556244	13.9	80794	72899	10.8	298022	257819	15.6
中部	149060	132054	12.9	28146	27041	4.1	80780	68187	18.5
西部	71486	64696	10.5	15660	14230	10.0	26600	26232	1.4

3—85 续表

单位：人

地区	专业店			专卖店			便利店		
	2004年	2003年	±%	2004年	2003年	±%	2004年	2003年	±%
全国	**259826**	**222666**	**16.7**	**17714**	**15092**	**17.4**	**45917**	**47225**	**—2.8**
东部	198768	169180	17.5	11980	10380	15.4	43449	44857	—3.1
中部	33316	31202	6.8	5275	4208	25.4	1494	1061	40.8
西部	27742	22284	24.5	459	504	—8.9	974	1307	—25.5

3—86 东中西部地区限额以上加盟连锁零售业从业人员

（按业态分）

单位：人

地区	2004年	2003年	±%	百货商店			超级市场		
				2004年	2003年	±%	2004年	2003年	±%
全国	**201707**	**170828**	**18.1**	**14448**	**7470**	**93.4**	**105211**	**91886**	**14.5**
东部	165235	141662	16.6	12804	6041	112.0	96902	85088	13.9
中部	17541	12790	37.1	1624	1401	15.9	6190	4936	25.4
西部	18875	16358	15.4	20	28	−28.6	2063	1844	11.9

3—86 续表

单位：人

地区	专业店			专卖店			便利店		
	2004年	2003年	±%	2004年	2003年	±%	2004年	2003年	±%
全国	**57330**	**53246**	**7.7**	**14874**	**12180**	**22.1**	**9524**	**5366**	**77.5**
东部	40785	41115	−0.8	5506	4374	25.9	8918	4494	98.4
中部	4186	2815	48.7	4940	2781	77.6	601	857	−29.9
西部	12359	9316	32.7	4428	5025	−11.9	5	15	−66.7

3—87 东中西部地区限额以上连锁零售业销售额

（按业态分）

单位：万元

地区	2004年	2003年	±%	百货商店			超级市场		
				2004年	2003年	±%	2004年	2003年	±%
全国	**55806959**	**42586344**	**31.0**	**7447315**	**5965183**	**24.8**	**24099402**	**19255550**	**25.2**
东部	47784373	35950602	32.9	4687968	3576861	31.1	21139237	16829600	25.6
中部	5656400	4542871	24.5	2094257	1752025	19.5	2135244	1705487	25.2
西部	2366186	2092871	13.1	665090	636297	4.5	824921	720463	14.6

3—87 续表

单位：万元

地区	专业店			专卖店			便利店		
	2004年	2003年	±%	2004年	2003年	±%	2004年	2003年	±%
全国	**22066942**	**15814125**	**39.5**	**796661**	**690273**	**15.4**	**1382632**	**835421**	**65.5**
东部	19960392	14207676	40.5	645284	509321	26.7	1339477	806344	66.1
中部	1277442	919252	39.0	115289	143438	−19.6	33129	21364	55.1
西部	829108	687197	20.7	36089	37514	−3.8	10025	7714	30.0

3—88 东中西部地区限额以上直营连锁零售业销售额

（按业态分）

单位：万元

地区	2004年	2003年	±%	百货商店			超级市场		
				2004年	2003年	±%	2004年	2003年	±%
全国	**45660350**	**34944578**	**30.7**	**7076311**	**5782967**	**22.4**	**20049523**	**16339419**	**22.7**
东部	37960210	28600145	32.7	4395824	3457372	27.1	17169690	13950084	23.1
中部	5426171	4341122	25.0	2015464	1689399	19.3	2079822	1672383	24.4
西部	2272022	2000194	13.6	665023	636195	4.5	798064	713835	11.8

3—88 续表

单位：万元

地区	专业店			专卖店			便利店		
	2004年	2003年	±%	2004年	2003年	±%	2004年	2003年	±%
全国	**16813226**	**11597070**	**45.0**	**575722**	**480284**	**19.9**	**1134727**	**736226**	**54.1**
东部	14776687	10067909	46.8	507869	405597	25.2	1101291	713224	54.4
中部	1249159	897299	39.2	57037	65201	−12.5	23650	15534	52.2
西部	787380	631862	24.6	10816	9486	14.0	9785	7468	31.0

3—89 东中西部地区限额以上加盟连锁零售业销售额

（按业态分）

单位：万元

地区	2004年	2003年	±%	百货商店			超级市场		
				2004年	2003年	±%	2004年	2003年	±%
全国	**10146609**	**7641766**	**32.8**	**371004**	**182216**	**103.6**	**4049879**	**2916131**	**38.9**
东部	9824163	7350457	33.7	292144	119489	144.5	3969547	2879516	37.9
中部	230229	201749	14.1	78793	62626	25.8	55422	33104	67.4
西部	91496	89526	2.2	67	101	−33.7	24188	3478	595.5

3—89 续表

单位：万元

地区	专业店			专卖店			便利店		
	2004年	2003年	±%	2004年	2003年	±%	2004年	2003年	±%
全国	**5253716**	**4217055**	**24.6**	**220939**	**209989**	**5.2**	**247905**	**99195**	**149.9**
东部	5183705	4139767	25.2	137415	103724	32.5	238186	93120	155.8
中部	28283	21953	28.8	58252	78237	−25.5	9479	5830	62.6
西部	41728	55335	−24.6	25273	28028	−9.8	240	246	−2.4

3—90 东中西部地区限额以上连锁零售业零售额

（按业态分）

单位：万元

地区	2004年	2003年	±%	百货商店			超级市场		
				2004年	2003年	±%	2004年	2003年	±%
全国	**45099029**	**34641233**	**30.2**	**6638207**	**5242786**	**26.6**	**20072011**	**16101955**	**24.7**
东部	38307288	29031836	31.9	4207864	3202846	31.4	17548901	14022778	25.1
中部	4783575	3874943	23.4	1807631	1490779	21.3	1855163	1487812	24.7
西部	2008166	1734454	15.8	622712	549161	13.4	667947	591365	13.0

3—90 续表

单位：万元

地区	专业店			专卖店			便利店		
	2004年	2003年	±%	2004年	2003年	±%	2004年	2003年	±%
全国	**16444612**	**11938604**	**37.7**	**639016**	**553969**	**15.4**	**1293034**	**783983**	**64.9**
东部	14789099	10655030	38.8	491403	376638	30.5	1259866	759599	65.9
中部	982171	735939	33.5	113749	141947	—19.9	23822	17161	38.8
西部	673342	547635	23.0	33864	35384	—4.3	9345	7222	29.4

3—91 东中西部地区限额以上直营连锁零售业零售额

（按业态分）

单位：万元

地区	2004年	2003年	±%	百货商店			超级市场		
				2004年	2003年	±%	2004年	2003年	±%
全国	**35635247**	**27251194**	**30.8**	**6313218**	**5077570**	**24.3**	**16125789**	**13191818**	**22.2**
东部	29154064	21916365	33.0	3961735	3100357	27.8	13682968	11149036	22.7
中部	4558856	3677206	24.0	1728838	1428153	21.1	1799741	1454708	23.7
西部	1920380	1654833	16.0	622646	549061	13.4	641133	585285	9.5

3—91 续表

单位：万元

地区	专业店			专卖店			便利店		
	2004年	2003年	±%	2004年	2003年	±%	2004年	2003年	±%
全国	**11692321**	**7927610**	**47.5**	**430953**	**356806**	**20.8**	**1063983**	**688778**	**54.5**
东部	10101505	6710301	50.5	365637	284144	28.7	1035230	666569	55.3
中部	954094	714097	33.6	55497	63710	—12.9	19647	15232	29.0
西部	636722	503212	26.5	9819	8952	9.7	9105	6976	30.5

3—92 东中西部地区限额以上加盟连锁零售业零售额

（按业态分）

单位：万元

地区	2004年	2004年	±%	百货商店			超级市场		
				2004年	2003年	±%	2004年	2003年	±%
全国	**9463782**	**7390039**	**28.1**	**324989**	**165216**	**96.7**	**3946222**	**2910137**	**35.6**
东部	9153224	7115471	28.6	246129	102489	140.2	3865933	2873742	34.5
中部	224719	197737	13.6	78793	62626	25.8	55422	33104	67.4
西部	85117	76797	10.8	67	101	－33.7	24146	3257	641.4

3—92 续表

单位：万元

地区	专业店			专卖店			便利店		
	2004年	2003年	±%	2004年	2003年	±%	2004年	2003年	±%
全国	**4752291**	**4010994**	**18.5**	**208063**	**197163**	**5.5**	**229051**	**95205**	**140.6**
东部	4687594	3944729	18.8	125766	92494	36.0	224636	93030	141.5
中部	28077	21842	28.5	58252	78237	－25.5	4175	1929	116.4
西部	36620	44423	－17.6	24045	26432	－9.0	240	246	－2.4

3—93 东中西部地区限额以上直营连锁零售业统一配送比重

（按业态分）

单位：%

地区	2004年	2003年	百货商店		超级市场		专业店		专卖店		便利店	
			2004年	2003年	2004年	2003年	2004年	2003年	2004年	2003年	2004年	2003年
全国	**80.0**	**78.7**	**71.6**	**70.7**	**80.6**	**79.6**	**82.0**	**80.6**	**82.0**	**81.4**	**91.8**	**89.8**
东部	79.3	84.8	60.3	80.5	82.3	84.8	80.5	85.3	82.1	91.2	91.7	91.2
中部	83.2	79.8	95.7	95.8	65.3	57.5	93.0	91.9	77.1	69.2	98.9	98.3
西部	84.2	82.7	73.3	68.5	84.2	84.7	93.2	94.5	100.0	100.0	90.3	82.6

3—94 东中西部地区限额以上直营连锁零售业自有配送比重

（按业态分）

单位：%

地区	2004年	2003年	百货商店		超级市场		专业店		专卖店		便利店	
			2004年	2003年	2004年	2003年	2004年	2003年	2004年	2003年	2004年	2003年
全国	**53.3**	**51.8**	**46.2**	**43.5**	**42.6**	**39.8**	**69.2**	**72.0**	**71.3**	**70.8**	**41.2**	**51.1**
东部	50.9	53.9	43.1	56.7	39.6	38.2	66.5	75.2	70.8	78.6	39.9	50.9
中部	61.1	55.1	47.8	41.9	57.9	50.7	86.9	86.8	70.6	62.2	93.7	94.3
西部	75.0	74.2	62.0	58.9	68.7	71.2	92.3	93.0	100.0	100.0	65.6	60.4

3—95 东中西部地区限额以上直营连锁零售业非自有配送比重

（按业态分）

单位：%

地 区	2004 年	2003 年	百货商店		超级市场		专业店		专卖店		便利店	
			2004 年	2003 年	2004 年	2003 年	2004 年	2003 年	2004 年	2003 年	2004 年	2003 年
全 国	**26.7**	**26.9**	**25.4**	**27.2**	**38.0**	**39.7**	**12.7**	**8.5**	**10.6**	**10.6**	**50.4**	**38.7**
东 部	28.4	30.9	17.3	23.9	42.8	46.6	13.9	10.1	11.3	12.6	51.6	40.3
中 部	22.1	24.8	47.9	53.9	7.4	6.8	6.1	5.1	6.4	7.0	5.1	4.0
西 部	9.1	8.2	11.3	9.6	15.4	13.1	0.8	1.2			24.6	22.1

3—96 东中西部地区限额以上加盟连锁零售业统一配送比重

（按业态分）

单位：%

地 区	2004 年	2003 年	百货商店		超级市场		专业店		专卖店		便利店	
			2004 年	2003 年	2004 年	2003 年	2004 年	2003 年	2004 年	2003 年	2004 年	2003 年
全 国	**50.5**	**42.7**	**41.0**	**38.6**	**69.4**	**65.5**	**33.4**	**24.0**	**77.4**	**75.5**	**94.3**	**98.0**
东 部	50.1	44.5	37.6	35.6	69.9	65.8	32.8	25.7	81.3	79.3	94.3	98.4
中 部	60.3	63.9	53.5	63.1	53.7	50.6	82.8	81.6	59.3	62.9	95.6	95.0
西 部	65.4	80.1	100.0	100.0	22.0	31.7	71.1	75.4	97.9	100.0	30.0	30.0

3—97 东中西部地区限额以上加盟连锁零售业自有配送比重

（按业态分）

单位：%

地 区	2004 年	2003 年	百货商店		超级市场		专业店		专卖店		便利店	
			2004 年	2003 年	2004 年	2003 年	2004 年	2003 年	2004 年	2003 年	2004 年	2003 年
全 国	**32.9**	**27.1**	**37.4**	**33.6**	**34.0**	**30.6**	**32.1**	**23.0**	**51.5**	**57.7**	**9.0**	**14.1**
东 部	32.3	27.7	35.4	31.0	33.9	30.4	31.6	24.8	50.9	62.4	5.9	9.5
中 部	48.7	49.8	44.6	55.0	51.8	48.5	74.4	71.3	32.7	37.2	86.8	88.4
西 部	58.6	69.3	100.0	100.0	1.8	12.2	67.9	59.0	97.9	100.0	30.0	30.0

3—98 东中西部地区限额以上加盟连锁零售业非自有配送比重

（按业态分）

单位：%

地 区	2004 年	2003 年	百货商店		超级市场		专业店		专卖店		便利店	
			2004 年	2003 年	2004 年	2003 年	2004 年	2003 年	2004 年	2003 年	2004 年	2003 年
全 国	**17.6**	**15.5**	**3.2**	**5.0**	**35.4**	**34.9**	**1.3**	**0.8**	**25.9**	**17.8**	**85.3**	**83.8**
东 部	17.8	16.8	2.2	4.7	36.0	35.4	1.2	0.8	30.3	16.9	88.4	88.9
中 部	10.9	14.1	6.9	8.1	1.9	2.1	8.4	10.3	26.5	25.7	8.8	6.6
西 部	6.8	2.3			20.2	19.6	3.2	2.5				

3—99 东中西部地区限额以上连锁零售业利润总额

（按业态分）

单位：万元

地区	2004年	2003年	±%	百货商店			超级市场		
				2004年	2003年	±%	2004年	2003年	±%
全国	**787328**	**573345**	**37.3**	**126870**	**101630**	**24.8**	**204744**	**123700**	**65.5**
东部	742365	526581	41.0	106284	80431	32.1	194657	118524	64.2
中部	29864	39465	−24.3	6539	16716	−60.9	13549	10537	28.6
西部	15099	7299	106.9	14048	4483	213.4	−3461	−5361	−35.4

3—99 续表

单位：万元

地区	专业店			专卖店			便利店		
	2004年	2003年	±%	2004年	2003年	±%	2004年	2003年	±%
全国	**462466**	**354255**	**30.5**	**19189**	**18304**	**4.8**	**−26042**	**−24666**	**5.6**
东部	449302	336699	33.4	17614	16790	4.9	−25643	−25988	−1.3
中部	9322	10943	−14.8	991	958	3.4	−488	311	
西部	3841	6613	−41.9	584	556	5.0	90	1011	−91.1

3—100 东中西部地区限额以上连锁零售业资产总额

（按业态分）

单位：万元

地区	2004年	2003年	±%	百货商店			超级市场		
				2004年	2003年	±%	2004年	2003年	±%
全国	**18005588**	**14507088**	**24.1**	**3170432**	**2820893**	**12.4**	**7409390**	**6241062**	**18.7**
东部	13756052	10759432	27.9	1919789	1612700	19.0	5730550	4805849	19.2
中部	2979603	2607442	14.3	902485	888893	1.5	1332350	1112853	19.7
西部	1269933	1140214	11.4	348158	319301	9.0	346489	322360	7.5

3—100 续表

单位：万元

地区	专业店			专卖店			便利店		
	2004年	2003年	±%	2004年	2003年	±%	2004年	2003年	±%
全国	**6699685**	**4904781**	**36.6**	**342893**	**254116**	**34.9**	**379415**	**276734**	**37.1**
东部	5491446	3885731	41.3	267114	208400	28.2	345082	238775	44.5
中部	672033	553460	21.4	59706	40169	48.6	12618	11619	8.6
西部	536206	465590	15.2	16073	5546	189.8	21716	26340	−17.6

3—101 东中西部地区限额以上连锁零售业负债总额

（按业态分）

单位：万元

地区	2004年	2003年	±%	百货商店			超级市场		
				2004年	2003年	±%	2004年	2003年	±%
全国	**13093718**	**10637667**	**23.1**	**2340159**	**2081110**	**12.4**	**5678246**	**4880112**	**16.4**
东部	9881591	7762082	27.3	1411269	1197726	17.8	4457901	3735985	19.3
中部	2206428	1940167	13.7	649877	637687	1.9	975017	856680	13.8
西部	1005698	935419	7.5	279014	245698	13.6	245327	287448	−14.7

3—101 续表

单位：万元

地区	专业店			专卖店			便利店		
	2004年	2003年	±%	2004年	2003年	±%	2004年	2003年	±%
全国	**4579886**	**3285729**	**39.4**	**185822**	**120495**	**54.2**	**304874**	**263010**	**15.9**
东部	3588669	2495386	43.8	134346	88571	51.7	285631	237907	20.1
中部	530206	411202	28.9	46252	30949	49.4	4612	3202	44.0
西部	461011	379142	21.6	5225	974	436.4	14632	21902	−33.2

3—102 六经济区限额以上连锁零售业门店数

（按业态分）

单位：个

地区	2004年	2003年	±%	百货商店			超级市场		
				2004年	2003年	±%	2004年	2003年	±%
全国	**54891**	**46517**	**18.0**	**2637**	**2129**	**23.9**	**14073**	**11717**	**20.1**
华北	5722	5534	3.4	59	54	9.3	1843	1388	32.8
东北	1841	1569	17.3	237	246	−3.7	97	90	7.8
华东	28595	25003	14.4	1901	1446	31.5	8447	7048	19.8
中南	8708	7137	22.0	245	198	23.7	2443	2117	15.4
西南	8297	5552	49.5	137	130	5.4	913	782	16.1
西北	1728	1722	0.3	58	55	5.5	330	292	13.0

3—102 续表

单位：个

地区	专业店			专卖店			便利店		
	2004年	2003年	±%	2004年	2003年	±%	2004年	2003年	±%
全国	**25867**	**22132**	**16.9**	**4493**	**3648**	**23.2**	**7755**	**6799**	**14.1**
华北	2346	2851	−17.7	597	490	21.8	877	751	16.8
东北	1204	950	26.7	35	31	12.9	268	252	6.3
华东	10048	9503	5.7	2267	1811	25.2	5900	5164	14.3
中南	4364	3606	21.0	1063	735	44.6	564	433	30.3
西南	7104	4488	58.3	22	14	57.1	116	125	−7.2
西北	801	734	9.1	509	567	−10.2	30	74	−59.5

3—103 六经济区限额以上直营连锁零售业门店数

（按业态分）

单位：个

地区	2004年	2003年	±%	百货商店			超级市场		
				2004年	2003年	±%	2004年	2003年	±%
全国	**34590**	**31407**	**10.1**	**997**	**908**	**9.8**	**9107**	**8041**	**13.3**
华北	4197	3663	14.6	55	50	10.0	1419	1219	16.4
东北	1123	1068	5.1	237	246	−3.7	93	89	4.5
华东	18884	17610	7.2	293	260	12.7	4372	3910	11.8
中南	6239	5342	16.8	227	181	25.4	2151	1895	13.5
西南	3194	2823	12.9	137	130	5.4	765	656	15.9
西北	953	901	5.8	48	41	17.1	307	272	12.9

3—103 续表

单位：个

地区	专业店			专卖店			便利店		
	2004年	2003年	±%	2004年	2003年	±%	2004年	2003年	±%
全国	**16607**	**15344**	**8.2**	**1797**	**1515**	**18.6**	**6027**	**5524**	**9.1**
华北	1777	1595	11.4	330	282	17.0	616	517	19.1
东北	558	483	15.5	32	28	14.3	203	222	−8.6
华东	8691	8378	3.7	996	856	16.4	4511	4185	7.8
中南	2875	2504	14.8	404	308	31.2	553	409	35.2
西南	2160	1897	13.9	13	14	−7.1	114	117	−2.6
西北	546	487	12.1	22	27	−18.5	30	74	−59.5

3—104 六经济区限额以上加盟连锁零售业门店数

（按业态分）

单位：个

地区	2004年	2003年	±%	百货商店			超级市场		
				2004年	2003年	±%	2004年	2003年	±%
全国	**20301**	**15110**	**34.4**	**1640**	**1221**	**34.3**	**4966**	**3676**	**35.1**
华北	1525	1871	−18.5	4	4		424	169	150.9
东北	718	501	43.3				4	1	300.0
华东	9711	7393	31.4	1608	1186	35.6	4075	3138	29.9
中南	2469	1795	37.5	18	17	5.9	292	222	31.5
西南	5103	2729	87.0				148	126	17.5
西北	775	821	−5.6	10	14	−28.6	23	20	15.0

3—104 续表

单位：个

地区	专业店			专卖店			便利店		
	2004年	2003年	±%	2004年	2003年	±%	2004年	2003年	±%
全国	**9260**	**6788**	**36.4**	**2696**	**2133**	**26.4**	**1728**	**1275**	**35.5**
华北	569	1256	−54.7	207	208	28.4	261	234	11.5
东北	646	467	38.3	3	3		65	30	116.7
华东	1357	1125	20.6	1271	955	33.1	1389	979	41.9
中南	1489	1102	35.1	659	427	54.3	11	24	−54.2
西南	4944	2591	90.8	9			2	8	−75.0
西北	255	247	3.2	487	540	−9.8			

3－105　六经济区限额以上连锁零售业营业面积

（按业态分）

单位：平方米

地　区	2004 年	2003 年	±%	百货商店			超级市场		
				2004 年	2003 年	±%	2004 年	2003 年	±%
全　国	**35170643**	**27801905**	**26.5**	**6110570**	**4559992**	**34.0**	**15943112**	**13314138**	**19.7**
华　北	4849224	3913019	23.9	573014	390572	46.7	2502038	1967486	27.2
东　北	1169095	648074	80.4	207535	160346	29.4	249566	202930	23.0
华　东	17684248	14004783	26.3	2261301	1711010	32.2	7122545	5957649	19.6
中　南	8985339	7128656	26.0	2508943	1831443	37.0	5149111	4269259	20.6
西　南	1777869	1399024	27.1	433991	348606	24.5	583205	547791	6.5
西　北	704868	708349	－0.5	125786	118015	6.6	336647	369023	－8.8

3－105　续表

单位：平方米

地　区	专业店			专卖店			便利店		
	2004 年	2003 年	±%	2004 年	2003 年	±%	2004 年	2003 年	±%
全　国	**11874235**	**8878710**	**33.7**	**393422**	**320300**	**22.8**	**832725**	**690308**	**20.6**
华　北	1494139	1345366	11.1	58061	44554	30.3	221972	165041	34.5
东　北	638080	228987	178.7	8354	8300	0.7	65560	47511	38.0
华　东	7666929	5770748	32.9	164624	144770	13.7	458420	409729	11.9
中　南	1145938	888285	29.0	103766	63847	62.5	72651	50922	42.7
西　南	746465	491174	52.0	1211	949	27.6	11777	7824	50.5
西　北	182684	154150	18.5	57406	57880	－0.8	2345	9281	－74.7

3－106　六经济区限额以上直营连锁零售业营业面积

（按业态分）

单位：平方米

地　区	2004 年	2003 年	±%	百货商店			超级市场		
				2004 年	2003 年	±%	2004 年	2003 年	±%
全　国	**31441148**	**24651355**	**27.5**	**5752050**	**4330505**	**32.8**	**13848327**	**11613462**	**19.2**
华　北	4589606	3465568	32.4	551014	368572	49.5	2391418	1887653	26.7
东　北	1086422	585441	85.6	207535	160346	29.4	247475	202364	22.3
华　东	15108006	11967761	26.2	1952676	1514873	28.9	5529625	4633114	19.4
中　南	8458891	6725330	25.8	2481643	1820443	36.3	4801404	3994178	20.2
西　南	1533313	1240067	23.7	433991	348606	24.5	545491	530463	2.9
西　北	664910	667188	－0.3	125191	117665	6.4	332914	365690	－9.0

3－106　续表

单位：平方米

地　区	专业店			专卖店			便利店		
	2004 年	2003 年	±%	2004 年	2003 年	±%	2004 年	2003 年	±%
全　国	**10904875**	**7895261**	**38.1**	**244183**	**192035**	**27.2**	**678956**	**590803**	**14.9**
华　北	1424085	1038270	37.2	42806	34853	22.8	180283	136220	32.3
东　北	574098	176520	225.2	7354	7300	0.7	49960	38911	28.4
华　东	7164867	5385117	33.0	90896	78073	16.4	363335	350675	3.6
中　南	1036392	807130	28.4	63196	33600	88.1	71326	48079	48.4
西　南	539873	350932	53.8	1031	949	8.6	11707	7637	53.3
西　北	165560	137292	20.6	38900	37260	4.4	2345	9281	－74.7

3—107 六经济区限额以上加盟连锁零售业营业面积

（按业态分）

单位：平方米

地区	2004年	2003年	±%	百货商店			超级市场		
				2004年	2003年	±%	2004年	2003年	±%
全国	**3729495**	**3150550**	**18.4**	**358520**	**229487**	**56.2**	**2094785**	**1700676**	**23.2**
华北	259618	447451	－42.0	22000	22000	0.0	110620	79833	38.6
东北	82673	62633	32.0				2091	566	269.4
华东	2576242	2037022	26.5	308625	196137	57.4	1592920	1324535	20.3
中南	526448	403326	30.5	27300	11000	148.2	347707	275081	26.4
西南	244556	158957	53.8				37714	17328	120.1
西北	39958	41161	－2.9	595	350	70.0	3733	3333	12.0

3—107 续表

单位：平方米

地区	专业店			专卖店			便利店		
	2004年	2003年	±%	2004年	2003年	±%	2004年	2003年	±%
全国	**969360**	**983449**	**－1.4**	**149239**	**128265**	**16.4**	**153769**	**99505**	**54.5**
华北	70054	307096	－77.2	15255	9701	57.3	41689	28821	44.6
东北	63982	52467	21.9	1000	1000	0.0	15600	8600	81.4
华东	502062	385631	30.2	73728	66697	10.5	95085	59054	61.0
中南	109546	81155	35.0	40570	30247	34.1	1325	2843	－53.4
西南	206592	140242	47.3	180			70	187	－62.6
西北	17124	16858	1.6	18506	20620	－10.3			

3—108 六经济区限额以上连锁零售业从业人员

（按业态分）

单位：人

地区	2004年	2003年	±%	百货商店			超级市场		
				2004年	2003年	±%	2004年	2003年	±%
全国	**1055978**	**924060**	**14.3**	**139048**	**121640**	**14.3**	**510827**	**444362**	**15.0**
华北	150868	141902	6.3	17093	15815	8.1	77655	66889	16.1
东北	30536	25411	20.2	5156	5268	－2.1	8300	5304	56.5
华东	515943	447083	15.4	43144	38486	12.1	250161	216059	15.8
中南	268000	228354	17.4	57975	47813	21.3	145778	127778	14.1
西南	67840	58979	15.1	12542	10729	16.9	20689	21641	－4.5
西北	22791	22331	2.1	3138	3529	－11.1	8244	6691	23.2

3—108 续表

单位：人

地区	专业店			专卖店			便利店		
	2004年	2003年	±%	2004年	2003年	±%	2004年	2003年	±%
全国	**317156**	**275912**	**14.9**	**32588**	**27272**	**19.5**	**55441**	**52591**	**5.4**
华北	39577	44102	10.3	5500	4858	13.3	11037	10238	7.8
东北	15146	13293	13.9	296	260	13.8	1638	1286	27.4
华东	174426	147157	18.5	10468	8984	16.5	36983	35598	3.9
中南	47906	39760	20.5	11431	7641	49.6	4804	4147	15.8
西南	33561	25480	31.7	170	154	10.4	827	706	17.1
西北	6540	6120	6.9	4717	5375	－12.2	152	616	－75.3

3—109 六经济区限额以上直营连锁零售业从业人员

（按业态分）

单位：人

地　　区	2004年	2003年	±%	百货商店			超级市场		
				2004年	2003年	±%	2004年	2003年	±%
全　国	854271	753232	13.4	124600	114170	9.1	405616	352476	15.1
华　北	140274	122862	14.2	16673	15395	8.3	73091	63515	15.1
东　北	27078	22780	18.9	5156	5268	－2.1	8198	5267	55.6
华　东	373518	335198	11.4	30116	32139	－6.3	164964	140665	17.3
中　南	241701	207458	16.5	56995	47138	20.9	132549	116559	13.7
西　南	54681	48999	11.7	12542	10729	16.9	18814	19990	－5.8
西　北	17019	15935	6.8	3118	3501	－10.9	8000	6480	23.5

3—109　续表

单位：人

地　　区	专业店			专卖店			便利店		
	2004年	2003年	±%	2004年	2003年	±%	2004年	2003年	±%
全　国	259826	222666	16.7	17714	15092	17.4	45917	47225	－2.8
华　北	36407	31145	16.9	4247	3745	13.4	9856	9062	8.8
东　北	12030	10834	11.0	251	215	16.7	1443	1196	20.7
华　东	142535	124154	14.8	6540	5866	11.5	28922	31925	－9.4
中　南	41112	34249	20.0	6217	4762	30.6	4722	3735	26.4
西　南	22327	17296	29.1	125	154	－18.8	822	691	19.0
西　北	5415	4988	8.6	334	350	－4.6	152	616	－75.3

3—110 六经济区限额以上加盟连锁零售业从业人员

单位：人

地　　区	2004年	2003年	±%	百货商店			超级市场		
				2004年	2003年	±%	2004年	2003年	±%
全　国	201707	170828	18.1	14448	7470	93.4	105211	91886	14.5
华　北	10594	19040	－44.4	420	420		4564	3374	35.3
东　北	3458	2631	31.4				102	37	175.7
华　东	142425	111885	27.3	13028	6347	105.3	85197	75394	13.0
中　南	26299	20896	25.9	980	675	45.2	13229	11219	17.9
西　南	13159	9980	31.5				1875	1651	11.4
西　北	5772	6396	－9.8	20	28	－28.6	244	211	15.6

3—110　续表

单位：人

地　　区	专业店			专卖店			便利店		
	2004年	2003年	±%	2004年	2003年	±%	2004年	2003年	±%
全　国	57330	53246	7.7	14874	12180	22.1	9524	5366	77.5
华　北	3170	12957	－75.5	1259	1113	13.1	1181	1176	0.4
东　北	3116	2459	26.7	45	45	0.0	195	90	116.7
华　东	31891	23003	38.6	3928	3118	26.0	8061	3673	119.5
中　南	6794	5511	23.3	5214	2879	81.1	82	412	－80.1
西　南	11234	8184	37.3	45			5	15	－66.7
西　北	1125	1132	－0.6	4383	5025	－12.8			

3—111 六经济区限额以上连锁零售业销售额

（按业态分）

单位：万元

地区	2004年	2003年	±%	百货商店			超级市场		
				2004年	2003年	±%	2004年	2003年	±%
全国	**55806959**	**42586344**	**31.0**	**7447315**	**5965183**	**24.8**	**24099402**	**19255550**	**25.2**
华北	11158917	9127512	22.3	689200	579606	18.9	3678570	2744324	34.0
东北	908746	751493	20.9	179933	175949	2.3	232791	191631	21.5
华东	31057038	22439184	38.4	2977054	2208439	34.8	14316132	11452949	25.0
中南	10316072	8175284	26.2	2936039	2364893	24.2	5046988	4146183	21.7
西南	1904561	1686233	13.0	573140	541110	5.9	629525	562562	12.1
西北	461625	406638	13.5	91949	95186	—3.4	195396	157901	23.7

3—111 续表

单位：万元

地区	专业店			专卖店			便利店		
	2004年	2003年	±%	2004年	2003年	±%	2004年	2003年	±%
全国	**22066942**	**15814125**	**39.5**	**796661**	**690273**	**15.4**	**1382632**	**835421**	**65.5**
华北	6446880	5524504	16.7	161594	130978	23.4	182675	148101	23.3
东北	429392	336223	27.7	3951	3878	1.9	62679	43812	43.1
华东	12493041	7893971	58.3	383480	288128	33.1	880637	589393	49.4
中南	1868523	1372229	36.2	211547	229777	—7.9	246615	46402	431.5
西南	687181	568879	20.8	4831	3760	28.4	8930	6231	43.3
西北	141925	118319	20.0	31258	33752	—7.4	1096	1482	—26.0

3—112 六经济区限额以上直营连锁零售业销售额

（按业态分）

单位：万元

地区	2004年	2003年	±%	百货商店			超级市场		
				2004年	2003年	±%	2004年	2003年	±%
全国	**45660350**	**34944578**	**30.7**	**7076311**	**5782967**	**22.4**	**20049523**	**16339419**	**22.7**
华北	7837212	5999935	30.6	683354	575152	18.8	3630076	2710793	33.9
东北	863134	737102	17.1	179933	175949	2.3	231968	191016	21.4
华东	25005952	18605563	34.4	2631016	2036990	29.2	10780369	8945173	20.5
中南	9680083	7598667	27.4	2916986	2358681	23.7	4607099	3775486	22.0
西南	1845989	1631838	13.2	573140	541110	5.9	606395	560557	8.4
西北	427980	371473	15.2	91882	95085	—3.4	193616	156394	23.8

3—112 续表

单位：万元

地区	专业店			专卖店			便利店		
	2004年	2003年	±%	2004年	2003年	±%	2004年	2003年	±%
全国	**16813226**	**11597070**	**45.0**	**575722**	**480284**	**19.9**	**1134727**	**736226**	**54.1**
华北	3221612	2466825	30.6	131875	106121	24.3	170296	141046	20.7
东北	400436	324052	23.6	3388	3313	2.3	47409	42772	10.8
华东	10640226	6900160	54.2	284559	217763	30.7	666255	502439	32.6
中南	1763573	1274171	38.4	145084	143602	1.0	240981	42501	467.0
西南	652498	519073	25.7	4311	3761	14.6	8690	5986	45.2
西北	134881	112789	19.6	6505	5724	13.6	1096	1482	—26.0

3－113 六经济区限额以上加盟连锁零售业销售额

（按业态分）

单位：万元

地区	2004年	2003年	±%	百货商店			超级市场		
				2004年	2003年	±%	2004年	2003年	±%
全国	10146609	7641766	32.8	371004	182216	103.6	4049879	2916131	38.9
华北	3321705	3127577	6.2	5846	4454	31.3	48494	33531	44.6
东北	45612	14391	216.9				823	615	33.8
华东	6051086	3833621	57.8	346038	171449	101.8	3535763	2507776	41.0
中南	635989	576617	10.3	19053	6212	206.7	439889	370697	18.7
西南	58572	54395	6.4				23130	2005	1036.3
西北	33645	35165	－4.3	67	101	－33.7	1780	1507	18.1

3－113 续表

单位：万元

地区	专业店			专卖店			便利店		
	2004年	2003年	±%	2004年	2003年	±%	2004年	2003年	±%
全国	5253716	4217055	24.6	220939	209989	5.2	247905	99195	149.9
华北	3225268	3057679	5.5	29719	24857	19.6	12379	7055	75.5
东北	28956	12171	137.9	563	565	－0.4	15270	1040	1368.3
华东	1852815	993811	86.4	98921	70365	40.6	214382	86954	146.5
中南	104950	98058	7.0	66463	86175	－22.9	5634	3901	44.4
西南	34683	49806	－30.4	520			240	245	－2.4
西北	7044	5530	27.4	24753	28028	－11.7			

3－114 六经济区限额以上连锁零售业零售额

（按业态分）

单位：万元

地区	2004年	2003年	±%	百货商店			超级市场		
				2004年	2003年	±%	2004年	2003年	±%
全国	45099029	34641233	30.2	6638207	5242786	26.6	20072011	16101955	24.7
华北	10386690	8477145	22.5	674885	566675	19.1	3560690	2641990	34.8
东北	778701	606747	28.3	169271	159372	6.2	171954	134539	27.8
华东	22495642	16356367	37.5	2412139	1780816	35.5	10889263	8795343	23.8
中南	9429832	7466519	26.3	2759199	2186763	26.2	4782156	3938718	21.4
西南	1596358	1376456	16.0	530801	454553	16.8	500500	458065	9.4
西北	411806	357999	15.0	91912	94607	－2.8	167448	133300	25.6

3－114 续表

单位：万元

地区	专业店			专卖店			便利店		
	2004年	2003年	±%	2004年	2003年	±%	2004年	2003年	±%
全国	16444612	11938604	37.7	639016	553969	15.4	1293034	783983	64.9
华北	5850598	5019813	16.6	128085	105361	21.6	172431	143305	20.3
东北	381770	277750	37.5	3641	3593	1.3	52065	31494	65.3
华东	8022380	4965491	61.6	342507	248169	38.0	822661	560245	46.8
中南	1516524	1127915	34.5	130919	161462	－18.9	236531	41716	467.0
西南	551662	451179	22.3	4192	3228	29.9	8250	5741	43.7
西北	121678	96456	26.1	29672	32156	－7.7	1096	1482	－26.0

3－115　六经济区限额以上直营连锁零售业零售额

（按业态分）

单位：万元

地　区	2004年	2003年	±%	百货商店			超级市场		
				2004年	2003年	±%	2004年	2003年	±%
全　国	**35635247**	**27251194**	**30.8**	**6313218**	**5077570**	**24.3**	**16125789**	**13191818**	**22.2**
华　北	7068355	5352924	32.0	669039	562221	19.0	3512196	2608459	34.6
东　北	735422	593108	24.0	169271	159372	6.2	171131	133924	27.8
华　东	17101158	12740588	34.2	2112116	1626367	29.9	7456731	6293340	18.5
中　南	8807985	6906951	27.5	2740146	2180551	25.7	4342651	3568021	21.7
西　南	1541938	1332054	15.9	530801	454553	16.8	477370	456060	4.9
西　北	380389	325569	16.8	91845	94506	－2.8	165710	132014	25.5

3－115　续表

单位：万元

地　区	专业店			专卖店			便利店		
	2004年	2003年	±%	2004年	2003年	±%	2004年	2003年	±%
全　国	**11692321**	**7927610**	**47.5**	**430953**	**356806**	**20.8**	**1063983**	**688778**	**54.5**
华　北	2625857	1962333	33.8	101195	83661	21.0	160068	136250	17.5
东　北	355077	266240	33.4	3078	3028	1.7	36865	30544	20.7
华　东	6661668	4165179	59.9	245374	179374	36.8	621743	473291	31.4
中　南	1412998	1030646	37.1	71487	81791	－12.6	236201	41716	466.2
西　南	521130	411368	26.7	3672	3228	13.8	8010	5495	45.8
西　北	115591	91844	25.9	6147	5724	7.4	1096	1482	－26.0

3－116　六经济区限额以上加盟连锁零售业零售额

（按业态分）

单位：万元

地　区	2004年	2003年	±%	百货商店			超级市场		
				2004年	2003年	±%	2004年	2003年	±%
全　国	**9463782**	**7390039**	**28.1**	**324989**	**165216**	**96.7**	**3946222**	**2910137**	**35.6**
华　北	3318335	3124221	6.2	5846	4454	31.3	48494	33531	44.6
东　北	43279	13639	217.3				823	615	33.8
华　东	5394484	3615779	49.2	300023	154449	94.3	3432532	2502003	37.2
中　南	621847	559568	11.1	19053	6212	206.7	439505	370697	18.6
西　南	54420	44402	21.0				23130	2005	1036.3
西　北	31417	32430	－3.1	67	101	－33.7	1738	1286	35.1

3－116　续表

单位：万元

地　区	专业店			专卖店			便利店		
	2004年	2003年	±%	2004年	2003年	±%	2004年	2003年	±%
全　国	**4752291**	**4010994**	**18.5**	**208063**	**197163**	**5.5**	**229051**	**95205**	**140.6**
华　北	3224741	3057480	5.5	26890	21700	23.9	12363	7055	75.2
东　北	26693	11510	131.9	563	565	－0.4	15200	950	1500.0
华　东	1360712	800312	70.0	97133	68795	41.2	200918	86954	131.1
中　南	103526	97269	6.4	59432	79671	－25.4	330		
西　南	30532	39811	－23.3	520			240	246	－2.4
西　北	6087	4612	32.0	23525	26432	－11.0			

3－117 六经济区限额以上直营连锁零售业统一配送比重

（按业态分）

单位：%

地区	2004 年	2003 年	百货商店		超级市场		专业店		专卖店		便利店	
			2004 年	2003 年	2004 年	2003 年	2004 年	2003 年	2004 年	2003 年	2004 年	2003 年
全　国	**80.0**	**78.7**	**71.6**	**70.7**	**80.6**	**79.6**	**82.0**	**80.6**	**82.0**	**81.4**	**91.8**	**89.8**
华　北	43.0	39.6	13.8	13.7	62.4	56.8	26.4	25.6	32.6	34.1	68.7	63.7
东　北	65.8	65.7	66.5	72.6	20.6	23.2	91.0	88.0	91.1	88.1	69.3	56.1
华　东	93.2	92.9	65.2	63.0	97.3	97.0	95.3	95.7	97.9	98.7	99.7	99.8
中　南	76.4	74.9	90.9	91.7	58.4	56.5	96.1	96.2	94.0	88.8	91.0	94.3
西　南	85.5	84.8	82.3	78.2	80.3	81.6	92.9	94.9	100.0	100.0	96.5	90.9
西　北	78.7	73.4	16.5	13.5	96.4	95.5	94.7	92.3	100.0	100.0	41.1	49.1

3－118 六经济区限额以上直营连锁零售业自有配送比重

（按业态分）

单位：%

地区	2004 年	2003 年	百货商店		超级市场		专业店		专卖店		便利店	
			2004 年	2003 年	2004 年	2003 年	2004 年	2003 年	2004 年	2003 年	2004 年	2003 年
全　国	**53.3**	**51.8**	**46.2**	**43.5**	**42.6**	**39.8**	**69.2**	**72.0**	**71.3**	**70.8**	**41.2**	**51.1**
华　北	21.6	21.3	4.7	3.6	27.3	25.9	16.5	17.9	31.5	33.3	56.0	56.2
东　北	64.6	63.7	66.4	72.1	20.6	20.5	89.6	85.3	91.1	88.1	60.9	56.1
华　东	61.1	60.0	63.7	61.4	43.6	39.9	80.3	86.1	78.1	77.7	18.6	46.2
中　南	52.8	48.7	35.3	31.4	48.9	44.8	83.6	86.5	91.4	85.6	88.4	86.4
西　南	76.5	75.9	69.2	66.9	66.1	67.9	92.4	93.8	100.0	100.0	71.3	69.3
西　北	68.7	67.0	16.5	13.5	76.5	82.8	92.1	89.0	100.0	100.0	20.6	24.5

3－119 六经济区限额以上直营连锁零售业非自有配送比重

（按业态分）

单位：%

地区	2004 年	2003 年	百货商店		超级市场		专业店		专卖店		便利店	
			2004 年	2003 年	2004 年	2003 年	2004 年	2003 年	2004 年	2003 年	2004 年	2003 年
全　国	**26.7**	**26.9**	**25.4**	**27.2**	**38.0**	**39.7**	**12.7**	**8.5**	**10.6**	**10.6**	**50.4**	**38.7**
华　北	21.4	18.3	9.1	10.1	35.1	30.9	9.9	7.6	1.1	0.8	12.6	7.5
东　北	0.8	1.9	0.1	0.5		2.6	1.3	2.6			3.4	
华　东	32.1	32.9	1.5	1.6	53.7	57.1	15.0	9.6	19.8	21.0	81.1	53.6
中　南	23.7	26.3	55.7	60.3	9.5	11.7	12.6	9.7	2.5	3.2	2.6	7.8
西　南	8.9	8.7	13.1	11.3	13.9	13.2	0.6	1.1			25.1	21.5
西　北	9.8	6.0			19.9	12.8	2.2	1.7			20.6	24.5

3—120 六经济区限额以上加盟连锁零售业统一配送比重

（按业态分）

单位：%

地区	2004年	2003年	百货商店		超级市场		专业店		专卖店		便利店	
			2004年	2003年	2004年	2003年	2004年	2003年	2004年	2003年	2004年	2003年
全　国	**50.5**	**42.7**	**41.0**	**38.6**	**69.4**	**65.5**	**33.4**	**24.0**	**77.4**	**75.5**	**94.3**	**98.0**
华　北	1.3	1.1	91.5	90.3	9.6	11.8	0.4	0.5	26.4	21.5	88.4	85.6
东　北	68.2	80.4					96.1	90.7	52.0	52.0	19.6	23.1
华　东	77.1	73.8	40.6	35.0	74.3	70.0	85.5	85.9	96.7	96.8	100.0	100.0
中　南	50.9	55.1	32.8	100.0	39.4	40.3	91.8	92.0	63.7	65.8	94.2	100.0
西　南	54.8	77.9			22.9	55.7	76.4	81.3			30.0	30.0
西　北	83.8	83.5	100.0	100.0	10.8	0.4	45.1	22.5	100.0	100.0		

3—121 六经济区限额以上加盟连锁零售业自有配送比重

（按业态分）

单位：%

地区	2004年	2003年	百货商店		超级市场		专业店		专卖店		便利店	
			2004年	2003年	2004年	2003年	2004年	2003年	2004年	2003年	2004年	2003年
全　国	**32.9**	**27.1**	**37.4**	**33.6**	**34.0**	**30.6**	**32.1**	**23.0**	**52.0**	**57.7**	**9.0**	**14.1**
华　北	0.9	0.8			5.0	7.2	0.4	0.5	20.0	16.5	81.5	80.1
东　北	67.1	77.6					94.3	87.4	52.0	52.0	19.6	23.1
华　东	50.1	45.4	39.9	34.4	36.3	31.6	83.5	83.7	56.0	74.0	1.8	4.8
中　南	30.1	39.9	2.7	35.0	20.2	26.2	66.5	80.8	40.0	42.5	94.1	100.0
西　南	44.1	60.0			1.2	21.1	72.5	63.1			30.0	30.0
西　北	83.7	83.5	100.0	100.0	9.3	0.4	45.1	22.5	100.0	100.0		

3—122 六经济区限额以上加盟连锁零售业非自有配送比重

（按业态分）

单位：%

地区	2004年	2003年	百货商店		超级市场		专业店		专卖店		便利店	
			2004年	2003年	2004年	2003年	2004年	2003年	2004年	2003年	2004年	2003年
全　国	**17.6**	**15.5**	**3.2**	**5.0**	**35.4**	**34.9**	**1.3**	**0.8**	**25.9**	**17.8**	**85.3**	**83.8**
华　北	0.3	0.3	91.5	90.3	4.5	4.6			6.0	5.0	6.8	5.5
东　北	1.1	2.8					1.7	3.3				
华　东	27.0	28.4	0.7	0.6	38.0	38.5	2.1	2.2	40.3	22.8	98.2	95.2
中　南	20.6	15.2	22.0	65.0	19.2	14.1	25.3	11.2	23.3	23.3	0.1	
西　南	10.7	3.8			21.7	34.5	3.9	2.7				
西　北	0.1				1.5		0.1					

3—123　六经济区限额以上连锁零售业利润总额

（按业态分）

单位：万元

地　区	2004 年	2003 年	±%	百货商店			超级市场		
				2004 年	2003 年	±%	2004 年	2003 年	±%
全　国	**787328**	**573345**	**37.3**	**126870**	**101630**	**24.8**	**204744**	**123700**	**65.5**
华　北	109744	109618	0.1	22974	19600	17.2	11862	12043	－1.5
东　北	－1782	－703	153.5	2659	3201	－16.9	－5363	－3842	39.6
华　东	575483	380918	51.1	51431	36155	42.3	168970	98622	71.3
中　南	88783	76213	16.5	35758	38192	－6.4	32737	22238	47.2
西　南	19468	8689	124.1	14615	5120	185.4	－1692	－5583	－69.7
西　北	－4369	－1389	214.5	－568	－637	－10.8	－1769	221	

3—123　续表

单位：万元

地　区	专业店			专卖店			便利店		
	2004 年	2003 年	±%	2004 年	2003 年	±%	2004 年	2003 年	±%
全　国	**462466**	**354255**	**30.5**	**19189**	**18304**	**4.8**	**－26042**	**－24666**	**5.6**
华　北	71933	74937	－4.0	4469	4290	4.2	－1495	－1252	19.4
东　北	1338	525	154.9	－12	－33	－63.6	－403	－554	－27.3
华　东	365338	255973	42.7	12148	12121	0.2	－22631	－22070	2.5
中　南	20015	16207	23.5	2000	1370	46.0	－1603	－1802	－11.0
西　南	6071	7490	－18.9	281	141	99.3	195	1523	－87.2
西　北	－2229	－877	154.2	303	415	－27.0	－106	－512	－79.3

3—124　六经济区限额以上连锁零售业资产总额

（按业态分）

单位：万元

地　区	2004 年	2003 年	±%	百货商店			超级市场		
				2004 年	2003 年	±%	2004 年	2003 年	±%
全　国	**18005588**	**14507088**	**24.1**	**3170432**	**2820893**	**12.4**	**7409390**	**6241062**	**18.7**
华　北	3379818	2523391	33.9	224890	203167	10.7	1541469	1233633	25.0
东　北	462833	432626	7.0	90450	94082	－3.9	168296	160554	4.8
华　东	8589424	6603785	30.1	1321231	1063955	24.2	3241447	2677617	21.1
中　南	4303580	3807072	13.0	1185703	1140389	4.0	2111688	1846898	14.3
西　南	1036693	923135	12.3	303049	274716	10.3	258766	251746	2.8
西　北	233240	217080	7.4	45108	44585	1.2	87724	70614	24.2

3—124　续表

单位：万元

地　区	专业店			专卖店			便利店		
	2004 年	2003 年	±%	2004 年	2003 年	±%	2004 年	2003 年	±%
全　国	**6699685**	**4904781**	**36.6**	**342893**	**254116**	**34.9**	**379415**	**276734**	**37.1**
华　北	1443714	972384	48.5	63224	50625	24.9	106521	63582	67.5
东　北	184462	163111	13.1	1966	1942	1.2	17659	12936	36.5
华　东	3657595	2570323	42.3	164906	140061	17.7	202620	150473	34.7
中　南	877709	733373	19.7	96723	55941	72.9	30900	23402	32.0
西　南	451117	386555	16.7	1834	1820	0.8	20635	7219	185.8
西　北	85089	79035	7.7	14239	3726	282.2	1080	19120	－94.4

3－125 六经济区限额以上连锁零售业负债总额

（按业态分）

单位：万元

地区	2004年	2003年	±%	百货商店			超级市场		
				2004年	2003年	±%	2004年	2003年	±%
全国	**13093718**	**10637667**	**23.1**	**2340159**	**2081110**	**12.4**	**5678246**	**4880112**	**16.4**
华北	2614646	1775831	47.2	158162	133614	18.4	1290830	910804	41.7
东北	366912	331582	10.7	71870	71523	0.5	118921	101587	17.1
华东	5859724	4651064	26.0	997010	792774	25.8	2378560	2064240	15.2
中南	3246737	2943772	10.3	834102	837502	－0.4	1644609	1516033	8.5
西南	824829	756013	9.1	238272	205717	15.8	183160	231532	－20.9
西北	180870	179405	0.8	40742	39981	1.9	62167	55916	11.2

3－125 续表

单位：万元

地区	专业店			专卖店			便利店		
	2004年	2003年	±%	2004年	2003年	±%	2004年	2003年	±%
全国	**4579886**	**3285729**	**39.4**	**185822**	**120495**	**54.2**	**304874**	**263010**	**15.9**
华北	1072735	664214	61.5	26540	19368	37.0	66379	47831	38.8
东北	160508	145951	10.0	1906	1923	－0.9	13707	10598	29.3
华东	2218321	1569291	41.4	75223	55249	36.2	189474	168615	12.4
中南	667311	527132	26.6	76929	42980	79.0	20683	14065	47.1
西南	389498	315242	23.6	167	188	－11.2	13242	3078	330.2
西北	71513	63900	11.9	5058	786	543.5	1390	18823	－92.6

3－126 大中小城市限额以上连锁零售业门店数

（按业态分）

单位：个

地区	2004年	2003年	±%	百货商店			超级市场		
				2004年	2003年	±%	2004年	2003年	±%
全国	**54891**	**46517**	**18.0**	**2637**	**2129**	**23.9**	**14073**	**11717**	**20.1**
大城市	43643	37817	15.4	1716	1418	21.0	10435	8706	19.9
中城市	9603	7244	32.6	770	568	35.6	3127	2609	19.9
小城市	1645	1456	13.0	151	143	5.6	511	402	27.1

3－126 续表

单位：个

地区	专业店			专卖店			便利店		
	2004年	2003年	±%	2004年	2003年	±%	2004年	2003年	±%
全国	**25867**	**22132**	**16.9**	**4493**	**3648**	**23.2**	**7755**	**6799**	**14.1**
大城市	20778	18364	13.1	3409	2760	23.5	7258	6497	11.7
中城市	4174	2922	42.8	1067	868	22.9	446	257	73.5
小城市	915	846	8.2	17	20	－15.0	51	45	13.3

3－127 大中小城市限额以上直营连锁零售业门店数

（按业态分）

单位：个

地区	2004年	2003年	±%	百货商店			超级市场		
				2004年	2003年	±%	2004年	2003年	±%
全国	**34590**	**31407**	**10.1**	**997**	**908**	**9.8**	**9107**	**8041**	**13.3**
大城市	27856	25199	10.5	649	585	10.9	6450	5710	13.0
中城市	5492	5034	9.1	208	194	7.2	2286	2035	12.3
小城市	1242	1174	5.8	140	129	8.5	371	296	25.3

3－127 续表

单位：个

地区	专业店			专卖店			便利店		
	2004年	2003年	±%	2004年	2003年	±%	2004年	2003年	±%
全国	**16607**	**15344**	**8.2**	**1797**	**1515**	**18.6**	**6027**	**5524**	**9.1**
大城市	13602	12300	10.6	1414	1219	16.0	5705	5330	7.0
中城市	2335	2359	－1.0	366	276	32.6	278	150	85.3
小城市	670	685	－2.2	17	20	－15.0	44	44	0.0

3－128 大中小城市限额以上加盟连锁零售业门店数

（按业态分）

单位：个

地区	2004年	2003年	±%	百货商店			超级市场		
				2004年	2003年	±%	2004年	2003年	±%
全国	**20301**	**15110**	**34.4**	**1640**	**1221**	**34.3**	**4966**	**3676**	**35.1**
大城市	15787	12618	25.1	1067	833	28.1	3985	2996	33.0
中城市	4111	2210	86.0	562	374	50.3	841	574	46.5
小城市	403	282	42.9	11	14	－21.4	140	106	32.1

3－128 续表

单位：个

地区	专业店			专卖店			便利店		
	2004年	2003年	±%	2004年	2003年	±%	2004年	2003年	±%
全国	**9260**	**6788**	**36.4**	**2696**	**2133**	**26.4**	**1728**	**1275**	**35.5**
大城市	7176	6064	18.3	1995	1541	29.5	1553	1167	33.1
中城市	1839	563	226.6	701	592	18.4	168	107	57.0
小城市	245	161	52.2				7	1	600.0

3—129　大中小城市限额以上连锁零售业营业面积

（按业态分）

单位：平方米

地　区	2004年	2003年	±%	百货商店			超级市场		
				2004年	2003年	±%	2004年	2003年	±%
全　国	**35170643**	**27801905**	**26.5**	**6110570**	**4559992**	**34.0**	**15943112**	**13314138**	**19.7**
大城市	29155151	23134082	26.0	5217573	3834930	36.1	12468553	10468972	19.1
中城市	5486239	4238498	29.4	800283	669366	19.6	3217368	2619361	22.8
小城市	529253	429325	23.3	92714	55696	66.5	257191	225805	13.9

3—129　续表

单位：平方米

地　区	专业店			专卖店			便利店		
	2004年	2003年	±%	2004年	2003年	±%	2004年	2003年	±%
全　国	**11874235**	**8878710**	**33.7**	**393422**	**320300**	**22.8**	**832725**	**690308**	**20.6**
大城市	10552521	8030944	31.4	215872	166381	29.7	685333	598498	14.5
中城市	1200338	752272	59.6	139550	117919	18.3	127420	75480	68.8
小城市	121376	95494	27.1	38000	36000	5.6	19972	16330	22.3

3—130　大中小城市限额以上直营连锁零售业营业面积

（按业态分）

单位：平方米

地　区	2004年	2003年	±%	百货商店			超级市场		
				2004年	2003年	±%	2004年	2003年	±%
全　国	**31441148**	**24651355**	**27.5**	**5752050**	**4330505**	**32.8**	**13848327**	**11613462**	**19.2**
大城市	26039178	20414536	27.6	4985093	3682750	35.4	10626584	8978408	18.4
中城市	4916580	3832777	28.3	674968	592409	13.9	2989168	2428320	23.1
小城市	485390	404042	20.1	91989	55346	66.2	232575	206734	12.5

3—130　续表

单位：平方米

地　区	专业店			专卖店			便利店		
	2004年	2003年	±%	2004年	2003年	±%	2004年	2003年	±%
全　国	**10904875**	**7895261**	**38.1**	**244183**	**192035**	**27.2**	**678956**	**590803**	**14.9**
大城市	9702576	7098946	36.7	149406	110286	35.5	564042	518957	8.7
中城市	1098955	706613	55.5	56777	45749	24.1	95432	55586	71.7
小城市	103344	89702	15.2	38000	36000	5.6	19482	16260	19.8

3—131 大中小城市限额以上加盟连锁零售业营业面积

（按业态分）

单位：平方米

地区	2004年	2003年	±%	百货商店			超级市场		
				2004年	2003年	±%	2004年	2003年	±%
全国	**3729495**	**3150550**	**18.4**	**358520**	**229487**	**56.2**	**2094785**	**1700676**	**23.2**
大城市	3115973	2719546	14.6	232480	152180	52.8	1841969	1490564	23.6
中城市	569659	405721	40.4	125315	76957	62.8	228200	191041	19.5
小城市	43863	25283	73.5	725	350	107.1	24616	19071	29.1

3—131 续表

单位：平方米

地区	专业店			专卖店			便利店		
	2004年	2003年	±%	2004年	2003年	±%	2004年	2003年	±%
全国	**969360**	**983449**	**—1.4**	**149239**	**128265**	**16.4**	**153769**	**99505**	**54.5**
大城市	849945	931998	—8.8	66466	56095	18.5	121291	79541	52.5
中城市	101383	45659	122.0	82773	72170	14.7	31988	19894	60.8
小城市	18032	5792	211.3				490	70	600.0

3—132 大中小城市限额以上连锁零售业从业人员

（按业态分）

单位：人

地区	2004年	2003年	±%	百货商店			超级市场		
				2004年	2003年	±%	2004年	2003年	±%
全国	**1055978**	**924060**	**14.3**	**139048**	**121640**	**14.3**	**510827**	**444362**	**15.0**
大城市	858233	752514	14.0	109104	92836	17.5	391537	341771	14.6
中城市	179525	154720	16.0	27976	26970	3.7	109523	93651	16.9
小城市	18220	16826	8.3	1968	1834	7.3	9767	8940	9.3

3—132 续表

单位：人

地区	专业店			专卖店			便利店		
	2004年	2003年	±%	2004年	2003年	±%	2004年	2003年	±%
全国	**317156**	**275912**	**14.9**	**32588**	**27272**	**19.5**	**55441**	**52591**	**5.4**
大城市	282386	245395	15.1	23538	21286	10.6	50799	49298	3.0
中城市	29118	25181	15.6	8878	5826	52.4	3981	2737	45.5
小城市	5652	5336	5.9	172	160	7.5	661	556	18.9

3—133 大中小城市限额以上直营连锁零售业从业人员

（按业态分）

单位：人

地区	2004年	2003年	±%	百货商店			超级市场		
				2004年	2003年	±%	2004年	2003年	±%
全国	854271	753232	13.4	124600	114170	9.1	405616	352476	15.1
大城市	687715	601657	14.3	102578	89214	15.0	298771	260860	14.5
中城市	150734	136714	10.3	20076	23150	−13.3	98562	84111	17.2
小城市	15822	14861	6.5	1946	1806	7.8	8283	7505	10.4

3—133 续表

单位：人

地区	专业店			专卖店			便利店		
	2004年	2003年	±%	2004年	2003年	±%	2004年	2003年	±%
全国	259826	222666	16.7	17714	15092	17.4	45917	47225	−2.8
大城市	230145	194309	18.4	13707	11707	17.1	41965	44319	−5.3
中城市	24872	23518	5.8	3835	3225	18.9	3340	2355	41.8
小城市	4809	4839	−0.6	172	160	7.5	612	551	11.1

3—134 大中小城市限额以上加盟连锁零售业从业人员

（按业态分）

单位：人

地区	2004年	2003年	±%	百货商店			超级市场		
				2004年	2003年	±%	2004年	2003年	±%
全国	201707	170828	18.1	14448	7470	93.4	105211	91886	14.5
大城市	170518	150857	13.0	6526	3622	80.2	92766	80911	14.7
中城市	28791	18006	59.9	7900	3820	106.8	10961	9540	14.9
小城市	2398	1965	22.0	22	28	−21.4	1484	1435	3.4

3—134 续表

单位：人

地区	专业店			专卖店			便利店		
	2004年	2003年	±%	2004年	2003年	±%	2004年	2003年	±%
全国	57330	53246	7.7	14874	12180	22.1	9524	5366	77.5
大城市	52241	51086	2.3	9831	9579	2.6	8834	4979	77.4
中城市	4246	1663	155.3	5043	2601	93.9	641	382	67.8
小城市	843	497	69.6				49	5	880.0

3—135 大中小城市限额以上连锁零售业销售额

（按业态分）

单位:万元

地区	2004年	2003年	±%	百货商店			超级市场		
				2004年	2003年	±%	2004年	2003年	±%
全国	**55806958**	**42586343**	**31.0**	**7447315**	**5965183**	**24.8**	**24099402**	**19255550**	**25.2**
大城市	50280835	38291039	31.3	6337989	5107319	24.1	21345157	17050441	25.2
中城市	5137839	3960140	29.7	1073383	819918	30.9	2543151	2023457	25.7
小城市	388284	335164	15.8	35943	37946	-5.3	211094	181652	16.2

3—135 续表

单位:万元

地区	专业店			专卖店			便利店		
	2004年	2003年	±%	2004年	2003年	±%	2004年	2003年	±%
全国	**22066942**	**15814125**	**39.5**	**796661**	**690273**	**15.4**	**1382632**	**835421**	**65.5**
大城市	20692309	14829129	39.5	574454	482867	19.0	1317960	796798	65.4
中城市	1253641	886710	41.4	218229	204406	6.8	48393	24342	98.8
小城市	120992	98286	23.1	3978	3000	32.6	16279	14281	14.0

3—136 大中小城市限额以上直营连锁零售业销售额

（按业态分）

单位:万元

地区	2004年	2003年	±%	百货商店			超级市场		
				2004年	2003年	±%	2004年	2003年	±%
全国	**45660350**	**34944578**	**30.7**	**7076311**	**5782967**	**22.4**	**20049523**	**16339419**	**22.7**
大城市	40715612	31014969	31.3	6205458	5030508	23.4	17505313	14262781	22.7
中城市	4588735	3613542	27.0	834990	714614	16.8	2358772	1911679	23.4
小城市	356003	316067	12.6	35863	37845	-5.2	185438	164959	12.4

3—136 续表

单位:万元

地区	专业店			专卖店			便利店		
	2004年	2003年	±%	2004年	2003年	±%	2004年	2003年	±%
全国	**16813226**	**11597070**	**45.0**	**575722**	**480284**	**19.9**	**1134727**	**736226**	**54.1**
大城市	15481754	10643562	45.5	433092	368862	17.4	1080194	701951	53.9
中城市	1216249	857473	41.8	138652	108422	27.9	39031	20047	94.7
小城市	115223	96035	20.0	3978	3000	32.6	15502	14228	9.0

3—137 大中小城市限额以上加盟连锁零售业销售额

（按业态分）

单位：万元

地　区	2004 年	2003 年	±%	百货商店			超级市场		
				2004 年	2003 年	±%	2004 年	2003 年	±%
全　国	**10146609**	**7641766**	**32.8**	**371004**	**182216**	**103.6**	**4049879**	**2916131**	**38.9**
大城市	9565223	7276070	31.5	132531	76811	72.5	3839844	2787660	37.7
中城市	549105	346599	58.4	238393	105304	126.4	184379	111778	64.9
小城市	32281	19097	69.0	80	101	—20.8	25656	16693	53.7

3—137 续表

单位：万元

地　区	专业店			专卖店			便利店		
	2004 年	2003 年	±%	2004 年	2003 年	±%	2004 年	2003 年	±%
全　国	**5253716**	**4217055**	**24.6**	**220939**	**209989**	**5.2**	**247905**	**99195**	**149.9**
大城市	5210555	4185567	24.5	141362	114005	24.0	237766	94847	150.7
中城市	37392	29237	27.9	79577	95984	—17.1	9362	4295	118.0
小城市	5769	2251	156.3				777	53	1366.0

3—138 大中小城市限额以上连锁零售业零售额

（按业态分）

单位：万元

地　区	2004 年	2003 年	±%	百货商店			超级市场		
				2004 年	2003 年	±%	2004 年	2003 年	±%
全　国	**45099029**	**34641232**	**30.2**	**6638207**	**5242786**	**26.6**	**20072011**	**16101955**	**24.7**
大城市	40871561	31227571	30.9	5827722	4648177	25.4	17793725	14292029	24.5
中城市	3885469	3114288	24.8	779254	561151	38.9	2080665	1639980	26.9
小城市	341999	299373	14.2	31231	33458	—6.7	197621	169946	16.3

3—138 续表

单位：万元

地　区	专业店			专卖店			便利店		
	2004 年	2003 年	±%	2004 年	2003 年	±%	2004 年	2003 年	±%
全　国	**16444612**	**11938604**	**37.7**	**639016**	**553969**	**15.4**	**1293034**	**783983**	**64.9**
大城市	15575716	11161006	39.6	433987	362079	19.9	1229300	745648	64.9
中城市	774930	698909	10.9	201409	188890	6.6	48174	24054	100.3
小城市	93966	78689	19.4	3620	3000	20.7	15560	14281	9.0

3－139 大中小城市限额以上直营连锁零售业零售额

（按业态分）

单位：万元

地区	2004年	2003年	±%	百货商店			超级市场		
				2004年	2003年	±%	2004年	2003年	±%
全国	**35635247**	**27251194**	**30.8**	**6313218**	**5077570**	**24.3**	**16125789**	**13191818**	**22.2**
大城市	31933034	24177137	32.1	5695191	4571366	24.6	14049354	11504369	22.1
中城市	3386481	2788915	21.4	586876	472847	24.1	1898455	1529480	24.1
小城市	315732	285142	10.7	31151	33357	－6.6	177980	157969	12.7

3－139 续表

单位：万元

地区	专业店			专卖店			便利店		
	2004年	2003年	±%	2004年	2003年	±%	2004年	2003年	±%
全国	**11692321**	**7927610**	**47.5**	**430953**	**356806**	**20.8**	**1063983**	**688778**	**54.5**
大城市	10864655	7178403	51.4	305502	260900	17.1	1010387	654792	54.3
中城市	739469	672619	9.9	121831	92906	31.1	38813	19758	96.4
小城市	88197	76588	15.2	3620	3000	20.7	14783	14228	3.9

3－140 大中小城市限额以上加盟连锁零售业零售额

（按业态分）

单位：万元

地区	2004年	2003年	±%	百货商店			超级市场		
				2004年	2003年	±%	2004年	2003年	±%
全国	**9463782**	**7390039**	**28.1**	**324989**	**165216**	**96.7**	**3946222**	**2910137**	**35.6**
大城市	8938527	7050434	26.8	132531	76811	72.5	3744371	2787660	34.3
中城市	498988	325374	53.4	192378	88304	117.9	182210	110500	64.9
小城市	26267	14231	84.6	80	101	－20.8	19641	11977	64.0

3－140 续表

单位：万元

地区	专业店			专卖店			便利店		
	2004年	2003年	±%	2004年	2003年	±%	2004年	2003年	±%
全国	**4752291**	**4010994**	**18.5**	**208063**	**197163**	**5.5**	**229051**	**95205**	**140.6**
大城市	4711061	3982603	18.3	128485	101179	27.0	218913	90856	140.9
中城市	35461	26290	34.9	79578	95984	－17.1	9361	4296	118.0
小城市	5769	2101	174.6				777	53	1366.0

3－141 大中小城市限额以上直营连锁零售业统一配送比重

（按业态分）

单位：%

地区	2004年	2003年	百货商店		超级市场		专业店		专卖店		便利店	
			2004年	2003年	2004年	2003年	2004年	2003年	2004年	2003年	2004年	2003年
全国	**80.0**	**78.7**	**71.6**	**70.7**	**80.6**	**79.6**	**82.0**	**80.6**	**82.0**	**81.4**	**91.8**	**89.8**
大城市	78.8	77.4	69.2	68.4	79.3	78.1	81.2	79.6	78.6	80.3	91.9	89.9
中城市	90.7	89.8	89.0	85.4	90.4	90.8	92.7	92.2	91.8	84.5	87.6	79.8
小城市	81.5	80.3	92.9	94.5	80.7	75.4	76.3	79.6	100.0	100.0	100.0	100.0

3－142 大中小城市限额以上直营连锁零售业自有配送比重

（按业态分）

单位：%

地区	2004年	2003年	百货商店		超级市场		专业店		专卖店		便利店	
			2004年	2003年	2004年	2003年	2004年	2003年	2004年	2003年	2004年	2003年
全国	**53.3**	**51.8**	**46.2**	**43.5**	**42.6**	**39.8**	**69.2**	**72.0**	**71.3**	**70.8**	**41.2**	**51.1**
大城市	50.0	48.4	40.5	37.5	37.7	34.8	68.0	71.0	64.7	67.0	40.6	50.7
中城市	81.3	79.7	88.3	84.7	77.4	75.8	84.4	84.3	91.1	82.6	40.0	49.8
小城市	65.5	62.3	49.5	55.7	63.7	58.3	69.4	69.3	100.0	100.0	85.8	72.2

3－143 大中小城市限额以上直营连锁零售业非自有配送比重

（按业态分）

单位：%

地区	2004年	2003年	百货商店		超级市场		专业店		专卖店		便利店	
			2004年	2003年	2004年	2003年	2004年	2003年	2004年	2003年	2004年	2003年
全国	**26.7**	**26.9**	**25.4**	**27.2**	**38.0**	**39.7**	**12.7**	**8.5**	**10.6**	**10.6**	**50.4**	**38.7**
大城市	28.8	28.9	28.7	30.9	41.6	43.3	13.2	8.6	13.9	13.3	51.0	39.2
中城市	9.4	10.1	0.7	0.7	13.0	14.9	8.2	7.6	0.6	1.9	47.6	30.0
小城市	15.5	17.0	43.5	38.8	16.2	15.5	6.3	10.0			14.2	27.8

3－144 大中小城市限额以上加盟连锁零售业统一配送比重

（按业态分）

单位：%

地区	2004年	2003年	百货商店		超级市场		专业店		专卖店		便利店	
			2004年	2003年	2004年	2003年	2004年	2003年	2004年	2003年	2004年	2003年
全国	**50.5**	**42.7**	**41.0**	**38.6**	**69.4**	**65.5**	**33.4**	**24.0**	**77.4**	**75.5**	**94.3**	**98.0**
大城市	49.9	42.1	47.5	53.2	69.1	65.7	33.0	23.6	82.4	81.5	94.0	97.9
中城市	58.2	53.7	37.3	27.9	73.0	56.3	86.4	82.6	68.4	68.3	100.0	100.0
小城市	84.9	89.8	100.0	100.0	92.9	95.6	47.0	46.0			100.0	100.0

3—145 大中小城市限额以上加盟连锁零售业自有配送比重

（按业态分）

单位：%

地　　区	2004 年	2003 年	百货商店		超级市场		专业店		专卖店		便利店	
			2004 年	2003 年	2004 年	2003 年	2004 年	2003 年	2004 年	2003 年	2004 年	2003 年
全　　国	**32.9**	**27.1**	**37.4**	**33.6**	**34.0**	**30.6**	**32.1**	**23.0**	**51.5**	**57.7**	**9.0**	**14.1**
大 城 市	31.8	26.1	44.9	51.8	32.4	29.7	31.8	22.6	45.7	54.5	6.3	10.3
中 城 市	49.4	44.4	33.2	20.2	59.3	43.0	71.3	72.9	61.9	61.4	76.7	100.0
小 城 市	82.6	89.5	100.0	100.0	92.7	95.6	47.0	46.0			10.3	

3—146 大中小城市限额以上加盟连锁零售业非自有配送比重

（按业态分）

单位：%

地　　区	2004 年	2003 年	百货商店		超级市场		专业店		专卖店		便利店	
			2004 年	2003 年	2004 年	2003 年	2004 年	2003 年	2004 年	2003 年	2004 年	2003 年
全　　国	**17.6**	**15.5**	**3.2**	**5.0**	**35.4**	**34.9**	**1.3**	**0.8**	**25.9**	**17.8**	**85.3**	**83.8**
大 城 市	18.2	15.9	2.6	1.4	36.7	36.0	1.2	0.8	36.7	27.0	87.7	87.6
中 城 市	8.5	9.3	3.5	7.7	13.8	13.2	15.1	9.7	6.5	6.9	23.3	
小 城 市	2.3	0.3			0.1						89.7	100.0

3—147 大中小城市限额以上连锁零售业利润总额

（按业态分）

单位：万元

地　　区	2004 年	2003 年	±%	百货商店			超级市场		
				2004 年	2003 年	±%	2004 年	2003 年	±%
全　　国	**787328**	**573345**	**37.3**	**126870**	**101630**	**24.8**	**204744**	**123700**	**65.5**
大 城 市	729036	527046	38.3	108801	85898	26.7	184205	111075	65.8
中 城 市	56521	43187	30.9	17659	15086	17.0	19664	12052	63.2
小 城 市	1771	3112	−43.1	410	646	−36.5	875	573	52.7

3—147　续表

单位：万元

地　　区	专业店			专卖店			便利店		
	2004 年	2003 年	±%	2004 年	2003 年	±%	2004 年	2003 年	±%
全　　国	**462466**	**354255**	**30.5**	**19189**	**18304**	**4.8**	**−26042**	**−24666**	**5.6**
大 城 市	446193	340464	31.1	15517	13930	11.4	−25830	−24443	5.7
中 城 市	16079	12279	30.9	3486	4016	−13.2	−317	−248	28.2
小 城 市	194	1512	−87.2	186	358	−48.0	105	25	320.0

3—148　大中小城市限额以上连锁零售业资产总额

（按业态分）

单位：万元

地　区	2004 年	2003 年	±%	百货商店			超级市场		
				2004 年	2003 年	±%	2004 年	2003 年	±%
全　国	**18005588**	**14507088**	**24.1**	**3170432**	**2820893**	**12.4**	**7409390**	**6241062**	**18.7**
大城市	16106715	12948159	24.4	2882665	2557004	12.7	6434517	5432523	18.4
中城市	1735250	1415478	22.6	268026	235321	13.9	897668	743410	20.7
小城市	163623	143451	14.1	19741	28568	—30.9	77205	65129	18.5

3—148　续表

单位：万元

地　区	专业店			专卖店			便利店		
	2004 年	2003 年	±%	2004 年	2003 年	±%	2004 年	2003 年	±%
全　国	**6699685**	**4904781**	**36.6**	**342893**	**254116**	**34.9**	**379415**	**276734**	**37.1**
大城市	6168296	4481824	37.6	259043	204689	26.6	358831	263065	36.4
中城市	482959	380297	27.0	70192	46527	50.9	15996	9475	68.8
小城市	48430	42660	13.5	13658	2900	371.0	4588	4194	9.4

3—149　大中小城市限额以上连锁零售业负债总额

（按业态分）

单位：万元

地　区	2004 年	2003 年	±%	百货商店			超级市场		
				2004 年	2003 年	±%	2004 年	2003 年	±%
全　国	**13093718**	**10637667**	**23.1**	**2340159**	**2081110**	**12.4**	**5678246**	**4880112**	**16.4**
大城市	11671619	9443613	23.6	2118311	1875762	12.9	4935201	4237551	16.5
中城市	1310710	1092968	19.9	207168	187858	10.3	690836	594717	16.2
小城市	111389	101086	10.2	14680	17490	—16.1	52209	47844	9.1

3—149　续表

单位：万元

地　区	专业店			专卖店			便利店		
	2004 年	2003 年	±%	2004 年	2003 年	±%	2004 年	2003 年	±%
全　国	**4579886**	**3285729**	**39.4**	**185822**	**120495**	**54.2**	**304874**	**263010**	**15.9**
大城市	4196264	2983449	40.7	129359	87682	47.5	288218	252406	14.2
中城市	347753	270544	28.5	51610	32208	60.2	12878	7192	79.1
小城市	35869	31736	13.0	4853	605	702.1	3778	3412	10.7

3－150　35城市限额以上连锁零售业门店数

（按业态分）

单位:个

地　　区	2004年	2003年	±%	百货商店			超级市场		
				2004年	2003年	±%	2004年	2003年	±%
合　　计	**43643**	**37817**	**15.4**	**1716**	**1418**	**21.0**	**10435**	**8706**	**19.9**
北　　京	3580	3669	－2.4	27	26	3.8	1087	775	40.3
天　　津	457	371	23.2				355	277	28.2
石 家 庄	437	401	9.0				27	25	8.0
太　　原	430	373	15.3				167	136	22.8
呼和浩特									
沈　　阳	670	469	42.9	1	1		26	24	8.3
大　　连	308	286	7.7				5	3	66.7
长　　春	305	276	10.5				15	14	7.1
哈 尔 滨	176	178	－1.1	160	170	－5.9			
上　　海	13636	11808	15.5				4167	3390	22.9
南　　京	2954	2627	12.4	6	5	20.0	1533	1349	13.6
杭　　州	2533	2138	18.5				47	31	51.6
宁　　波	615	504	22.0				267	203	31.5
合　　肥	178	127	40.2	9	8	12.5	37	37	
福　　州	14	13	7.7						
厦　　门	337	274	23.0	18	16	12.5	63	65	－3.1
南　　昌	751	994	－24.4	16	12	33.3			
济　　南	379	369	2.7	32	30	6.7	111	117	－5.1
青　　岛	1376	1230	11.9	1108	867	27.8	60	62	－3.2
郑　　州	373	322	15.8				164	152	7.9
武　　汉	1638	1263	29.7	80	64	25.0	355	309	14.9
长　　沙	368	268	37.3	29	28	3.6	61	44	38.6
广　　州	1629	1350	20.7				186	158	17.7
深　　圳	1923	1568	22.6	93	70	32.9	604	570	6.0
南　　宁	399	440	－9.3				46	42	9.5
海　　口	63	52	21.2				10	2	400.0
重　　庆	4435	3487	27.2	92	88	4.5	40	39	2.6
成　　都	965	824	17.1				735	628	17.0
贵　　阳	190	185	2.7	14	13	7.7	30	25	20.0
昆　　明	1142	590	93.6				27	29	－6.9
西　　安	867	921	－5.9	12	12		133	115	15.7
兰　　州	68	60	13.3						
西　　宁	79	66	19.7	18	7	157.1	25	22	13.6
银　　川	118	128	－7.8				39	49	－20.4
乌鲁木齐	250	186	34.4	1	1		13	14	－7.1

3—150 续表

单位：个

地区	专业店			专卖店			便利店		
	2004 年	2003 年	±%	2004 年	2003 年	±%	2004 年	2003 年	±%
合计	**20778**	**18364**	**13.1**	**3409**	**2760**	**23.5**	**7258**	**6497**	**11.7**
北京	1762	2299	—23.4	290	235	23.4	414	334	24.0
天津	41	36	13.9	41	32	28.1	20	26	—23.1
石家庄	127	115	10.4	153	126	21.4	130	135	—3.7
太原	23	22	4.5	113	97	16.5	127	118	7.6
呼和浩特									
沈阳	643	444	44.8						
大连				35	31	12.9	268	252	6.3
长春	290	262	10.7						
哈尔滨	16	8	100.0						
上海	2911	2798	4.0	1046	669	56.4	5480	4920	11.4
南京	1144	1016	12.6	257	243	5.8	14	14	
杭州	2315	1922	20.4	167	182	—8.2	4	3	33.3
宁波	97	116	—16.4	147	112	31.3	104	73	42.5
合肥	129	80	61.3	3	2	50.0			
福州	14	13	7.7						
厦门	252	189	33.3	4	4				
南昌	644	901	—28.5	91	81	12.3			
济南	236	222	6.3						
青岛	208	301	—30.9						
郑州	100	69	44.9	104	96	8.3	5	5	
武汉	980	693	41.4	95	103	—7.8	128	94	36.2
长沙	263	182	44.5				15	14	7.1
广州	723	698	3.6	371	200	85.5	339	266	27.4
深圳	1162	884	31.4				64	44	45.5
南宁	353	398	—11.3						
海口	53	50	6.0						
重庆	4218	3273	28.9				80	74	8.1
成都	230	196	17.3						
贵阳	146	147	—0.7						
昆明	1079	510	111.6				36	51	—29.4
西安	200	173	15.6	492	547	—10.1	30	74	—59.5
兰州	68	60	13.3						
西宁	36	37	—2.7						
银川	79	79							
乌鲁木齐	236	171	38.0						

3－151 35城市限额以上直营连锁零售业门店数

（按业态分）

单位：个

地区	2004年	2003年	±%	百货商店			超级市场		
				2004年	2003年	±%	2004年	2003年	±%
合计	**27856**	**25199**	**10.5**	**649**	**585**	**10.9**	**6450**	**5710**	**13.0**
北京	2647	2303	14.9	27	26	3.8	764	678	12.7
天津	457	371	23.2				355	277	28.2
石家庄	260	240	8.3				14	12	16.7
太原	287	246	16.7				100	98	2.0
呼和浩特									
沈阳	327	293	11.6	1	1		24	24	
大连	240	253	－5.1				5	3	66.7
长春	139	118	17.8				15	14	7.1
哈尔滨	176	178	－1.1	160	170	－5.9			
上海	9121	8523	7.0				1877	1669	12.5
南京	1596	1377	15.9	6	5	20.0	572	503	13.7
杭州	2397	2004	19.6				47	31	51.6
宁波	432	364	18.7				200	143	39.9
合肥	158	115	37.4	2	1	100.0	37	37	
福州	14	13	7.7						
厦门	311	262	18.7	18	16	12.5	63	65	－3.1
南昌	674	927	－27.3	14	11	27.3			
济南	224	221	1.4	32	30	6.7	105	110	－4.5
青岛	301	405	－25.7	51	42	21.4	42	62	－32.3
郑州	317	292	8.6				164	152	7.9
武汉	1122	940	19.4	80	64	25.0	353	309	14.2
长沙	247	188	31.4	29	28	3.6	61	44	38.6
广州	949	906	4.7				173	148	16.9
深圳	1673	1344	24.5	92	70	31.4	555	522	6.3
南宁	115	119	－3.4				24	21	14.3
海口	53	49	8.2				8	2	300.0
重庆	1348	1248	8.0	92	88	4.5	40	39	2.6
成都	823	585	40.7				602	509	18.3
贵阳	159	156	1.9	14	13	7.7	30	25	20.0
昆明	622	560	11.1				27	29	－6.9
西安	301	304	－1.0	12	12		133	115	15.7
兰州	68	60	13.3						
西宁	63	51	23.5	18	7	157.1	22	20	10.0
银川	78	88	－11.4				25	35	－28.6
乌鲁木齐	157	96	63.5	1	1		13	14	－7.1

3－151 续表

单位:个

地区	专业店			专卖店			便利店		
	2004年	2003年	±%	2004年	2003年	±%	2004年	2003年	±%
合　计	**13602**	**12300**	**10.6**	**1414**	**1219**	**16.0**	**5705**	**5330**	**7.0**
北　京	1302	1137	14.5	148	134	10.4	406	328	23.8
天　津	41	36	13.9	41	32	28.1	20	26	－23.1
石家庄	115	106	8.5	28	19	47.4	103	103	
太　原	23	22	4.5	113	97	16.5	51	29	75.9
呼和浩特									
沈　阳	302	268	12.7						
大　连				32	28	14.3	203	222	－8.6
长　春	124	104	19.2						
哈尔滨	16	8	100.0						
上　海	2591	2495	3.8	427	336	27.1	4205	4002	5.1
南　京	813	675	20.4	191	180	6.1	14	14	
杭　州	2235	1859	20.2	111	111		4	3	33.3
宁　波	97	116	－16.4	120	92	30.4	15	13	15.4
合　肥	116	75	54.7	3	2	50.0			
福　州	14	13	7.7						
厦　门	226	177	27.7	4	4				
南　昌	644	901	－28.5	16	15	6.7			
济　南	87	81	7.4						
青　岛	208	301	－30.9						
郑　州	76	69	10.1	72	66	9.1	5	5	
武　汉	522	444	17.6	48	53	－9.4	119	70	70.0
长　沙	142	102	39.2				15	14	7.1
广　州	374	424	－11.8	55	43	27.9	337	266	26.7
深　圳	962	708	35.9				64	44	45.5
南　宁	91	98	－7.1						
海　口	45	47	－4.3						
重　庆	1131	1038	9.0				80	74	8.1
成　都	221	76	190.8						
贵　阳	115	118	－2.5						
昆　明	561	488	15.0				34	43	－20.9
西　安	121	96	26.0	5	7	－28.6	30	74	－59.5
兰　州	68	60	13.3						
西　宁	23	24	－4.2						
银　川	53	53							
乌鲁木齐	143	81	76.5						

3—152　35 城市限额以上加盟连锁零售业门店数

（按业态分）

单位：个

地　区	2004 年	2003 年	±%	百货商店			超级市场		
				2004 年	2003 年	±%	2004 年	2003 年	±%
合　计	**15787**	**12618**	**25.1**	**1067**	**833**	**28.1**	**3985**	**2996**	**33.0**
北　京	933	1366	－31.7				323	97	233.0
天　津									
石家庄	177	161	9.9				13	13	
太　原	143	127	12.6				67	38	76.3
呼和浩特									
沈　阳	343	176	94.9				2		
大　连	68	33	106.1						
长　春	166	158	5.1						
哈尔滨									
上　海	4515	3285	37.4				2290	1721	33.1
南　京	1358	1250	8.6				961	846	13.6
杭　州	136	134	1.5						
宁　波	183	140	30.7				67	60	11.7
合　肥	20	12	66.7	7	7				
福　州									
厦　门	26	12	116.7						
南　昌	77	67	14.9	2	1	100.0			
济　南	155	148	4.7				6	7	－14.3
青　岛	1075	825	30.3	1057	825	28.1	18		
郑　州	56	30	86.7						
武　汉	516	323	59.8				2		
长　沙	121	80	51.3						
广　州	680	444	53.2				13	10	30.0
深　圳	250	224	11.6	1			49	48	2.1
南　宁	284	321	－11.5				22	21	4.8
海　口	10	3	233.3				2		
重　庆	3087	2239	37.9						
成　都	142	239	－40.6				133	119	11.8
贵　阳	31	29	6.9						
昆　明	520	30	1633.3						
西　安	566	617	－8.3						
兰　州									
西　宁	16	15	6.7				3	2	50.0
银　川	40	40					14	14	
乌鲁木齐	93	90	3.3						

3—152 续表

单位:个

地区	专业店			专卖店			便利店		
	2004年	2003年	±%	2004年	2003年	±%	2004年	2003年	±%
合计	**7176**	**6064**	**18.3**	**1995**	**1541**	**29.5**	**1553**	**1167**	**33.1**
北京	460	1162	—60.4	142	101	40.6	8	6	33.3
天津									
石家庄	12	9	33.3	125	107	16.8	27	32	—15.6
太原							76	89	—14.6
呼和浩特									
沈阳	341	176	93.8						
大连				3	3		65	30	116.7
长春	166	158	5.1						
哈尔滨									
上海	320	303	5.6	619	333	85.9	1275	918	38.9
南京	331	341	—2.9	66	63	4.8			
杭州	80	63	27.0	56	71	—21.1			
宁波				27	20	35.0	89	60	48.3
合肥	13	5	160.0						
福州									
厦门	26	12	116.7						
南昌				75	66	13.6			
济南	149	141	5.7						
青岛									
郑州	24			32	30	6.7			
武汉	458	249	83.9	47	50	—6.0	9	24	—62.5
长沙	121	80	51.3						
广州	349	274	27.4	316	157	101.3	2		
深圳	200	176	13.6						
南宁	262	300	—12.7						
海口	8	3	166.7						
重庆	3087	2235	38.1						
成都	9	120	—92.5						
贵阳	31	29	6.9						
昆明	518	22	2254.5				2	8	—75.0
西安	79	77	2.6	487	540	—9.8			
兰州									
西宁	13	13							
银川	26	26							
乌鲁木齐	93	90	3.3						

3—153　35城市限额以上连锁零售业营业面积

（按业态分）

单位：平方米

地　　区	2004年	2003年	±%	百货商店			超级市场		
				2004年	2003年	±%	2004年	2003年	±%
合　　计	**29155151**	**23134082**	**26.0**	**5217573**	**3834930**	**36.1**	**12468553**	**10468972**	**19.1**
北　　京	3082209	2443775	26.1	413482	253910		1437003	1085624	32.4
天　　津	513852	366803					367709	244514	
石 家 庄	221410	198294	11.7				177300	154600	14.7
太　　原	247793	258810	—4.3				223765	241880	—7.5
呼和浩特									
沈　　阳	260068	221448	17.4	32123	32123		73722	52422	
大　　连	135638	100595	34.8				61724	44784	
长　　春	459252	79612	476.9				37136	37136	
哈 尔 滨	144385	119185		110900	95900				
上　　海	5147824	4348966	18.4				3958440	3354988	18.0
南　　京	2639776	1971969	33.9	138881	100881		907931	752222	20.7
杭　　州	4317630	3426546	26.0				193129	163139	
宁　　波	382572	284212	34.6				312889	236228	32.5
合　　肥	242760	182779	32.8	106300	97700	8.8	90645	58750	
福　　州	13161	12161							
厦　　门	104499	98971	5.6	9927	9327		41933	44936	
南　　昌	279523	268747	4.0	222500	177600	25.3			
济　　南	676714	585947	15.5	405000	335000		72647	74697	—2.7
青　　岛	948256	653150	45.2	802246	501670	59.9	53286	55324	
郑　　州	250118	217827	14.8				146627	137852	
武　　汉	1696099	1407595	20.5	816107	704107		561869	440474	
长　　沙	630488	458743	37.4	31000	23800		515930	402130	
广　　州	784006	643144	21.9				611787	500169	22.3
深　　圳	3665728	2805818	30.6	1581936	1046166		1752784	1530961	14.5
南　　宁	85407	78853	8.3				51659	50173	3.0
海　　口	45199	22359	102.2				38300	16000	
重　　庆	699885	561152	24.7	413761	330776		57331	48232	
成　　都	423904	332783	27.4				226886	199131	13.9
贵　　阳	161519	151176	6.8	9230	8830		65398	64978	
昆　　明	327444	250032	31.0				164094	166863	
西　　安	176829	285600	—38.1	17340	17340		121600	221200	
兰　　州	45359	33619							
西　　宁	103405	96015	7.7	64840	57800		4250	3900	9.0
银　　川	51944	35084	48.1				44064	27204	62.0
乌鲁木齐	190495	132312	44.0	42000	42000		96715	58461	

3—153 续表

单位:平方米

地区	专业店			专卖店			便利店		
	2004 年	2003 年	±%	2004 年	2003 年	±%	2004 年	2003 年	±%
合计	**10552521**	**8030944**	**31.4**	**215872**	**166381**	**29.7**	**685333**	**598498**	**14.5**
北京	1106406	1003525	10.3	48819	36776	32.7	76499	63940	19.6
天津	136667	112895		1965	1300		7511	8094	−7.2
石家庄	18774	17479	7.4	2384	2028	17.6	22952	24187	−5.1
太原	4285	3480		4893	4450		14850	9000	65.0
呼和浩特									
沈阳	154223	136903	12.7						
大连				8354	8300	0.7	65560	47511	38.0
长春	422116	42476	893.8						
哈尔滨	33485	23285							
上海	751872	588730	27.7	49706	36058	37.9	377377	358313	5.3
南京	1578246	1104883	42.8	12042	11307	6.5	2676	2676	
杭州	4117441	3255877	26.5	6384	6780	−5.8	676	750	
宁波	15514	15474		16710	12510	33.6	37459	20000	87.3
合肥	44615	25869	72.5	1200	460				
福州	13161	12161							
厦门	52039	44108	18.0	600	600				
南昌	55526	89817		1497	1330	12.6			
济南	199067	176250	12.9						
青岛	92724	96156							
郑州	93920	71219		8071	7256	11.2	1500	1500	
武汉	280926	232588	20.8	10012	10299	−2.8	27185	20127	35.1
长沙	82058	30713	167.2				1500	2100	
广州	123313	98098	25.7	23829	5047	372.1	21427	19030	
深圳	316969	224526	41.2				14039	4165	
南宁	33748	28680	17.7						
海口	6899	6359	8.5						
重庆	217827	173996	25.2				9746	5468	
成都	197018	133652	47.4						
贵阳	86891	77368	12.3						
昆明	161319	80813	99.6				2031	2356	−13.8
西安	16138	15899	1.5	19406	21880	−11.3	2345	9281	
兰州	45359	33619							
西宁	34315	34315							
银川	7880	7880							
乌鲁木齐	51780	31851	62.6						

3—154　35城市限额以上直营连锁零售业营业面积

（按业态分）

单位：平方米

地　　区	2004年	2003年	±%	百货商店			超级市场		
				2004年	2003年	±%	2004年	2003年	±%
合　　计	**26039178**	**20414536**	**27.6**	**4985093**	**3682750**	**35.4**	**10626584**	**8978408**	**18.4**
北　　京	2942624	2102466	40.0	413482	253910		1377564	1055608	30.5
天　　津	513852	366803					367709	244514	
石 家 庄	182610	158680	15.1				142800	118900	20.1
太　　原	230648	247979	—7.0				216220	237279	—8.9
呼和浩特									
沈　　阳	213658	186323	14.7	32123	32123		73522	52422	
大　　连	119038	90995	30.8				61724	44784	
长　　春	447952	68712	551.9				37136	37136	
哈 尔 滨	144385	119185		110900	95900				
上　　海	4108445	3483226	17.9				3050891	2574998	18.5
南　　京	1882075	1395559	34.9	138881	100881		418931	366622	14.3
杭　　州	4306054	3416050	26.1				193129	163139	
宁　　波	337353	244152	38.2				282429	206468	36.8
合　　肥	164681	104809	57.1	28600	20000	43.0	90645	58750	
福　　州	13161	12161							
厦　　门	102505	98186	4.4	9927	9327		41933	44936	
南　　昌	259893	253262	2.6	204000	163100	25.1			
济　　南	523964	446010	17.5	405000	335000		71247	73297	—2.8
青　　岛	826516	593170	39.3	681966	441690	54.4	51826	55324	
郑　　州	245658	215507	14.0				146627	137852	
武　　汉	1645378	1385047	18.8	816107	704107		544186	440474	
长　　沙	619108	452424	36.8	31000	23800		515930	402130	
广　　州	642478	548061	17.2				491071	425989	15.3
深　　圳	3513177	2665674	31.8	1565936	1046166		1640284	1414521	16.0
南　　宁	54848	46715	17.4				38425	32689	17.5
海　　口	33529	22194	51.1				27300	16000	
重　　庆	590053	458763	28.6	413761	330776		57331	48232	
成　　都	385929	290777	32.7				193166	185271	4.3
贵　　阳	156635	148462	5.5	9230	8830		65398	64978	
昆　　明	300143	247642	21.2				164094	166863	
西　　安	152060	258847	—41.3	17340	17340		121600	221200	
兰　　州	45359	33619							
西　　宁	102523	95163	7.7	64840	57800		4080	3760	8.5
银　　川	48311	31451	53.6				42671	25811	65.3
乌鲁木齐	184575	126462	46.0	42000	42000		96715	58461	

3—154 续表

单位:平方米

地区	专业店			专卖店			便利店		
	2004 年	2003 年	±%	2004 年	2003 年	±%	2004 年	2003 年	±%
合计	9702576	7098946	36.7	149406	110286	35.5	564042	518957	8.7
北京	1040668	701366	48.4	35264	28419	24.1	75646	63163	19.8
天津	136667	112895		1965	1300		7511	8094	−7.2
石家庄	17574	16829	4.4	684	684		21552	22267	−3.2
太原	4285	3480		4893	4450		5250	2770	89.5
呼和浩特									
沈阳	108013	101778	6.1						
大连				7354	7300	0.7	49960	38911	28.4
长春	410816	31576	1201.0						
哈尔滨	33485	23285							
上海	722565	570989	26.5	31039	24001	29.3	297343	307329	−3.2
南京	1310770	915773	43.1	10817	9607	12.6	2676	2676	
杭州	4108061	3247401	26.5	4188	4760	−12.0	676	750	
宁波	15514	15474		14360	10210	40.6	25050	12000	108.8
合肥	44236	25599	72.8	1200	460				
福州	13161	12161							
厦门	50045	43323	15.5	600	600				
南昌	55526	89817		367	345	6.4			
济南	47717	37713	26.5						
青岛	92724	96156							
郑州	92020	71219		5511	4936	11.6	1500	1500	
武汉	251265	215242	16.7	7895	7940	−0.6	25925	17284	50.0
长沙	70678	24394	189.7				1500	2100	
广州	104026	81228	28.1	22369	4014	457.3	21362	19030	
深圳	292918	200822	45.9				14039	4165	
南宁	16423	14026	17.1						
海口	6229	6194	0.6						
重庆	107995	72807	48.3				9746	5468	
成都	192763	105506	82.7						
贵阳	82007	74654	9.8						
昆明	134088	78610	70.6				1961	2169	−9.6
西安	9875	9766	1.1	900	1260	−28.6	2345	9281	
兰州	45359	33619							
西宁	33603	33603							
银川	5640	5640							
乌鲁木齐	45860	26001	76.4						

3—155 35城市限额以上加盟连锁零售业营业面积

（按业态分）

单位:平方米

地区	2004年	2003年	±%	百货商店			超级市场		
				2004年	2003年	±%	2004年	2003年	±%
合计	**3115973**	**2719546**	**14.6**	**232480**	**152180**	**52.8**	**1841969**	**1490564**	**23.6**
北京	139585	341309	−59.1				59439	30016	98.0
天津									
石家庄	38800	39614	−2.1				34500	35700	−3.4
太原	17145	10831	58.3				7545	4601	64.0
呼和浩特									
沈阳	46410	35125	32.1				200		
大连	16600	9600	72.9						
长春	11300	10900	3.7						
哈尔滨									
上海	1039379	865740	20.1				907549	779990	16.4
南京	757701	576410	31.5				489000	385600	26.8
杭州	11576	10496	10.3						
宁波	45219	40060	12.9				30460	29760	2.4
合肥	78079	77970	0.1	77700	77700				
福州									
厦门	1994	785	154.0						
南昌	19630	15485	26.8	18500	14500	27.6			
济南	152750	139937	9.2				1400	1400	
青岛	121740	59980	103.0	120280	59980	100.5	1460		
郑州	4460	2320	92.2						
武汉	50721	22548	124.9				17683		
长沙	11380	6319	80.1						
广州	141528	95083	48.8				120716	74180	62.7
深圳	152551	140144	8.9	16000			112500	116440	−3.4
南宁	30559	32138	−4.9				13234	17484	−24.3
海口	11670	165	6972.7				11000		
重庆	109832	102389	7.3						
成都	37975	42006	−9.6				33720	13860	143.3
贵阳	4884	2714	80.0						
昆明	27301	2390	1042.3						
西安	24769	26753	−7.4						
兰州									
西宁	882	852	3.5				170	140	21.4
银川	3633	3633					1393	1393	
乌鲁木齐	5920	5850	1.2						

3—155 续表

单位:平方米

地区	专业店			专卖店			便利店		
	2004年	2003年	±%	2004年	2003年	±%	2004年	2003年	±%
合计	**849945**	**931998**	**—8.8**	**66466**	**56095**	**18.5**	**121291**	**79541**	**52.5**
北京	65738	302159	—78.2	13555	8357	62.2	853	777	9.8
天津									
石家庄	1200	650	84.6	1700	1344	26.5	1400	1920	—27.1
太原							9600	6230	54.1
呼和浩特									
沈阳	46210	35125	31.6						
大连				1000	1000		15600	8600	81.4
长春	11300	10900	3.7						
哈尔滨									
上海	29307	17741	65.2	18667	12057	54.8	80034	50984	57.0
南京	267476	189110	41.4	1225	1700	—27.9			
杭州	9380	8476	10.7	2196	2020	8.7			
宁波				2350	2300	2.2	12409	8000	55.1
合肥	379	270	40.4						
福州									
厦门	1994	785	154.0						
南昌				1130	985	14.7			
济南	151350	138537	9.2						
青岛									
郑州	1900			2560	2320	10.3			
武汉	29661	17346	71.0	2117	2359	—10.3	1260	2843	—55.7
长沙	11380	6319	80.1						
广州	19287	16870	14.3	1460	1033	41.3	65		
深圳	24051	23704	1.5						
南宁	17325	14654	18.2						
海口	670	165	306.1						
重庆	109832	101189	8.5						
成都	4255	28146	—84.9						
贵阳	4884	2714	80.0						
昆明	27231	2203	1136.1				70	187	—62.6
西安	6263	6133	2.1	18506	20620	—10.3			
兰州									
西宁	712	712							
银川	2240	2240							
乌鲁木齐	5920	5850	1.2						

3－156　35城市限额以上连锁零售业从业人员

（按业态分）

单位：人

地区	2004年	2003年	±%	百货商店			超级市场		
				2004年	2003年	±%	2004年	2003年	±%
合计	858233	752514	14.0	109104	92836	17.5	391537	341771	14.6
北京	95764	93258	2.7	11417	10542	8.3	44597	38473	15.9
天津	15215	12969	17.3				11442	9658	18.5
石家庄	8873	8841	0.4				4607	4405	4.6
太原	9079	8326	9.0				7535	6935	8.7
呼和浩特									
沈阳	12204	9708	25.7	325	325		2759	1365	102.1
大连	3955	2929	35.0				2021	1383	46.1
长春	3527	3314	6.4				1110	969	14.6
哈尔滨	5999	5266	13.9	4102	4216	－2.7			
上海	197531	174779	13.0				136376	118884	14.7
南京	130429	99421	31.2	2505	1850	35.4	41474	36398	13.9
杭州	32114	31861	0.8				4817	3425	40.6
宁波	11841	8903	33.0				9636	7129	35.2
合肥	3400	2718	25.1	926	740	25.1	1299	974	33.4
福州	687	601	14.3						
厦门	5211	4155	25.4	282	332	－15.1	1723	1316	30.9
南昌	9451	11308	－16.4	4473	4129	8.3			
济南	17936	16766	7.0	3250	2890	12.5	2888	3079	－6.2
青岛	16559	15928	4.0	12658	9516	33.0	1738	2297	－24.3
郑州	8994	7599	18.4				3645	3402	7.1
武汉	36877	32870	12.2	12746	12410	2.7	12774	10408	22.7
长沙	13791	11045	24.9	758	784	－3.3	8777	7457	17.7
广州	28148	27693	1.6				17042	16214	5.1
深圳	106511	85981	23.9	41843	32220	29.9	48635	42274	15.0
南宁	4304	3775	14.0				2237	1539	45.4
海口	978	780	25.4				432	204	111.8
重庆	27870	24904	11.9	10373	9066	14.4	2971	2852	4.2
成都	13641	12976	5.1				9024	9203	－1.9
贵阳	5221	5546	－5.9	369	363	1.7	2102	2455	－14.4
昆明	12825	9211	39.2				4087	4355	－6.2
西安	10215	11104	－8.0	968	1081	－10.5	2933	2788	5.2
兰州	1036	906	14.3						
西宁	2128	2483	－14.3	1089	1352	－19.5	140	141	－0.7
银川	1538	1492	3.1				1099	1058	3.9
乌鲁木齐	4381	3098	41.4	1020	1020		1617	731	121.2

3—156 续表

单位:人

地区	专业店			专卖店			便利店		
	2004年	2003年	±%	2004年	2003年	±%	2004年	2003年	±%
合计	282386	245395	15.1	23538	21286	10.6	50799	49298	3.0
北京	30901	36044	—14.3	3758	3222	16.6	5091	4977	2.3
天津	2685	2349	14.3	863	721	19.7	225	241	—6.6
石家庄	1431	1379	3.8	415	470	—11.7	2420	2587	—6.5
太原	286	296	—3.4	470	445	5.6	788	650	21.2
呼和浩特									
沈阳	9120	8018	13.7						
大连				296	260	13.8	1638	1286	27.4
长春	2417	2345	3.1						
哈尔滨	1897	1050	80.7						
上海	21745	17935	21.2	4421	3578	23.6	34228	33583	1.9
南京	84393	59504	41.8	1999	1565	27.7	58	104	—44.2
杭州	26407	27445	—3.8	873	940	—7.1	17	51	—66.7
宁波	732	768	—4.7	692	566	22.3	781	440	77.5
合肥	1149	984	16.8	26	20	30.0			
福州	687	601	14.3						
厦门	3143	2451	28.2	63	56	12.5			
南昌	4465	6720	—33.6	513	459	11.8			
济南	11798	10797	9.3						
青岛	2163	4115	—47.4						
郑州	4591	3521	30.4	694	609	14.0	64	67	—4.5
武汉	8777	7493	17.1	1685	1584	6.4	895	975	—8.2
长沙	4138	2668	55.1				118	136	—13.2
广州	5867	6604	—11.2	2225	1576	41.2	2957	2439	21.2
深圳	15493	11047	40.2				540	440	22.7
南宁	2067	2236	—7.6						
海口	546	576	—5.2						
重庆	13858	12244	13.2				617	473	30.4
成都	4617	3773	22.4						
贵阳	2750	2728	0.8						
昆明	8528	4623	84.5				210	233	—9.9
西安	1617	1404	15.2	4545	5215	—12.8	152	616	—75.3
兰州	1036	906	14.3						
西宁	899	990	—9.2						
银川	439	434	1.2						
乌鲁木齐	1744	1347	29.5						

3—157 35城市限额以上直营连锁零售业从业人员

（按业态分）

单位：人

地　区	2004年	2003年	±%	百货商店			超级市场		
				2004年	2003年	±%	2004年	2003年	±%
合　计	**687715**	**601657**	**14.3**	**102578**	**89214**	**15.0**	**298771**	**260860**	**14.5**
北　京	89756	78351	14.6	11417	10542	8.3	42438	37094	14.4
天　津	15215	12969	17.3				11442	9658	18.5
石家庄	7161	7002	2.3				3323	3184	4.4
太　原	7751	7425	4.4				6731	6479	3.9
呼和浩特									
沈　阳	10171	8273	22.9	325	325		2751	1365	101.5
大　连	3715	2794	33.0				2021	1383	46.1
长　春	2906	2747	5.8				1110	969	14.6
哈尔滨	5999	5266	13.9	4102	4216	—2.7			
上　海	131866	124234	6.1				82564	75253	9.7
南　京	86779	61214	41.8	2505	1850	35.4	17514	10968	59.7
杭　州	31684	31246	1.4				4817	3425	40.6
宁　波	10900	8109	34.4				9099	6599	37.9
合　肥	2842	2250	26.3	410	300	36.7	1299	974	33.4
福　州	687	601	14.3						
厦　门	5063	4077	24.2	282	332	—15.1	1723	1316	30.9
南　昌	8737	10755	—18.8	4065	3843	5.8			
济　南	9300	8946	4.0	3250	2890	12.5	2828	3019	—6.3
青　岛	11183	13032	—14.2	7336	6620	10.8	1684	2297	—26.7
郑　州	8566	7311	17.2				3645	3402	7.1
武　汉	34246	31166	9.9	12746	12410	2.7	12288	10408	18.1
长　沙	13164	10554	24.7	758	784	—3.3	8777	7457	17.7
广　州	21242	21955	—3.2				12272	12537	—2.1
深　圳	102921	82683	24.5	41563	32220	29.0	46475	40067	16.0
南　宁	2578	1925	33.9				1574	892	76.5
海　口	786	768	2.3				290	204	42.2
重　庆	21682	18200	19.1	10373	9066	14.4	2971	2852	4.2
成　都	11782	10659	10.5				7286	7651	—4.8
贵　阳	5070	5406	—6.2	369	363	1.7	2102	2455	—14.4
昆　明	10196	8829	15.5				4087	4355	—6.2
西　安	5222	5491	—4.9	968	1081	—10.5	2933	2788	5.2
兰　州	1036	906	14.3						
西　宁	2075	2438	—14.9	1089	1352	—19.5	123	132	—6.8
银　川	1362	1316	3.5				987	946	4.3
乌鲁木齐	4072	2759	47.6	1020	1020		1617	731	121.2

3—157 续表

单位:人

地区	专业店			专卖店			便利店		
	2004年	2003年	±%	2004年	2003年	±%	2004年	2003年	±%
合计	**230145**	**194309**	**18.4**	**13707**	**11707**	**17.1**	**41965**	**44319**	**−5.3**
北京	28115	23409	20.1	2755	2399	14.8	5031	4907	2.5
天津	2685	2349	14.3	863	721	19.7	225	241	−6.6
石家庄	1361	1330	2.3	159	180	−11.7	2318	2308	0.4
太原	286	296	−3.4	470	445	5.6	264	205	28.8
呼和浩特									
沈阳	7095	6583	7.8						
大连				251	215	16.7	1443	1196	20.7
长春	1796	1778	1.0						
哈尔滨	1897	1050	80.7						
上海	20041	16519	21.3	2151	1908	12.7	26669	30105	−11.4
南京	64939	46935	38.4	1763	1357	29.9	58	104	−44.2
杭州	26102	27166	−3.9	748	604	23.8	17	51	−66.7
宁波	732	768	−4.7	595	492	20.9	474	250	89.6
合肥	1107	956	15.8	26	20	30.0			
福州	687	601	14.3						
厦门	2995	2373	26.2	63	56	12.5			
南昌	4465	6720	−33.6	207	192	7.8			
济南	3222	3037	6.1						
青岛	2163	4115	−47.4						
郑州	4511	3521	28.1	346	321	7.8	64	67	−4.5
武汉	6891	6389	7.9	1503	1396	7.7	818	563	45.3
长沙	3511	2177	61.3				118	136	−13.2
广州	4316	5108	−15.5	1645	1211	35.8	2952	2439	21.0
深圳	14343	9956	44.1				540	440	22.7
南宁	1004	1033	−2.8						
海口	496	564	−12.1						
重庆	7670	5670	35.3				617	473	30.4
成都	4496	3008	49.5						
贵阳	2599	2588	0.4						
昆明	5904	4256	38.7				205	218	−6.0
西安	1007	816	23.4	162	190	−14.7	152	616	−75.3
兰州	1036	906	14.3						
西宁	863	954	−9.5						
银川	375	370	1.4						
乌鲁木齐	1435	1008	42.4						

3—158 35城市限额以上加盟连锁零售业从业人员

（按业态分）

单位：人

地　区	2004年	2003年	±%	百货商店			超级市场		
				2004年	2003年	±%	2004年	2003年	±%
合　计	**170518**	**150857**	**13.0**	**6526**	**3622**	**80.2**	**92766**	**80911**	**14.7**
北　京	6008	14907	－59.7				2159	1379	56.6
天　津									
石家庄	1712	1839	－6.9				1284	1221	5.2
太　原	1328	901	47.4				804	456	76.3
呼和浩特									
沈　阳	2033	1435	41.7				8		
大　连	240	135	77.8						
长　春	621	567	9.5						
哈尔滨									
上　海	65665	50545	29.9				53812	43631	23.3
南　京	43650	38207	14.2				23960	25430	－5.8
杭　州	430	615	－30.1						
宁　波	941	794	18.5				537	530	1.3
合　肥	558	468	19.2	516	440	17.3			
福　州									
厦　门	148	78	89.7						
南　昌	714	553	29.1	408	286	42.7			
济　南	8636	7820	10.4				60	60	
青　岛	5376	2896	85.6	5322	2896	83.8	54		
郑　州	428	288	48.6						
武　汉	2631	1704	54.4				486		
长　沙	627	491	27.7						
广　州	6906	5738	20.4				4770	3677	29.7
深　圳	3590	3298	8.9	280			2160	2207	－2.1
南　宁	1726	1850	－6.7				663	647	2.5
海　口	192	12	1500.0				142		
重　庆	6188	6704	－7.7						
成　都	1859	2317	－19.8				1738	1552	12.0
贵　阳	151	140	7.9						
昆　明	2629	382	588.2						
西　安	4993	5613	－11.0						
兰　州									
西　宁	53	45	17.8				17	9	88.9
银　川	176	176					112	112	
乌鲁木齐	309	339	－8.8						

3—158 续表

单位:人

地区	专业店			专卖店			便利店		
	2004 年	2003 年	±%	2004 年	2003 年	±%	2004 年	2003 年	±%
合计	**52241**	**51086**	**2.3**	**9831**	**9579**	**2.6**	**8834**	**4979**	**77.4**
北京	2786	12635	—78.0	1003	823	21.9	60	70	—14.3
天津									
石家庄	70	49	42.9	256	290	—11.7	102	279	—63.4
太原							524	445	17.8
呼和浩特									
沈阳	2025	1435	41.1						
大连				45	45		195	90	116.7
长春	621	567	9.5						
哈尔滨									
上海	1704	1416	20.3	2270	1670	35.9	7559	3478	117.3
南京	19454	12569	54.8	236	208	13.5			
杭州	305	279	9.3	125	336	—62.8			
宁波				97	74	31.1	307	190	61.6
合肥	42	28	50.0						
福州									
厦门	148	78	89.7						
南昌				306	267	14.6			
济南	8576	7760	10.5						
青岛									
郑州	80			348	288	20.8			
武汉	1886	1104	70.8	182	188	—3.2	77	412	—81.3
长沙	627	491	27.7						
广州	1551	1496	3.7	580	365	58.9	5		
深圳	1150	1091	5.4						
南宁	1063	1203	—11.6						
海口	50	12	316.7						
重庆	6188	6574	—5.9						
成都	121	765	—84.2						
贵阳	151	140	7.9						
昆明	2624	367	615.0				5	15	—66.7
西安	610	588	3.7	4383	5025	—12.8			
兰州									
西宁	36	36							
银川	64	64							
乌鲁木齐	309	339	—8.8						

3—159 35城市限额以上连锁零售业销售额

（按业态分）

单位:万元

地区	2004年	2003年	±%	百货商店			超级市场		
				2004年	2003年	±%	2004年	2003年	±%
合计	**50280835**	**38291039**	**31.3**	**6337989**	**5107319**	**24.1**	**21345157**	**17050441**	**25.2**
北京	9737229	8014694	21.5	602396	505613	19.1	2796636	2014309	38.8
天津	619135	435338	42.2				365601	289106	26.5
石家庄	167752	140720	19.2				123329	101900	21.0
太原	265123	236126	12.3				250187	224499	11.4
呼和浩特									
沈阳	347786	268716	29.4	16495	15951	3.4	68855	54536	26.3
大连	135741	101962	33.1				69110	54272	27.3
长春	91717	86102	6.5				47523	44796	6.1
哈尔滨	262469	234277	12.0	155966	148934	4.7			
上海	12959450	9800862	32.2				10235099	8321609	23.0
南京	5760164	3683780	56.4	212321	168823	25.8	1492675	1051507	42.0
杭州	4147181	2971780	39.6				246031	175820	39.9
宁波	139957	116493	20.1				122202	103285	18.3
合肥	380722	217176	75.3	265045	192131	38.0	51773	17924	188.8
福州	11195	12666	—11.6						
厦门	305092	133541	128.5	9881	15059	—34.4	66432	42628	55.8
南昌	385150	313479	22.9	323540	248163	30.4			
济南	1887260	1321473	42.8	402164	284929	41.1	191176	168493	13.5
青岛	1056019	797956	32.3	786614	562565	39.8	107759	97820	10.2
郑州	261529	203077	28.8				113964	91291	24.8
武汉	2628031	2130790	23.3	1244024	1070414	16.2	809894	643240	25.9
长沙	453466	335397	35.2	25574	21982	16.3	322199	260916	23.5
广州	1486044	1100874	35.0				857654	708717	21.0
深圳	4442012	3557876	24.9	1638331	1246952	31.4	2172704	1854816	17.1
南宁	77278	74208	4.1				55827	50673	10.2
海口	30785	19371	58.9				21971	10546	108.3
重庆	731341	683433	7.0	551965	522773	5.6	29471	12359	138.5
成都	530999	451247	17.7				303778	264113	15.0
贵阳	204036	183462	11.2	12387	8822	40.4	57229	68015	—15.9
昆明	366997	310097	18.3				198650	190847	4.1
西安	150255	153263	—2.0	32000	43000	—25.6	83982	71370	17.7
兰州	37805	33274	13.6						
西宁	63279	56670	11.7	50354	45490	10.7	2157	1357	59.0
银川	32924	23543	39.8				24768	16416	50.9
乌鲁木齐	124914	87320	43.1	8934	5720	56.2	56522	43265	30.6

3—159 续表

单位:万元

地区	专业店			专卖店			便利店		
	2004年	2003年	±%	2004年	2003年	±%	2004年	2003年	±%
合计	**20692309**	**14829129**	**39.5**	**574454**	**482867**	**19.0**	**1317960**	**796798**	**65.4**
北京	6049664	5255074	15.1	151284	122627	23.4	137249	117071	17.2
天津	248724	141536	75.7	3085	2773	11.3	1725	1923	—10.3
石家庄	23642	21867	8.1	3331	2095	59.0	17450	14858	17.4
太原	4302	5710	—24.7	3895	3482	11.9	6739	2434	176.9
呼和浩特									
沈阳	262437	198229	32.4						
大连				3951	3878	1.9	62679	43812	43.1
长春	44194	41306	7.0						
哈尔滨	106503	85343	24.8						
上海	1799090	857926	109.7	96202	61464	56.5	822367	553557	48.6
南京	3961305	2385721	66.0	91185	74745	22.0	2679	2983	—10.2
杭州	3862188	2759061	40.0	35243	34848	1.1	3718	2052	81.2
宁波	4192	3868	8.4	5772	5042	14.5	7792	4298	81.3
合肥	62918	6296	899.3	988	824	19.9			
福州	11195	12666	—11.6						
厦门	225912	72821	210.2	2868	3033	—5.4			
南昌	56167	62424	—10.0	5443	2893	88.1			
济南	1293920	868051	49.1						
青岛	161646	137571	17.5						
郑州	120402	81631	47.5	26861	29773	—9.8	303	383	—20.9
武汉	541119	390935	38.4	10482	11100	—5.6	22511	15101	49.1
长沙	103196	49359	109.1				2497	3140	—20.5
广州	306395	263410	16.3	106586	93538	13.9	210089	20715	914.2
深圳	620840	449350	38.2				10136	6757	50.0
南宁	21452	23535	—8.9						
海口	8814	8826	—0.1						
重庆	141142	139827	0.9				7808	4790	63.0
成都	227221	187136	21.4						
贵阳	134420	106626	26.1						
昆明	167226	117808	41.9				1121	1442	—22.3
西安	5897	6660	—11.5	27280	30752	—11.3	1096	1482	—26.0
兰州	37805	33274	13.6						
西宁	10770	9823	9.6						
银川	8156	7127	14.4						
乌鲁木齐	59459	38335	55.1						

3—160 35城市限额以上直营连锁零售业销售额

（按业态分）

单位：万元

地区	2004年	2003年	±%	百货商店			超级市场		
				2004年	2003年	±%	2004年	2003年	±%
合计	**40715612**	**31014969**	**31.3**	**6205458**	**5030508**	**23.4**	**17505313**	**14262781**	**22.7**
北京	6471741	4925753	31.4	602396	505613	19.1	2780805	2001986	38.9
天津	619135	435338	42.2				365601	289106	26.5
石家庄	144778	125977	14.9				102717	88734	15.8
太原	254153	230344	10.3				243392	220646	10.3
呼和浩特									
沈阳	324282	261670	23.9	16495	15951	3.4	68625	54536	25.8
大连	119908	100357	19.5				69110	54272	27.3
长春	89534	84100	6.5				47523	44796	6.1
哈尔滨	262469	234277	12.0	155966	148934	4.7			
上海	10131034	7841676	29.2				7686702	6474265	18.7
南京	3830487	2585638	48.1	212321	168823	25.8	665075	501507	32.6
杭州	4133610	2956986	39.8				246031	175820	39.9
宁波	123736	94306	31.2				108815	82293	32.2
合肥	318304	165811	92.0	203035	140924	44.1	51773	17924	188.8
福州	11195	12666	－11.6						
厦门	304288	133312	128.3	9881	15059	－34.4	66432	42628	55.8
南昌	370306	306752	20.7	311895	242956	28.4			
济南	1188930	898018	32.4	402164	284929	41.1	191006	168303	13.5
青岛	1010655	777559	30.0	741652	542168	36.8	107358	97820	9.8
郑州	248278	188298	31.9				113964	91291	24.8
武汉	2608552	2122480	22.9	1244024	1070414	16.2	805440	643240	25.2
长沙	445953	328174	35.9	25574	21982	16.3	322199	260916	23.5
广州	1244504	905093	37.5				657036	572874	14.7
深圳	4216849	3319950	27.0	1624417	1246952	30.3	2011162	1661069	21.1
南宁	60136	62623	－4.0				44598	41756	6.8
海口	23719	19274	23.1				15294	10546	45.0
重庆	710414	644188	10.3	551965	522773	5.6	29471	12359	138.5
成都	505772	443456	14.1				282155	263006	7.3
贵阳	201342	181320	11.0	12387	8822	40.4	57229	68015	－15.9
昆明	362262	307527	17.8				198650	190847	4.1
西安	123287	122436	0.7	32000	43000	－25.6	83982	71370	17.7
兰州	37805	33274	13.6						
西宁	62972	56613	11.2	50354	45490	10.7	1886	1346	40.1
银川	32762	23348	40.3				24762	16248	52.4
乌鲁木齐	122462	86376	41.8	8934	5720	56.2	56522	43265	30.6

3—160 续表

单位:万元

地区	专业店			专卖店			便利店		
	2004 年	2003 年	±%	2004 年	2003 年	±%	2004 年	2003 年	±%
合计	**15481754**	**10643562**	**45.5**	**433092**	**368862**	**17.4**	**1080194**	**701951**	**53.9**
北京	2828442	2202588	28.4	123358	99015	24.6	136740	116551	17.3
天津	248724	141536	75.7	3085	2773	11.3	1725	1923	−10.3
石家庄	23613	21846	8.1	1538	850	80.9	16910	14547	16.2
太原	4302	5710	−24.7	3895	3482	11.9	2564	505	407.7
呼和浩特									
沈阳	239163	191183	25.1						
大连				3388	3313	2.3	47409	42772	10.8
长春	42011	39304	6.9						
哈尔滨	106503	85343	24.8						
上海	1769752	850138	108.2	57762	46727	23.6	613291	467507	31.2
南京	2868762	1844506	55.5	81650	67818	20.4	2679	2983	−10.2
杭州	3859592	2756937	40.0	24268	22178	9.4	3718	2052	81.2
宁波	4192	3868	8.4	5261	4698	12.0	5469	3447	58.7
合肥	62509	6139	918.2	988	824	19.9			
福州	11195	12666	−11.6						
厦门	225108	72592	210.1	2868	3033	−5.4			
南昌	56167	62424	−10.0	2244	1373	63.4			
济南	595760	444786	33.9						
青岛	161646	137571	17.5						
郑州	118865	81631	45.6	15147	14994	1.0	303	383	−20.9
武汉	531939	386647	37.6	9941	10979	−9.5	17207	11200	53.6
长沙	95683	42136	127.1				2497	3140	−20.5
广州	277214	224504	23.5	95175	84080	13.2	209759	20715	912.6
深圳	571134	405171	41.0				10136	6757	50.0
南宁	15538	20867	−25.5						
海口	8425	8729	−3.5						
重庆	120215	102920	16.8				7808	4790	63.0
成都	223617	180451	23.9						
贵阳	131726	104484	26.1						
昆明	162731	115484	40.9				881	1196	−26.3
西安	3682	3861	−4.6	2527	2724	−7.2	1096	1482	−26.0
兰州	37805	33274	13.6						
西宁	10733	9777	9.8						
银川	8000	7100	12.7						
乌鲁木齐	57007	37391	52.5						

3－161 35城市限额以上加盟连锁零售业销售额

（按业态分）

单位：万元

地区	2004年	2003年	±%	百货商店			超级市场		
				2004年	2003年	±%	2004年	2003年	±%
合计	9565223	7276070	31.5	132531	76811	72.5	3839844	2787660	37.7
北京	3265488	3088941	5.7				15831	12323	28.5
天津									
石家庄	22974	14743	55.8				20612	13166	56.6
太原	10970	5782	89.7				6795	3853	76.4
呼和浩特									
沈阳	23504	7046	233.6				230		
大连	15833	1605	886.5						
长春	2183	2002	9.0						
哈尔滨									
上海	2828416	1959186	44.4				2548397	1847344	37.9
南京	1929677	1098142	75.7				827600	550000	50.5
杭州	13571	14794	－8.3						
宁波	16221	22187	－26.9				13387	20992	－36.2
合肥	62418	51365	21.5	62010	51207	21.1			
福州									
厦门	804	229	251.1						
南昌	14844	6727	120.7	11645	5207	123.6			
济南	698330	423455	64.9				170	190	－10.5
青岛	45364	20397	122.4	44962	20397	120.4	401		
郑州	13251	14779	－10.3						
武汉	19479	8310	134.4				4454		
长沙	7513	7223	4.0						
广州	241540	195781	23.4				200618	135843	47.7
深圳	225163	237926	－5.4	13914			161542	193747	－16.6
南宁	17142	11585	48.0				11229	8917	25.9
海口	7066	97	7184.5				6677		
重庆	20927	39245	－46.7						
成都	25227	7791	223.8				21623	1107	1853.3
贵阳	2694	2142	25.8						
昆明	4735	2570	84.2						
西安	26968	30827	－12.5						
兰州									
西宁	307	57	438.6				271	11	2363.6
银川	162	195	－16.9				6	168	－96.4
乌鲁木齐	2452	944	159.7						

3—161 续表

单位：万元

地区	专业店			专卖店			便利店		
	2004年	2003年	±%	2004年	2003年	±%	2004年	2003年	±%
合计	**5210555**	**4185567**	**24.5**	**141362**	**114005**	**24.0**	**237766**	**94847**	**150.7**
北京	3221222	3052486	5.5	27926	23612	18.3	509	520	—2.1
天津									
石家庄	29	21	38.1	1793	1245	44.0	540	311	73.6
太原							4175	1929	116.4
呼和浩特									
沈阳	23274	7046	230.3						
大连				563	565	—0.4	15270	1040	1368.3
长春	2183	2002	9.0						
哈尔滨									
上海	29338	7788	276.7	38440	14737	160.8	209076	86050	143.0
南京	1092543	541215	101.9	9535	6927	37.6			
杭州	2596	2124	22.2	10975	12670	—13.4			
宁波				511	344	48.5	2323	851	173.0
合肥	409	157	160.5						
福州									
厦门	804	229	251.1						
南昌				3199	1520	110.5			
济南	698160	423265	64.9						
青岛									
郑州	1537			11714	14779	—20.7			
武汉	9180	4288	114.1	541	121	347.1	5304	3901	36.0
长沙	7513	7223	4.0						
广州	29181	38906	—25.0	11411	9458	20.6	330		
深圳	49706	44179	12.5						
南宁	5914	2668	121.7						
海口	389	97	301.0						
重庆	20927	36907	—43.3						
成都	3604	6685	—46.1						
贵阳	2694	2142	25.8						
昆明	4495	2324	93.4				240	246	—2.4
西安	2215	2799	—20.9	24753	28028	—11.7			
兰州									
西宁	37	46	—19.6						
银川	156	27	477.8						
乌鲁木齐	2452	944	159.7						

3－162 35 城市限额以上连锁零售业零售额

（按业态分）

单位：万元

地区	2004 年	2003 年	±%	百货商店			超级市场		
				2004 年	2003 年	±%	2004 年	2003 年	±%
合计	**40871561**	**31227571**	**30.9**	**5827722**	**4648177**	**25.4**	**17793725**	**14292029**	**24.5**
北京	9046064	7411655	22.1	598088	497225	20.3	2705817	1936774	39.7
天津	587171	431238	36.2				365601	289106	26.5
石家庄	167151	139692	19.7				123329	101900	21.0
太原	244409	219795	11.2				231110	209610	10.3
呼和浩特									
沈阳	264158	181430	45.6	16495	15951	3.4	20750	14893	39.3
大连	124816	89359	39.7				69110	54272	27.3
长春	80868	73166	10.5				42779	37073	15.4
哈尔滨	246169	212539	15.8	145305	132357	9.8			
上海	10084038	7608666	32.5				7485361	6196424	20.8
南京	3982712	2540290	56.8	212321	168823	25.8	1396023	980368	42.4
杭州	2259608	1564700	44.4				218410	170098	28.4
宁波	138324	115604	19.7				121196	102396	18.4
合肥	312728	189444	65.1	219266	167008	31.3	51773	17924	188.8
福州	7067	5605	26.1						
厦门	298064	126289	136.0	8881	13185	－32.6	66352	42365	56.6
南昌	339916	267417	27.1	278468	202131	37.8			
济南	1376795	979003	40.6	402164	284929	41.1	70808	67374	5.1
青岛	843538	677550	24.5	601843	466231	29.1	97913	92971	5.3
郑州	241846	198288	22.0				112961	90934	24.2
武汉	2032806	1672017	21.6	1069454	901893	18.6	600674	492403	22.0
长沙	431236	311371	38.5	25574	21982	16.3	299969	236890	26.6
广州	1322704	938303	41.0				857654	699397	22.6
深圳	4433363	3542735	25.1	1636600	1237793	32.2	2172704	1854816	17.1
南宁	73520	69878	5.2				52524	46387	13.2
海口	30785	19371	58.9				21971	10546	108.3
重庆	643473	559043	15.1	509625	436218	16.8	29471	12359	138.5
成都	415565	341673	21.6				201669	171096	17.9
贵阳	155734	139899	11.3	12387	8822	40.4	56576	66365	－14.8
昆明	317398	284920	11.4				175110	183103	－4.4
西安	138175	140667	－1.8	31963	42421	－24.7	73168	60949	20.0
兰州	34769	27965	24.3						
西宁	62533	56216	11.2	50354	45490	10.7	2157	1357	59.0
银川	28476	21552	32.1				20320	14425	40.9
乌鲁木齐	105584	70239	50.3	8934	5720	56.2	50468	37458	34.7

3—162 续表

单位:万元

地区	专业店			专卖店			便利店		
	2004年	2003年	±%	2004年	2003年	±%	2004年	2003年	±%
合　　计	**15575716**	**11161006**	**39.6**	**433987**	**362079**	**19.9**	**1229300**	**745648**	**64.9**
北　　京	5495323	4765951	15.3	119230	98402	21.2	127606	113304	12.6
天　　津	216761	137435	57.7	3085	2773	11.3	1725	1923	－10.3
石 家 庄	23642	21867	8.1	3331	2095	59.0	16850	13830	21.8
太　　原	4121	5659	－27.2	2439	2092	16.6	6739	2434	176.9
呼和浩特									
沈　　阳	226912	150586	50.7						
大　　连				3641	3593	1.3	52065	31494	65.3
长　　春	38089	36093	5.5						
哈 尔 滨	100864	80182	25.8						
上　　海	1729768	819770	111.0	96202	61464	56.5	766014	524702	46.0
南　　京	2304334	1336615	72.4	67412	51505	30.9	2622	2980	－12.0
杭　　州	2002236	1357703	47.5	35243	34848	1.1	3718	2052	81.2
宁　　波	4192	3868	8.4	5772	5042	14.5	7164	4298	66.7
合　　肥	40705	3744	987.2	985	767	28.4			
福　　州	7067	5605	26.1						
厦　　门	220980	69385	218.5	1852	1354	36.8			
南　　昌	56004	62394	－10.2	5443	2893	88.1			
济　　南	903824	626700	44.2						
青　　岛	143781	118348	21.5						
郑　　州	102055	77543	31.6	26779	29730	－9.9	51	81	－37.0
武　　汉	338740	255421	32.6	10482	11100	－5.6	13456	11200	20.1
长　　沙	103196	49359	109.1				2497	3140	－20.5
广　　州	226237	184769	22.4	26039	25266	3.1	209312	20232	934.6
深　　圳	613922	443368	38.5				10136	6757	50.0
南　　宁	20997	23491	－10.6						
海　　口	8814	8826	－0.1						
重　　庆	96294	102484	－6.0				7128	4299	65.8
成　　都	213896	170577	25.4						
贵　　阳	86771	64712	34.1						
昆　　明	141167	100375	40.6				1121	1442	－22.3
西　　安	5897	6660	－11.5	26052	29156	－10.6	1096	1482	－26.0
兰　　州	34769	27965	24.3						
西　　宁	10023	9369	7.0						
银　　川	8156	7127	14.4						
乌鲁木齐	46182	27061	70.7						

3—163 35城市限额以上直营连锁零售业零售额

（按业态分）

单位：万元

地区	2004年	2003年	±%	百货商店			超级市场		
				2004年	2003年	±%	2004年	2003年	±%
合计	**31933034**	**24177137**	**32.1**	**5695191**	**4571366**	**24.6**	**14049354**	**11504369**	**22.1**
北京	5783947	4326069	33.7	598088	497225	20.3	2689986	1924451	39.8
天津	587171	431238	36.2				365601	289106	26.5
石家庄	144177	124949	15.4				102717	88734	15.8
太原	233439	214013	9.1				224315	205757	9.0
呼和浩特									
沈阳	242844	174984	38.8	16495	15951	3.4	20520	14893	37.8
大连	109053	87844	24.1				69110	54272	27.3
长春	78685	71164	10.6				42779	37073	15.4
哈尔滨	246169	212539	15.8	145305	132357	9.8			
上海	7364461	5649480	30.4				5032339	4349080	15.7
南京	2451423	1621194	51.2	212321	168823	25.8	568423	430368	32.1
杭州	2246037	1549906	44.9				218410	170098	28.4
宁波	122200	93417	30.8				107906	81404	32.6
合肥	250310	138079	81.3	157256	115801	35.8	51773	17924	188.8
福州	7067	5605	26.1						
厦门	297260	126060	135.8	8881	13185	—32.6	66352	42365	56.6
南昌	325072	260690	24.7	266823	196924	35.5			
济南	773835	570950	35.5	402164	284929	41.1	70638	67184	5.1
青岛	798174	657153	21.5	556881	445834	24.9	97512	92971	4.9
郑州	228595	183509	24.6				112961	90934	24.2
武汉	2018631	1667608	21.0	1069454	901893	18.6	596220	492403	21.1
长沙	423723	304148	39.3	25574	21982	16.3	299969	236890	26.6
广州	1089619	755670	44.2				657036	563554	16.6
深圳	4208200	3304809	27.3	1622686	1237793	31.1	2011162	1661069	21.1
南宁	56378	58293	—3.3				41295	37470	10.2
海口	23719	19274	23.1				15294	10546	45.0
重庆	625325	523588	19.4	509625	436218	16.8	29471	12359	138.5
成都	390338	337239	15.7				180046	169989	5.9
贵阳	153645	139107	10.5	12387	8822	40.4	56576	66365	—14.8
昆明	312663	282350	10.7				175110	183103	—4.4
西安	112435	111436	0.9	31963	42421	—24.7	73168	60949	20.0
兰州	34769	27965	24.3						
西宁	62226	56159	10.8	50354	45490	10.7	1886	1346	40.1
银川	28314	21357	32.6				20314	14257	42.5
乌鲁木齐	103132	69295	48.8	8934	5720	56.2	50468	37458	34.7

3—163 续表

单位:万元

地区	专业店			专卖店			便利店		
	2004年	2003年	±%	2004年	2003年	±%	2004年	2003年	±%
合计	**10864655**	**7178403**	**51.4**	**305502**	**260900**	**17.1**	**1010387**	**654792**	**54.3**
北京	2274628	1713663	32.7	94133	77946	20.8	127112	112784	12.7
天津	216761	137435	57.7	3085	2773	11.3	1725	1923	—10.3
石家庄	23613	21846	8.1	1538	850	80.9	16310	13519	20.6
太原	4121	5659	—27.2	2439	2092	16.6	2564	505	407.7
呼和浩特									
沈阳	205829	144140	42.8						
大连				3078	3028	1.7	36865	30544	20.7
长春	35906	34091	5.3						
哈尔滨	100864	80182	25.8						
上海	1700430	811982	109.4	57762	46727	23.6	570402	438652	30.0
南京	1608391	972876	65.3	59666	46148	29.3	2622	2980	—12.0
杭州	1999640	1355579	47.5	24268	22178	9.4	3718	2052	81.2
宁波	4192	3868	8.4	5261	4698	12.0	4841	3447	40.4
合肥	40296	3587	1023.4	985	767	28.4			
福州	7067	5605	26.1						
厦门	220176	69156	218.4	1852	1354	36.8			
南昌	56004	62394	—10.2	2244	1373	63.4			
济南	301034	218837	37.6						
青岛	143781	118348	21.5						
郑州	100518	77543	29.6	15065	14951	0.8	51	81	—37.0
武汉	329560	251133	31.2	9941	10979	—9.5	13456	11200	20.1
长沙	95683	42136	127.1				2497	3140	—20.5
广州	198480	146652	35.3	21659	22312	—2.9	208982	20232	932.9
深圳	564216	399189	41.3				10136	6757	50.0
南宁	15083	20823	—27.6						
海口	8425	8729	—3.5						
重庆	78146	69366	12.7				7128	4299	65.8
成都	210292	167250	25.7						
贵阳	84682	63920	32.5						
昆明	136672	98051	39.4				881	1196	—26.3
西安	3682	3861	—4.6	2527	2724	—7.2	1096	1482	—26.0
兰州	34769	27965	24.3						
西宁	9986	9323	7.1						
银川	8000	7100	12.7						
乌鲁木齐	43730	26117	67.4						

3－164 35城市限额以上加盟连锁零售业零售额

（按业态分）

单位:万元

地 区	2004年	2003年	±%	百货商店			超级市场		
				2004年	2003年	±%	2004年	2003年	±%
合 计	**8938527**	**7050434**	**26.8**	**132531**	**76811**	**72.5**	**3744371**	**2787660**	**34.3**
北 京	3262117	3085586	5.7				15831	12323	28.5
天 津									
石家庄	22974	14743	55.8				20612	13166	56.6
太 原	10970	5782	89.7				6795	3853	76.4
呼和浩特									
沈 阳	21314	6446	230.7				230		
大 连	15763	1515	940.5						
长 春	2183	2002	9.0						
哈尔滨									
上 海	2719577	1959186	38.8				2453022	1847344	32.8
南 京	1531289	919096	66.6				827600	550000	50.5
杭 州	13571	14794	－8.3						
宁 波	16124	22187	－27.3				13290	20992	－36.7
合 肥	62418	51365	21.5	62010	51207	21.1			
福 州									
厦 门	804	229	251.1						
南 昌	14844	6727	120.7	11645	5207	123.6			
济 南	602960	408053	47.8				170	190	－10.5
青 岛	45364	20397	122.4	44962	20397	120.4	401		
郑 州	13251	14779	－10.3						
武 汉	14175	4409	221.5				4454		
长 沙	7513	7223	4.0						
广 州	233085	182633	27.6				200618	135843	47.7
深 圳	225163	237926	－5.4	13914			161542	193747	－16.6
南 宁	17142	11585	48.0				11229	8917	25.9
海 口	7066	97	7184.5				6677		
重 庆	18148	35455	－48.8						
成 都	25227	4434	468.9				21623	1107	1853.3
贵 阳	2089	792	163.8						
昆 明	4735	2570	84.2						
西 安	25740	29231	－11.9						
兰 州									
西 宁	307	57	438.6				271	11	2363.6
银 川	162	195	－16.9				6	168	－96.4
乌鲁木齐	2452	944	159.7						

3—164 续表

单位:万元

地区	专业店			专卖店			便利店		
	2004 年	2003 年	±%	2004 年	2003 年	±%	2004 年	2003 年	±%
合计	4711061	3982603	18.3	128485	101179	27.0	218913	90856	140.9
北京	3220695	3052288	5.5	25097	20456	22.7	494	520	−5.0
天津									
石家庄	29	21	38.1	1793	1245	44.0	540	311	73.6
太原							4175	1929	116.4
呼和浩特									
沈阳	21083	6446	227.1						
大连				563	565	−0.4	15200	950	1500.0
长春	2183	2002	9.0						
哈尔滨									
上海	29338	7788	276.7	38440	14737	160.8	195612	86050	127.3
南京	695943	363739	91.3	7746	5357	44.6			
杭州	2596	2124	22.2	10975	12670	−13.4			
宁波				511	344	48.5	2323	851	173.0
合肥	409	157	160.5						
福州									
厦门	804	229	251.1						
南昌				3199	1520	110.5			
济南	602790	407863	47.8						
青岛									
郑州	1537			11714	14779	−20.7			
武汉	9180	4288	114.1	541	121	347.1			
长沙	7513	7223	4.0						
广州	27757	38117	−27.2	4380	2954	48.3	330		
深圳	49706	44179	12.5						
南宁	5914	2668	121.7						
海口	389	97	301.0						
重庆	18148	33118	−45.2						
成都	3604	3327	8.3						
贵阳	2089	792	163.8						
昆明	4495	2324	93.4				240	246	−2.4
西安	2215	2799	−20.9	23525	26432	−11.0			
兰州									
西宁	37	46	−19.6						
银川	156	27	477.8						
乌鲁木齐	2452	944	159.7						

3—165 35城市限额以上直营连锁零售业统一配送比重

（按业态分）

单位：%

地区	2004年	2003年	百货商店		超级市场		专业店		专卖店		便利店	
			2004年	2003年	2004年	2003年	2004年	2003年	2004年	2003年	2004年	2003年
合计	**78.8**	**77.4**	**69.2**	**68.4**	**79.3**	**78.1**	**81.2**	**79.6**	**78.6**	**80.3**	**91.9**	**89.9**
北京	36.2	32.7	9.6	10.8	60.4	53.1	16.6	17.3	31.2	32.8	72.0	68.2
天津	91.6	92.2			86.6	89.4	99.4	99.0	100.0	100.0		
石家庄	76.2	74.2			78.6	76.1	88.5	88.9	92.0	98.0	43.3	38.9
太原	30.5	26.9			30.8	27.8	7.2	4.7	1.0	1.0	89.6	47.7
呼和浩特												
沈阳	73.8	73.3			3.3	4.7	99.2	99.0				
大连	30.0	26.8							91.1	88.1	69.3	56.1
长春	60.1	63.5			24.9	31.5	100.0	100.0				
哈尔滨	71.8	72.0	73.3	79.9			69.6	58.3				
上海	99.6	99.6			99.5	99.5	100.0	100.0	100.0	100.0	100.0	100.0
南京	88.0	86.7			98.2	95.6	91.8	91.8	100.0	100.0	100.0	100.0
杭州	99.5	99.4			93.2	90.4	99.9	100.0	97.7	97.7	97.0	100.0
宁波	68.0	70.5			64.6	66.3	88.8	96.6	100.0	100.0	88.5	100.0
合肥	98.5	100.0	100.0	100.0	100.0	100.0	92.1	100.0	100.0	100.0		
福州	61.5	62.0					61.5	62.0				
厦门	89.8	79.3	58.0	70.2	98.9	98.7	88.4	69.0	100.0	100.0		
南昌	96.0	96.2	95.7	95.7			100.0	100.0	28.0	20.0		
济南	63.7	69.7	25.0	20.0	99.9	99.9	78.3	90.1				
青岛	58.0	52.6	52.5	45.3	33.1	28.0	99.4	99.1				
郑州	100.0	100.0			100.0	100.0	100.0	100.0	100.0	100.0	100.0	100.0
武汉	83.2	78.7	100.0	100.0	49.4	33.1	94.3	94.6	100.0	100.0	100.0	100.0
长沙	100.0	100.0	100.0	100.0	100.0	100.0	100.0	100.0			100.0	100.0
广州	85.4	82.4			77.3	74.2	96.8	96.2	98.8	99.4	89.7	88.2
深圳	64.1	64.9	84.6	85.3	38.1	41.6	96.7	97.3			100.0	100.0
南宁	77.5	80.5			69.7	70.8	100.0	100.0				
海口	100.0	100.0			100.0	100.0	100.0	100.0				
重庆	83.6	81.5	84.0	79.2	29.4	35.6	94.0	98.2			100.0	98.4
成都	91.0	87.6			87.0	83.1	96.0	94.2				
贵阳	80.3	88.0			97.0	99.3	80.7	88.1				
昆明	86.8	84.0			76.4	74.9	99.5	99.3			65.2	60.8
西安	73.5	64.3			100.0	100.0	100.0	100.0	100.0	100.0	41.1	49.1
兰州	97.9	97.2					97.9	97.2				
西宁	25.9	27.3	11.3	13.6	100.0	100.0	81.8	80.9				
银川	84.8	78.7			96.0	91.2	50.0	50.0				
乌鲁木齐	100.0	100.0	100.0	100.0	100.0	100.0	100.0	100.0				

3—166 35城市限额以上直营连锁零售业自有配送比重

（按业态分）

单位：%

地区	2004年	2003年	百货商店		超级市场		专业店		专卖店		便利店	
			2004年	2003年	2004年	2003年	2004年	2003年	2004年	2003年	2004年	2003年
合计	**50.0**	**48.4**	**40.5**	**37.5**	**37.7**	**34.8**	**68.0**	**71.0**	**64.7**	**67.0**	**40.6**	**50.7**
北京	18.3	18.4			27.4	25.5	10.8	13.2	31.2	32.8	58.6	60.7
天津	30.7	27.2			11.5	12.8	58.1	55.8	100.0	100.0		
石家庄	21.2	26.7			15.7	22.8	42.3	44.3			26.8	25.8
太原	30.2	26.8			30.7	27.7	7.2	4.7	1.0	1.0	71.7	38.3
呼和浩特												
沈阳	73.8	73.3			3.3	4.7	99.2	99.0				
大连	26.6	26.8							91.1	88.1	60.9	56.1
长春	54.3	47.4			24.9	20.3	87.5	78.4				
哈尔滨	71.8	72.0	73.3	79.9			69.6	58.3				
上海	27.6	29.5			30.7	27.4	18.8	39.2	2.7	4.0	15.5	44.9
南京	84.5	81.3			92.0	88.0	88.6	86.3	100.0	100.0	48.4	44.6
杭州	99.5	99.4			93.1	90.3	99.9	100.0	97.7	97.7	97.0	100.0
宁波	58.9	66.8			54.4	62.2	86.7	93.2	100.0	100.0	88.5	100.0
合肥	97.5	98.6	100.0	100.0	94.0	86.7	92.1	100.0	100.0	100.0		
福州	61.5	62.0					61.5	62.0				
厦门	80.4	67.3	58.0	70.2	63.2	71.0	86.2	63.1	100.0	100.0		
南昌	89.7	90.1	88.6	88.5			98.1	97.9	28.0	20.0		
济南	49.1	53.2	25.0	20.0	9.0	11.9	78.3	90.1				
青岛	58.0	52.6	52.5	45.3	33.1	28.0	99.4	99.1				
郑州	97.3	96.9			100.0	100.0	96.9	97.1	81.5	77.3	70.0	70.0
武汉	45.9	35.3	24.3	16.7	45.7	28.6	94.3	94.6	100.0	100.0	96.1	96.0
长沙	74.1	82.0	100.0	100.0	70.0	77.4	80.1	100.0			100.0	100.0
广州	63.4	50.5			47.2	29.5	71.0	82.9	98.8	99.4	87.1	74.9
深圳	44.0	45.1	42.7	42.8	35.4	38.6	76.8	77.9			100.0	100.0
南宁	71.5	73.1			69.7	70.8	76.4	77.7				
海口	94.9	100.0			92.2	100.0	100.0	100.0				
重庆	72.7	71.5	70.4	67.5	29.4	35.6	93.7	96.2			75.8	78.1
成都	91.0	87.6			87.0	83.1	96.0	94.2				
贵阳	78.8	85.5			95.3	97.4	79.0	85.0				
昆明	65.4	62.2			38.1	40.2	98.9	98.8			32.1	34.2
西安	72.2	63.2			100.0	100.0	61.1	76.9	100.0	100.0	20.6	24.5
兰州	97.9	97.2					97.9	97.2				
西宁	25.6	27.1	11.3	13.6	90.0	90.0	81.8	80.9				
银川	84.8	72.8			96.0	82.8	50.0	50.0				
乌鲁木齐	68.6	78.9	100.0	100.0	34.6	60.0	97.3	97.4				

3－167 35城市限额以上直营连锁零售业非自有配送比重

（按业态分）

单位：%

地区	2004年	2003年	百货商店		超级市场		专业店		专卖店		便利店	
			2004年	2003年	2004年	2003年	2004年	2003年	2004年	2003年	2004年	2003年
合　　计	**28.8**	**28.9**	**28.7**	**30.9**	**41.6**	**43.3**	**13.2**	**8.6**	**13.9**	**13.3**	**51.0**	**39.2**
北　　京	17.9	14.3	9.6	10.8	33.0	27.6	5.8	4.0			13.4	7.4
天　　津	60.9	64.9			75.1	76.6	41.3	43.2				
石 家 庄	55.0	47.4			62.9	53.3	46.1	44.6	92.0	98.0	16.5	13.1
太　　原	0.2										17.9	9.4
呼和浩特												
沈　　阳												
大　　连	1.3										3.4	
长　　春	5.9	16.1				11.2	12.5	21.6				
哈 尔 滨												
上　　海	72.0	70.0			68.7	72.1	81.2	60.8	97.3	96.0	84.5	55.1
南　　京	3.5	5.4			6.2	7.6	3.3	5.5			51.6	55.4
杭　　州						0.1						
宁　　波	9.1	3.7			10.3	4.1	2.1	3.4				
合　　肥	1.0	1.4			6.0	13.3						
福　　州												
厦　　门	9.4	12.0			35.7	27.6	2.2	5.9				
南　　昌	6.3	6.1	7.1	7.2			1.9	2.1				
济　　南	14.6	16.5			90.9	88.1						
青　　岛												
郑　　州	2.7	3.1					3.1	2.9	18.5	22.7	30.0	30.0
武　　汉	37.3	43.4	75.7	83.3	3.8	4.4					3.9	4.0
长　　沙	25.9	18.0			30.0	22.6	19.9					
广　　州	22.1	31.9			30.0	44.7	25.8	13.4			2.6	13.3
深　　圳	20.1	19.8	41.9	42.5	2.6	3.0	19.9	19.4				
南　　宁	6.1	7.4					23.6	22.3				
海　　口	5.1				7.8							
重　　庆	10.9	9.9	13.6	11.7			0.4	2.0			24.2	20.3
成　　都												
贵　　阳	1.6	2.5			1.8	1.9	1.6	3.1				
昆　　明	21.3	21.8			38.2	34.7	0.6	0.4			33.1	26.6
西　　安	1.3	1.0					38.9	23.1			20.6	24.5
兰　　州												
西　　宁	0.3	0.2			10.0	10.0						
银　　川		5.8				8.4						
乌鲁木齐	31.4	21.1			65.4	40.0	2.7	2.6				

3—168　35城市限额以上加盟连锁零售业统一配送比重

（按业态分）

单位：%

地　　区	2004年	2003年	百货商店		超级市场		专业店		专卖店		便利店	
			2004年	2003年	2004年	2003年	2004年	2003年	2004年	2003年	2004年	2003年
合　　计	**49.9**	**42.1**	**47.5**	**53.2**	**69.1**	**65.7**	**33.0**	**23.6**	**82.4**	**81.5**	**94.0**	**97.9**
北　　京	0.6	0.5			2.3	1.1	0.4	0.4	21.7	17.3	5.6	20.0
天　　津												
石 家 庄	7.9	8.6					100.0	100.0	100.0	100.0		
太　　原	34.3	28.4									90.0	85.0
呼和浩特												
沈　　阳	99.0	100.0					100.0	100.0				
大　　连	20.8	33.3							52.0	52.0	19.6	23.1
长　　春	100.0	100.0					100.0	100.0				
哈 尔 滨												
上　　海	89.7	89.7			88.7	89.3	91.9	64.5	100.0	100.0	100.0	100.0
南　　京	63.8	44.1			29.1	5.7	89.9	82.5	100.0	100.0		
杭　　州	95.9	98.0					99.6	98.6	95.0	97.9		
宁　　波	95.9	100.0			95.1	100.0			100.0	100.0	100.0	100.0
合　　肥	54.0	61.8	54.0	62.0			51.4					
福　　州												
厦　　门	23.6	45.8					23.6	45.8				
南　　昌	39.1	41.3	30.0	30.0					72.0	80.0		
济　　南	78.0	90.0			98.0	98.0	78.0	90.0				
青　　岛	54.9	36.9	55.4	36.9								
郑　　州	100.0	100.0					100.0		100.0	100.0		
武　　汉	74.3	97.9					94.0	95.9	100.0	100.0	100.0	100.0
长　　沙	83.3	85.6					83.3	85.6				
广　　州	46.2	54.3			36.5	36.2	96.2	96.3	88.7	92.4	1.0	
深　　圳	43.8	48.1	8.0		33.0	39.0	89.0	88.2				
南　　宁	72.5	69.2			58.0	60.0	100.0	100.0				
海　　口	2.5	100.0					46.2	100.0				
重　　庆	74.9	76.6					74.9	79.5				
成　　都	31.5	88.8			20.1	21.0	100.0	100.0				
贵　　阳	100.0	100.0					100.0	100.0				
昆　　明	96.5	93.3					100.0	100.0			30.0	30.0
西　　安	91.8	90.9					0.3		100.0	100.0		
兰　　州												
西　　宁	70.0	84.3			70.0	60.0	70.0	90.0				
银　　川	96.4	13.8					100.0	100.0				
乌鲁木齐	100.0	100.0					100.0	100.0				

3—169 35城市限额以上加盟连锁零售业自有配送比重

（按业态分）

单位：%

地　区	2004 年	2003 年	百货商店		超级市场		专业店		专卖店		便利店	
			2004 年	2003 年	2004 年	2003 年	2004 年	2003 年	2004 年	2003 年	2004 年	2003 年
合　计	**31.8**	**26.1**	**44.9**	**51.8**	**32.4**	**29.7**	**31.8**	**22.6**	**45.7**	**54.5**	**6.3**	**10.3**
北　京	0.5	0.5			1.2	0.5	0.4	0.4	21.7	17.3	3.5	20.0
天　津												
石家庄	0.1	0.1					100.0	100.0				
太　原	26.6	21.7									70.0	65.0
呼和浩特												
沈　阳	99.0	100.0					100.0	100.0				
大　连	20.8	33.3							52.0	52.0	19.6	23.1
长　春	76.9	79.9					76.9	79.9				
哈尔滨												
上　海	34.0	36.1			36.8	37.9	78.0	53.0			0.7	3.9
南　京	62.3	42.5			29.1	5.7	87.2	79.1	100.0	100.0		
杭　州	95.9	98.0					99.6	98.6	95.0	97.9		
宁　波	44.4	73.7			32.7	72.2			100.0	100.0	100.0	100.0
合　肥	54.0	61.8	54.0	62.0			51.4					
福　州												
厦　门	23.6	45.8					23.6	45.8				
南　昌	23.4	25.8	10.0	10.0					72.0	80.0		
济　南	78.0	90.0			98.0	98.0	78.0	90.0				
青　岛	54.9	36.9	55.4	36.9								
郑　州	11.6						100.0					
武　汉	68.2	83.0					81.1	67.0	100.0	100.0	100.0	100.0
长　沙	83.3	85.6					83.3	85.6				
广　州	9.7	29.2					45.8	96.3	88.7	92.4		
深　圳	39.4	44.2			33.0	39.0	71.1	67.1				
南　宁	61.9	65.6			58.0	60.0	69.2	84.3				
海　口	2.5	100.0					46.2	100.0				
重　庆	70.6	54.4					70.6	55.9				
成　都	14.4	86.0			0.1	1.3	100.0	100.0				
贵　阳	83.9	83.5					83.9	83.5				
昆　明	96.5	93.3					100.0	100.0			30.0	30.0
西　安	91.8	90.9					0.1		100.0	100.0		
兰　州												
西　宁	61.2	84.3			60.0	60.0	70.0	90.0				
银　川	96.4	13.8					100.0	100.0				
乌鲁木齐	100.0	100.0					100.0	100.0				

3－170　35城市限额以上加盟连锁零售业非自有配送比重

（按业态分）

单位：%

地　　区	2004年	2003年	百货商店		超级市场		专业店		专卖店		便利店	
			2004年	2003年	2004年	2003年	2004年	2003年	2004年	2003年	2004年	2003年
合　　计	**18.2**	**15.9**	**2.6**	**1.4**	**36.7**	**36.0**	**1.2**	**0.8**	**36.7**	**27.0**	**87.7**	**87.6**
北　　京					1.2	0.5					2.1	
天　　津												
石 家 庄	7.8	8.4							100.0	100.0		
太　　原	7.6	6.7									20.0	20.0
呼和浩特												
沈　　阳												
大　　连												
长　　春	23.1	20.1					23.1	20.1				
哈 尔 滨												
上　　海	55.7	53.6			51.9	51.4	14.0	11.5	100.0	100.0	99.3	96.1
南　　京	1.5	1.7					2.6	3.4				
杭　　州												
宁　　波	51.5	26.3			62.4	27.8						
合　　肥												
福　　州												
厦　　门												
南　　昌	15.7	15.5	20.0	20.0								
济　　南												
青　　岛												
郑　　州	88.4	100.0							100.0	100.0		
武　　汉	6.1	14.9					12.9	28.8				
长　　沙												
广　　州	36.4	25.1			36.5	36.2	50.4				1.0	
深　　圳	4.4	3.9	8.0				17.9	21.2				
南　　宁	10.6	3.6					30.8	15.7				
海　　口												
重　　庆	4.3	2.6					4.3	2.7				
成　　都	17.1	2.8			20.0	19.7						
贵　　阳	16.1	16.5					16.1	16.5				
昆　　明												
西　　安							0.2					
兰　　州												
西　　宁	8.8				10.0							
银　　川												
乌鲁木齐												

3—171 35城市限额以上连锁零售业利润总额

（按业态分）

单位：万元

地区	2004年	2003年	±%	百货商店			超级市场		
				2004年	2003年	±%	2004年	2003年	±%
合计	**729036**	**527046**	**38.3**	**108801**	**85898**	**26.7**	**184205**	**111075**	**65.8**
北京	102425	103170	—0.7	21429	18471	16.0	13985	13471	3.8
天津	3320	—22					—555	—1207	—54.0
石家庄	—849	—1383	—38.6				107	128	—16.4
太原	—999	714					—930	488	
呼和浩特									
沈阳	727	—223		—413	—518	—20.3	—173	—849	—79.6
大连	—4751	—2681	77.2				—4337	—2094	107.1
长春	1476	—1294					132	—805	
哈尔滨	2284	3496	—34.7	3286	3381	—2.8			
上海	134114	78032	71.9				132729	76020	74.6
南京	106896	68043	57.1	7541	3037	148.3	11607	10477	10.8
杭州	242000	166361	45.5				107	—4281	
宁波	3232	3197	1.1				2840	2328	22.0
合肥	1474	1303	13.1	1368	1317	3.9	185	—42	
福州	445	417	6.7						
厦门	—463	—3369	—86.3	—126	10		431	—1736	
南昌	1718	2321	—26.0	2671	2753	—3.0			
济南	23000	11098	107.2	11938	2190	445.1	1689	1498	12.8
青岛	15555	18307	—15.0	10900	12408	—12.2	4475	4400	1.7
郑州	—1888	—1169	61.5				—1350	—21	6328.6
武汉	9057	16554	—45.3	—1413	7569		4999	2550	96.0
长沙	6451	5943	8.5	—355	401		7235	6002	20.5
广州	1353	3073	—56.0				4482	4994	—10.3
深圳	64904	45506	42.6	37456	30279	23.7	7942	2685	195.8
南宁	1040	1564	—33.5				1359	1740	—21.9
海口	—41	—371	—89.0				—195	—589	—66.9
重庆	12203	4814	153.5	14979	5156	190.5	—929	—1901	—51.1
成都	8426	8919	—5.5				945	2093	—54.8
贵阳	—3873	—650	495.8	73	80	—8.8	—1326	—703	88.6
昆明	4310	—2844					573	—3747	
西安	529	232	128.0	60	121	—50.4	705	687	2.6
兰州	—769	—206	273.3						
西宁	405	208	94.7	373	446	—16.4	56	71	—21.1
银川	49	214	—77.1				—71	184	
乌鲁木齐	—4720	—2229	111.8	—966	—1203	—19.7	—2511	—764	228.7

3－171 续表

单位:万元

地区	专业店			专卖店			便利店		
	2004 年	2003 年	±%	2004 年	2003 年	±%	2004 年	2003 年	±%
合计	**446193**	**340464**	**31.1**	**15517**	**13930**	**11.4**	**－25830**	**－24443**	**5.7**
北京	63818	67486	－5.4	3792	3760	0.9	－599	－18	3227.8
天津	3865	1074	259.9	40	102	－60.8	－30	10	
石家庄	－622	－289	115.2	－92	－144	－36.1	－242	－1078	－77.6
太原	－460	－345	33.3	729	572	27.4	－338	－1	33700.0
呼和浩特									
沈阳	1313	1144	14.8						
大连				－12	－33	－63.6	－403	－554	－27.3
长春	1344	－490							
哈尔滨	－1002	115							
上海	16911	16885	0.2	6940	6956	－0.2	－22692	－21944	3.4
南京	86518	54221	59.6	1222	308	296.8	8		
杭州	241340	170030	41.9	628	605	3.8	－75	7	
宁波	－59	－16	268.8	416	959	－56.6	35	－73	
合肥	－75	32		－5	－3	66.7			
福州	445	417	6.7						
厦门	－771	－1645	－53.1	3	2	50.0			
南昌	－1048	－523	100.4	96	91	5.5			
济南	9373	7410	26.5						
青岛	180	1500	－88.0						
郑州	－581	－1062	－45.3	54	－75		－11	－11	
武汉	5849	6437	－9.1	－238	－300	－20.7	－140	298	
长沙	－449	－483	－7.0				20	24	－16.7
广州	－3355	－1146	192.8	1828	1072	70.5	－1527	－1856	－17.7
深圳	19431	12800	51.8				74	－257	
南宁	－319	－176	81.3						
海口	154	218	－29.4						
重庆	－2060	－34	5958.8				215	1594	－86.5
成都	7481	6826	9.6						
贵阳	－2621	－27	9607.4						
昆明	3756	975	285.2				－19	－72	－73.6
西安	－247	－120	105.8	117	57	105.3	－106	－512	－79.3
兰州	－769	－206	273.3						
西宁	－24	－308	－92.2						
银川	120	30	300.0						
乌鲁木齐	－1243	－262	374.4						

3—172 35城市限额以上连锁零售业资产总额

（按业态分）

单位：万元

地区	2004年	2003年	±%	百货商店			超级市场		
				2004年	2003年	±%	2004年	2003年	±%
合计	**16106715**	**12948159**	**24.4**	**2882665**	**2557004**	**12.7**	**6434517**	**5432523**	**18.4**
北京	2507438	1762658	42.3	174421	151500	15.1	971179	733698	32.4
天津	276670	238941	15.8				169742	163736	3.7
石家庄	103911	88052	18.0				56781	44965	26.3
太原	299769	255245	17.4				284791	240714	18.3
呼和浩特									
沈阳	168869	150832	12.0	4713	4862	—3.1	57937	53748	7.8
大连	56797	47861	18.7				37172	32983	12.7
长春	78933	78357	0.7				35959	40111	—10.4
哈尔滨	103729	95394	8.7	80879	75138	7.6			
上海	3070712	2395340	28.2				2091540	1721599	21.5
南京	1343703	904704	48.5	218995	165573	32.3	174904	139787	25.1
杭州	1199280	937910	27.9				117663	92696	26.9
宁波	184553	141187	30.7				152390	107943	41.2
合肥	161310	114047	41.4	114509	91727	24.8	20096	13396	50.0
福州	15996	14626	9.4						
厦门	209425	107878	94.1	3213	5094	—36.9	12819	12411	3.3
南昌	194559	161215	20.7	151985	125139	21.5			
济南	599143	541283	10.7	265739	230455	15.3	81908	88452	—7.4
青岛	469298	372451	26.0	358003	268023	33.6	53514	50585	5.8
郑州	138226	92548	49.4				45733	38374	19.2
武汉	1133403	1137831	—0.4	500119	525231	—4.8	364927	340034	7.3
长沙	366214	267731	36.8	12013	20706	—42.0	288578	226897	27.2
广州	604885	549985	10.0				392241	359082	9.2
深圳	1594598	1398570	14.0	660817	583173	13.3	678247	621326	9.2
南宁	26358	22477	17.3				18018	15729	14.6
海口	27937	20713	34.9				19199	11728	63.7
重庆	405512	353839	14.6	291069	257266	13.1	16892	14542	16.2
成都	228430	172547	32.4				67305	47792	40.8
贵阳	166246	160104	3.8	1800	9233	—80.5	59103	68272	—13.4
昆明	187126	181851	2.9				92429	91334	1.2
西安	37951	57776	—34.3	11228	12448	—9.8	21131	20407	3.5
兰州	10446	6411	62.9						
西宁	40749	37140	9.7	26464	25241	4.8	488	434	12.4
银川	17410	11588	50.2				14410	10088	42.8
乌鲁木齐	77129	69069	11.7	6699	6196	8.1	37420	29659	26.2

3—172 续表

单位:万元

地区	专业店			专卖店			便利店		
	2004 年	2003 年	±%	2004 年	2003 年	±%	2004 年	2003 年	±%
合计	6168296	4481824	37.6	259043	204689	26.6	358831	263065	36.4
北京	1249794	814104	53.5	50050	39770	25.8	61994	23586	162.8
天津	100984	69647	45.0	2057	1832	12.3	3888	3726	4.3
石家庄	15756	13031	20.9	811	764	6.2	30562	29292	4.3
太原	2626	4544	—42.2	10306	8259	24.8	2046	1727	18.5
呼和浩特									
沈阳	106220	92222	15.2						
大连				1966	1942	1.2	17659	12936	36.5
长春	42974	38246	12.4						
哈尔滨	22850	20256	12.8						
上海	774697	514919	50.5	20300	20094	1.0	182551	137374	32.9
南京	891644	554576	60.8	56174	42946	30.8	1986	1823	8.9
杭州	1063097	828637	28.3	17882	16536	8.1	637	41	1453.7
宁波	10953	8947	22.4	15704	21358	—26.5	5506	2939	87.3
合肥	26469	8771	201.8	236	154	53.2			
福州	15996	14626	9.4						
厦门	192311	89653	114.5	1081	720	50.1			
南昌	32862	29228	12.4	9713	6849	41.8			
济南	251495	222375	13.1						
青岛	57781	53843	7.3						
郑州	85732	49256	74.1	5794	3947	46.8	967	971	—0.4
武汉	251020	256695	—2.2	9117	7660	19.0	8220	8210	0.1
长沙	64854	19538	231.9				770	589	30.7
广州	138778	143090	—3.0	57272	31033	84.6	16148	10159	59.0
深圳	251353	190719	31.8				4181	3352	24.7
南宁	8340	6749	23.6						
海口	8738	8985	—2.7						
重庆	76289	74503	2.4				19971	6449	209.7
成都	161125	124755	29.2						
贵阳	105343	82599	27.5						
昆明	94032	89747	4.8				665	770	—13.6
西安	3931	4974	—21.0	581	826	—29.7	1080	19120	—94.4
兰州	10446	6411	62.9						
西宁	13798	11465	20.3						
银川	3000	1500	100.0						
乌鲁木齐	33010	33215	—0.6						

3—173 35城市限额以上连锁零售业负债总额

（按业态分）

单位：万元

地区	2004年	2003年	±%	百货商店			超级市场		
				2004年	2003年	±%	2004年	2003年	±%
合计	**11671619**	**9443613**	**23.6**	**2118311**	**1875762**	**12.9**	**4935201**	**4237551**	**16.5**
北京	1916396	1177759	62.7	113713	85991	32.2	834884	518398	61.1
天津	221635	186335	18.9				128949	119927	7.5
石家庄	82590	70587	17.0				42651	36463	17.0
太原	250361	202195	23.8				238493	191612	24.5
呼和浩特									
沈阳	132916	110343	20.5	6139	5875	4.5	39639	27770	42.7
大连	42386	31847	33.1				26772	19325	38.5
长春	73730	74730	—1.3				32975	37386	—11.8
哈尔滨	84173	81103	3.8	62108	59573	4.3			
上海	2258292	1906461	18.5				1514015	1343897	12.7
南京	864649	606105	42.7	160227	119550	34.0	126987	93534	35.8
杭州	467481	359329	30.1				88388	61748	43.1
宁波	124821	98562	26.6				110722	87493	26.5
合肥	134709	95880	40.5	103036	80664	27.7	10180	9328	9.1
福州	11125	10879	2.3						
厦门	189803	87494	116.9	1880	3646	—48.4	6062	6847	—11.5
南昌	149354	116583	28.1	111607	87339	27.8			
济南	440037	390351	12.7	200746	172009	16.7	68998	71103	—3.0
青岛	348395	270810	28.6	264400	193895	36.4	32074	28351	13.1
郑州	133911	86496	54.8				44081	36912	19.4
武汉	764199	759668	0.6	329241	349027	—5.7	241089	230967	4.4
长沙	260791	221181	17.9	5193	19519	—73.4	204071	186254	9.6
广州	552412	477106	15.8				377752	333247	13.4
深圳	1185696	1119539	5.9	488368	458992	6.4	517531	518801	—0.2
南宁	18262	14471	26.2				12097	9832	23.0
海口	22204	14791	50.1				18789	11399	64.8
重庆	311806	269983	15.5	224464	194924	15.2	6662	6340	5.1
成都	201144	194411	3.5				57408	90087	—36.3
贵阳	159611	140017	14.0	6697	5302	26.3	46371	53390	—13.1
昆明	120801	115419	4.7				55826	59079	—5.5
西安	33981	53628	—36.6	9453	10580	—10.7	18501	19175	—3.5
兰州	10001	5398	85.3						
西宁	31551	29365	7.4	21053	21439	—1.8	241	192	25.5
银川	7977	5338	49.4				7523	5038	49.3
乌鲁木齐	64420	59449	8.4	9987	7437	34.3	25473	23657	7.7

3—173 续表

单位:万元

地区	专业店			专卖店			便利店		
	2004 年	2003 年	±%	2004 年	2003 年	±%	2004 年	2003 年	±%
合计	**4196264**	**2983449**	**40.7**	**129359**	**87682**	**47.5**	**288218**	**252406**	**14.2**
北京	923727	546168	69.1	17941	12068	48.7	26132	15135	72.7
天津	88715	63461	39.8	346	421	—17.8	3626	2526	43.5
石家庄	11368	8265	37.5	679	541	25.5	27892	25318	10.2
太原	2427	3424	—29.1	7575	6339	19.5	1867	820	127.7
呼和浩特									
沈阳	87139	76698	13.6						
大连				1906	1923	—0.9	13707	10598	29.3
长春	40756	37344	9.1						
哈尔滨	22065	21530	2.5						
上海	560594	394043	42.3	10202	9786	4.3	172344	157840	9.2
南京	563733	383502	47.0	11922	8264	44.3	1780	1256	41.7
杭州	369086	288986	27.7	9701	8555	13.4	307	40	667.5
宁波	7250	6980	3.9	1459	1151	26.8	5391	2939	83.4
合肥	21376	5856	265.0	117	31	277.4			
福州	11125	10879	2.3						
厦门	180868	76365	136.8	993	637	55.9			
南昌	29950	24238	23.6	7798	5006	55.8			
济南	170292	147239	15.7						
青岛	51921	48565	6.9						
郑州	84525	46110	83.3	4741	2917	62.5	565	557	1.4
武汉	184505	171728	7.4	7610	6455	17.9	1754	1491	17.6
长沙	51243	15105	239.2				284	303	—6.3
广州	112452	106927	5.2	46166	23407	97.2	13403	7914	69.4
深圳	175263	137977	27.0				4535	3769	20.3
南宁	6165	4640	32.9						
海口	3415	3392	0.7						
重庆	67502	66149	2.0				12688	2315	448.1
成都	143737	104324	37.8						
贵阳	106543	81324	31.0						
昆明	64421	55576	15.9				554	763	—27.4
西安	4432	4869	—9.0	205	181	13.3	1390	18823	—92.6
兰州	10001	5398	85.3						
西宁	10257	7733	32.6						
银川	454	300	51.3						
乌鲁木齐	28960	28355	2.1						

3－174 三大地带限额以上连锁零售业门店数

（按业态分）

单位：个

地　区	2004 年	2003 年	±%	百货商店			超级市场		
				2004 年	2003 年	±%	2004 年	2003 年	±%
全　国	**54891**	**46517**	**18.0**	**2637**	**2129**	**23.9**	**14073**	**11717**	**20.1**
三大地带	**33432**	**28957**	**15.5**	**1803**	**1351**	**33.5**	**10051**	**8217**	**22.3**
环渤海	**6847**	**6455**	**6.1**	**1168**	**924**	**26.4**	**1721**	**1319**	**30.5**
北　京	3580	3669	－2.4	27	26	3.8	1087	775	40.3
天　津	457	371	23.2				355	277	28.2
唐　山	77	61	26.2				77	61	26.2
沈　阳	670	469	42.9	1	1		26	24	8.3
大　连	308	286	7.7				5	3	66.7
济　南	379	369	2.7	32	30	6.7	111	117	－5.1
青　岛	1376	1230	11.9	1108	867	27.8	60	62	－3.2
长三角	**22673**	**19246**	**17.8**	**542**	**357**	**51.8**	**7378**	**6017**	**22.6**
上　海	13636	11808	15.5				4167	3390	22.9
南　京	2954	2627	12.4	6	5	20.0	1533	1349	13.6
苏　州	742	536	38.4				414	334	24.0
无　锡	297	231	28.6				91	89	2.2
常　州	433	396	9.3				303	261	16.1
镇　江									
南　通	742	539	37.7	506	326	55.2	57	52	9.6
扬　州									
泰　州	65	64	1.6	5	4	25.0	60	60	
杭　州	2533	2138	18.5				47	31	51.6
宁　波	615	504	22.0				267	203	31.5
嘉　兴	65	49	32.7	10	9	11.1	55	40	37.5
湖　州	73	54	35.2						
绍　兴	359	181	98.3	15	13	15.4	241	101	138.6
舟　山	130	96	35.4				130	96	35.4
台　州	29	23	26.1				13	11	18.2
珠三角	**3912**	**3256**	**20.1**	**93**	**70**	**32.9**	**952**	**881**	**8.1**
广　州	1629	1350	20.7				186	158	17.7
深　圳	1923	1568	22.6	93	70	32.9	604	570	6.0
珠　海	134	119	12.6				52	48	8.3
佛　山	42	42					30	30	
江　门	19	23	－17.4				4	4	
东　莞	81	81					40	39	2.6
中　山	84	73	15.1				36	32	12.5
惠　州									
肇　庆									

3—174 续表

单位:个

地区	专业店			专卖店			便利店		
	2004 年	2003 年	±%	2004 年	2003 年	±%	2004 年	2003 年	±%
全国	**25867**	**22132**	**16.9**	**4493**	**3648**	**23.2**	**7755**	**6799**	**14.1**
三大地带	**12223**	**11564**	**5.7**	**2402**	**1756**	**36.8**	**6911**	**6010**	**15.0**
环渤海	**2890**	**3302**	**—12.5**	**366**	**298**	**22.8**	**702**	**612**	**14.7**
北京	1762	2299	—23.4	290	235	23.4	414	334	24.0
天津	41	36	13.9	41	32	28.1	20	26	—23.1
唐山									
沈阳	643	444	44.8						
大连				35	31	12.9	268	252	6.3
济南	236	222	6.3						
青岛	208	301	—30.9						
长三角	**7250**	**6495**	**11.6**	**1665**	**1258**	**32.4**	**5806**	**5088**	**14.1**
上海	2911	2798	4.0	1046	669	56.4	5480	4920	11.4
南京	1144	1016	12.6	257	243	5.8	14	14	
苏州	222	138	60.9				106	64	65.6
无锡	100	107	—6.5	32	35	—8.6	74		
常州	114	118	—3.4	16	17	—5.9			
镇江									
南通	179	161	11.2						
扬州									
泰州									
杭州	2315	1922	20.4	167	182	—8.2	4	3	33.3
宁波	97	116	—16.4	147	112	31.3	104	73	42.5
嘉兴									
湖州	49	40	22.5				24	14	71.4
绍兴	103	67	53.7						
舟山									
台州	16	12	33.3						
珠三角	**2083**	**1767**	**17.9**	**371**	**200**	**85.5**	**403**	**310**	**30.0**
广州	723	698	3.6	371	200	85.5	339	266	27.4
深圳	1162	884	31.4				64	44	45.5
珠海	82	71	15.5						
佛山	12	12							
江门	15	19	—21.1						
东莞	41	42	—2.4						
中山	48	41	17.1						
惠州									
肇庆									

3－175 三大地带限额以上直营连锁零售业门店数

（按业态分）

单位：个

地区	2004年	2003年	±%	百货商店			超级市场		
				2004年	2003年	±%	2004年	2003年	±%
全国	**34590**	**31407**	**10.1**	**997**	**908**	**9.8**	**9107**	**8041**	**13.3**
三大地带	**22527**	**20201**	**11.5**	**268**	**225**	**19.1**	**5716**	**5039**	**13.4**
环渤海	**4265**	**3899**	**9.4**	**111**	**99**	**12.1**	**1364**	**1207**	**13.0**
北京	2647	2303	14.9	27	26	3.8	764	678	12.7
天津	457	371	23.2				355	277	28.2
唐山	69	53	30.2				69	53	30.2
沈阳	327	293	11.6	1	1		24	24	
大连	240	253	－5.1				5	3	66.7
济南	224	221	1.4	32	30	6.7	105	110	－4.5
青岛	301	405	－25.7	51	42	21.4	42	62	－32.3
长三角	**15316**	**13749**	**11.4**	**65**	**56**	**16.1**	**3498**	**3044**	**14.9**
上海	9121	8523	7.0				1877	1669	12.5
南京	1596	1377	15.9	6	5	20.0	572	503	13.7
苏州	565	414	36.5				260	213	22.1
无锡	249	189	31.7				71	64	10.9
常州	231	231					101	96	5.2
镇江									
南通	227	232	－2.2	29	25	16.0	57	52	9.6
扬州									
泰州	65	64	1.6	5	4	25.0	60	60	
杭州	2397	2004	19.6				47	31	51.6
宁波	432	364	18.7				200	143	39.9
嘉兴	57	49	16.3	10	9	11.1	47	40	17.5
湖州	44	37	18.9						
绍兴	179	146	22.6	15	13	15.4	69	66	4.5
舟山	124	96	29.2				124	96	29.2
台州	29	23	26.1				13	11	18.2
珠三角	**2946**	**2553**	**15.4**	**92**	**70**	**31.4**	**854**	**788**	**8.4**
广州	949	906	4.7				173	148	16.9
深圳	1673	1344	24.5	92	70	31.4	555	522	6.3
珠海	134	119	12.6				52	48	8.3
佛山	42	42					30	30	
江门	19	23	－17.4				4	4	
东莞	46	48	－4.2				5	6	－16.7
中山	83	71	16.9				35	30	16.7
惠州									
肇庆									

3—175 续表

单位:个

地区	专业店			专卖店			便利店		
	2004年	2003年	±%	2004年	2003年	±%	2004年	2003年	±%
全国	**16607**	**15344**	**8.2**	**1797**	**1515**	**18.6**	**6027**	**5524**	**9.1**
三大地带	**9909**	**8905**	**11.3**	**1156**	**991**	**16.6**	**5447**	**4995**	**9.0**
环渤海	**1940**	**1823**	**6.4**	**221**	**194**	**13.9**	**629**	**576**	**9.2**
北京	1302	1137	14.5	148	134	10.4	406	328	23.8
天津	41	36	13.9	41	32	28.1	20	26	—23.1
唐山									
沈阳	302	268	12.7						
大连				32	28	14.3	203	222	—8.6
济南	87	81	7.4						
青岛	208	301	—12.7						
长三角	**6435**	**5765**	**11.6**	**880**	**754**	**16.7**	**4417**	**4109**	**7.5**
上海	2591	2495	3.8	427	336	27.1	4205	4002	5.1
南京	813	675	20.4	191	180	6.1	14	14	
苏州	219	138	58.7				86	63	36.5
无锡	89	107	—16.8	15	18	—16.7	74		
常州	114	118	—3.4	16	17	—5.9			
镇江									
南通	141	155	—9.0						
扬州									
泰州									
杭州	2235	1859	20.2	111	111		4	3	33.3
宁波	97	116	—16.4	120	92	30.4	15	13	15.4
嘉兴									
湖州	25	23	8.7				19	14	35.7
绍兴	95	67	41.8						
舟山									
台州	16	12	33.3						
珠三角	**1534**	**1317**	**16.5**	**55**	**43**	**27.9**	**401**	**310**	**29.4**
广州	374	424	—11.8	55	43	27.9	337	266	26.7
深圳	962	708	35.9				64	44	45.5
珠海	82	71	15.5						
佛山	12	12							
江门	15	19	—21.1						
东莞	41	42	—2.4						
中山	48	41	17.1						
惠州									
肇庆									

3—176 三大地带限额以上加盟连锁零售业门店数

（按业态分）

单位：个

地区	2004年	2003年	±%	百货商店			超级市场		
				2004年	2003年	±%	2004年	2003年	±%
全国	**20301**	**15110**	**34.4**	**1640**	**1221**	**34.3**	**4966**	**3676**	**35.1**
三大地带	**10905**	**8756**	**24.5**	**1535**	**1126**	**36.3**	**4335**	**3178**	**36.4**
环渤海	**2582**	**2556**	**1.0**	**1057**	**825**	**28.1**	**357**	**112**	**218.8**
北京	933	1366	－31.7				323	97	233.0
天津									
唐山	8	8					8	8	
沈阳	343	176	94.9				2		
大连	68	33	106.1						
济南	155	148	4.7				6	7	－14.3
青岛	1075	825	30.3	1057	825	28.1	18		
长三角	**7357**	**5497**	**33.8**	**477**	**301**	**58.5**	**3880**	**2973**	**30.5**
上海	4515	3285	37.4				2290	1721	33.1
南京	1358	1250	8.6				961	846	13.6
苏州	177	122	45.1				154	121	27.3
无锡	48	42	14.3				20	25	－20.0
常州	202	165	22.4				202	165	22.4
镇江									
南通	515	307	67.8	477	301	58.5			
扬州									
泰州									
杭州	136	134	1.5						
宁波	183	140	30.7				67	60	11.7
嘉兴	8						8		
湖州	29	17	70.6						
绍兴	180	35	414.3				172	35	391.4
舟山	6						6		
台州									
珠三角	**966**	**703**	**37.4**	**1**			**98**	**93**	**5.4**
广州	680	444	53.2				13	10	30.0
深圳	250	224	11.6	1			49	48	2.1
珠海									
佛山									
江门									
东莞	35	33	6.1				35	33	6.1
中山	1	2	－50.0				1	2	－50.0
惠州									
肇庆									

3—176 续表

单位：个

地区	专业店			专卖店			便利店		
	2004 年	2003 年	±%	2004 年	2003 年	±%	2004 年	2003 年	±%
全　国	**9260**	**6788**	**36.4**	**2696**	**2133**	**26.4**	**1728**	**1275**	**35.5**
三大地带	**2314**	**2659**	**—13.0**	**1246**	**765**	**62.9**	**1464**	**1015**	**44.2**
环渤海	**950**	**1479**	**—35.8**	**145**	**104**	**39.4**	**73**	**36**	**102.8**
北　京	460	1162	—60.4	142	101	40.6	8	6	33.3
天　津									
唐　山									
沈　阳	341	176	93.8						
大　连				3	3		65	30	116.7
济　南	149	141	5.7						
青　岛									
长三角	**815**	**730**	**11.6**	**785**	**504**	**55.8**	**1389**	**979**	**41.9**
上　海	320	303	5.6	619	333	85.9	1275	918	38.9
南　京	331	341	—2.9	66	63	4.8			
苏　州	3						20	1	1900.0
无　锡	11			17	17				
常　州									
镇　江									
南　通	38	6	533.3						
扬　州									
泰　州									
杭　州	80	63	27.0	56	71	—21.1			
宁　波				27	20	35.0	89	60	48.3
嘉　兴									
湖　州	24	17	41.2				5		
绍　兴	8								
舟　山									
台　州									
珠三角	**549**	**450**	**22.0**	**316**	**157**	**101.3**	**2**		
广　州	349	274	27.4	316	157	101.3	2		
深　圳	200	176	13.6						
珠　海									
佛　山									
江　门									
东　莞									
中　山									
惠　州									
肇　庆									

3－177 三大地带限额以上连锁零售业营业面积

（按业态分）

单位:平方米

地区	2004年	2003年	±%	百货商店			超级市场		
				2004年	2003年	±%	2004年	2003年	±%
全国	**35170643**	**27801905**	**26.5**	**6110570**	**4559992**	**34.0**	**15943112**	**13314138**	**19.7**
三大地带	**24390573**	**19430170**	**25.5**	**3751145**	**2588561**	**44.9**	**10960662**	**9080534**	**20.7**
环渤海	**5709137**	**4434418**	**28.7**	**1652851**	**1122703**	**47.2**	**2158491**	**1620065**	**33.2**
北京	3082209	2443775	26.1	413482	253910	62.8	1437003	1085624	32.4
天津	513852	366803	40.1				367709	244514	50.4
唐山	92400	62700	47.4				92400	62700	47.4
沈阳	260068	221448	17.4	32123	32123		73722	52422	40.6
大连	135638	100595	34.8				61724	44784	37.8
济南	676714	585947	15.5	405000	335000	20.9	72647	74697	－2.7
青岛	948256	653150	45.2	802246	501670	59.9	53286	55324	－3.7
长三角	**13794780**	**11168520**	**23.5**	**516358**	**419692**	**23.0**	**6136394**	**5180484**	**18.5**
上海	5147824	4348966	18.4				3958440	3354988	18.0
南京	2639776	1971969	33.9	138881	100881	37.7	907931	752222	20.7
苏州	237201	207093	14.5				206260	184023	12.1
无锡	119900	110436	8.6				92298	84070	9.8
常州	170107	156351	8.8				109150	100395	8.7
镇江									
南通	506047	440290	14.9	349159	294831	18.4	140840	130384	8.0
扬州									
泰州	24918	23810	4.7	868	800	8.5	24050	23010	4.5
杭州	4317630	3426546	26.0				193129	163139	18.4
宁波	382572	284212	34.6				312889	236228	32.5
嘉兴	31954	25542	25.1	8650	5180	67.0	23304	20362	14.4
湖州	12040	8568	40.5						
绍兴	112890	95656	18.0	18800	18000	4.4	81200	67000	21.2
舟山	66003	43763	50.8				66003	43763	50.8
台州	25918	25318	2.4				20900	20900	
珠三角	**4886656**	**3827232**	**27.7**	**1581936**	**1046166**	**51.2**	**2665777**	**2279985**	**16.9**
广州	784006	643144	21.9				611787	500169	22.3
深圳	3665728	2805818	30.6	1581936	1046166	51.2	1752784	1530961	14.5
珠海	110018	89950	22.3				82124	70535	16.4
佛山	48013	55065	－12.8				47013	54065	－13.0
江门	5921	4534	30.6				3500	2004	74.7
东莞	134356	136838	－1.8				35356	35338	0.1
中山	138614	91883	50.9				133213	86913	53.3
惠州									
肇庆									

3—177 续表

单位:平方米

地区	专业店			专卖店			便利店		
	2004年	2003年	±%	2004年	2003年	±%	2004年	2003年	±%
全国	**11874235**	**8878710**	**33.7**	**393422**	**320300**	**22.8**	**832725**	**690308**	**20.6**
三大地带	**8866769**	**7067846**	**25.5**	**176344**	**126803**	**39.1**	**621574**	**534749**	**16.2**
环渤海	**1689087**	**1525729**	**10.7**	**59138**	**46376**	**27.5**	**149570**	**119545**	**25.1**
北京	1106406	1003525	10.3	48819	36776	32.7	76499	63940	19.6
天津	136667	112895	21.1	1965	1300	51.2	7511	8094	—7.2
唐山									
沈阳	154223	136903	12.7						
大连				8354	8300	0.7	65560	47511	38.0
济南	199067	176250	12.9						
青岛	92724	96156	—3.6						
长三角	**6601684**	**5090078**	**29.7**	**93377**	**75380**	**23.9**	**436538**	**392009**	**11.4**
上海	751872	588730	27.7	49706	36058	37.9	377377	358313	5.3
南京	1578246	1104883	42.8	12042	11307	6.5	2676	2676	
苏州	24491	18200	34.6				6450	4870	32.4
无锡	17917	20141	—11.0	6085	6225	—2.2	3600		
常州	58507	53456	9.4	2450	2500	—2.0			
镇江									
南通	16048	15075	6.5						
扬州									
泰州									
杭州	4117441	3255877	26.5	6384	6780	—5.8	676	750	—9.9
宁波	15514	15474	0.3	16710	12510	33.6	37459	20000	87.3
嘉兴									
湖州	3740	3168	18.1				8300	5400	53.7
绍兴	12890	10656	21.0						
舟山									
台州	5018	4418	13.6						
珠三角	**575998**	**452039**	**27.4**	**23829**	**5047**	**372.1**	**35466**	**23195**	**52.9**
广州	123313	98098	25.7	23829	5047	372.1	21427	19030	12.6
深圳	316969	224526	41.2				14039	4165	237.1
珠海	27894	19415	43.7						
佛山	1000	1000							
江门	2421	2530	—4.3						
东莞	99000	101500	—2.5						
中山	5401	4970	8.7						
惠州									
肇庆									

3－178 三大地带限额以上直营连锁零售业营业面积

（按业态分）

单位：平方米

地区	2004年	2003年	±%	百货商店			超级市场		
				2004年	2003年	±%	2004年	2003年	±%
全　国	**31441148**	**24651355**	**27.5**	**5752050**	**4330505**	**32.8**	**13848327**	**11613462**	**19.2**
三大地带	**21588145**	**17010533**	**26.9**	**3543706**	**2503081**	**41.6**	**9140543**	**7584834**	**20.5**
环渤海	**5228552**	**3844967**	**36.0**	**1532571**	**1062723**	**44.2**	**2092492**	**1585149**	**32.0**
北京	2942624	2102466	40.0	413482	253910	62.8	1377564	1055608	30.5
天津	513852	366803	40.1				367709	244514	50.4
唐山	88900	59200	50.2				88900	59200	50.2
沈阳	213658	186323	14.7	32123	32123		73522	52422	40.3
大连	119038	90995	30.8				61724	44784	37.8
济南	523964	446010	17.5	405000	335000	20.9	71247	73297	－2.8
青岛	826516	593170	39.3	681966	441690	54.4	51826	55324	－6.3
长三角	**11772052**	**9580015**	**22.9**	**445199**	**394192**	**12.9**	**4620526**	**3916774**	**18.0**
上海	4108445	3483226	17.9				3050891	2574998	18.5
南京	1882075	1395559	34.9	138881	100881	37.7	418931	366622	14.3
苏州	208069	183453	13.4				178970	160453	11.5
无锡	110790	100811	9.9				84389	74870	12.7
常州	132967	126761	4.9				72010	70805	1.7
镇江									
南通	431730	414226	4.2	278000	269331	3.2	140840	130384	8.0
扬州									
泰州	24918	23810	4.7	868	800	8.5	24050	23010	4.5
杭州	4306054	3416050	26.1				193129	163139	18.4
宁波	337353	244152	38.2				282429	206468	36.8
嘉兴	30754	25542	20.4	8650	5180	67.0	22104	20362	8.6
湖州	9793	7688	27.4						
绍兴	97903	89656	9.2	18800	18000	4.4	66600	61000	9.2
舟山	65283	43763	49.2				65283	43763	49.2
台州	25918	25318	2.4				20900	20900	
珠三角	**4587541**	**3585551**	**27.9**	**1565936**	**1046166**	**49.7**	**2427525**	**2082911**	**16.5**
广州	642478	548061	17.2				491071	425989	15.3
深圳	3513177	2665674	31.8	1565936	1046166	49.7	1640284	1414521	16.0
珠海	110018	89950	22.3				82124	70535	16.4
佛山	48013	55065	－12.8				47013	54065	－13.0
江门	5921	4534	30.8				3500	2004	74.7
东莞	129820	132384	－1.9				30820	30884	－0.2
中山	138114	89883	53.7				132713	84913	56.3
惠州									
肇庆									

3—178 续表

单位:平方米

地　　区	专业店			专卖店			便利店		
	2004年	2003年	±%	2004年	2003年	±%	2004年	2003年	±%
全　　国	**10904875**	**7895261**	**38.1**	**244183**	**192035**	**27.2**	**678956**	**590803**	**14.9**
三大地带	**8248202**	**6334680**	**30.2**	**135466**	**97911**	**38.4**	**509971**	**466318**	**9.4**
环 渤 海	**1425789**	**1049908**	**35.8**	**44583**	**37019**	**20.4**	**133117**	**110168**	**20.8**
北　京	1040668	701366	48.4	35264	28419	24.1	75646	63163	19.8
天　津	136667	112895	21.1	1965	1300	51.2	7511	8094	−7.2
唐　山									
沈　阳	108013	101778	6.1						
大　连				7354	7300	0.7	49960	38911	28.4
济　南	47717	37713	26.5						
青　岛	92724	96156	−3.6						
长 三 角	**6289753**	**4873307**	**29.1**	**68514**	**56878**	**20.5**	**341453**	**332955**	**2.6**
上　海	722565	570989	26.5	31039	24001	29.3	297343	307329	−3.2
南　京	1310770	915773	43.1	10817	9607	12.6	2676	2676	
苏　州	24291	18200	33.5				4808	4800	0.2
无　锡	17141	20141	−14.9	5660	5800	−2.4	3600		
常　州	58507	53456	9.4	2450	2500	−2.0			
镇　江									
南　通	12890	14511	−11.2						
扬　州									
泰　州									
杭　州	4108061	3247401	26.5	4188	4760	−12.0	676	750	−9.9
宁　波	15514	15474	0.3	14360	10210	40.6	25050	12000	108.8
嘉　兴									
湖　州	2493	2288	9.0				7300	5400	35.2
绍　兴	12503	10656	17.3						
舟　山									
台　州	5018	4418	13.6						
珠 三 角	**532660**	**411465**	**29.5**	**22369**	**4014**	**457.3**	**35401**	**23195**	**52.6**
广　州	104026	81228	28.1	22369	4014	457.3	21362	19030	12.3
深　圳	292918	200822	45.9				14039	4165	237.1
珠　海	27894	19415	43.7						
佛　山	1000	1000							
江　门	2421	2530	−4.3						
东　莞	99000	101500	−2.5						
中　山	5401	4970	8.7						
惠　州									
肇　庆									

3—179 三大地带限额以上加盟连锁零售业营业面积

（按业态分）

单位:平方米

地区	2004年	2003年	±%	百货商店			超级市场		
				2004年	2003年	±%	2004年	2003年	±%
全国	**3729495**	**3150550**	**18.4**	**358520**	**229487**	**56.2**	**2094785**	**1700676**	**23.2**
三大地带	**2802428**	**2419637**	**15.8**	**207439**	**85480**	**142.7**	**1820119**	**1495700**	**21.7**
环渤海	**480585**	**589451**	**—18.5**	**120280**	**59980**	**100.5**	**65999**	**34916**	**89.0**
北京	139585	341309	—59.1				59439	30016	98.0
天津									
唐山	3500	3500					3500	3500	
沈阳	46410	35125	32.1				200		
大连	16600	9600	72.9						
济南	152750	139937	9.2				1400	1400	
青岛	121740	59980	103.0	120280	59980	100.5	1460		
长三角	**2022728**	**1588505**	**27.3**	**71159**	**25500**	**179.1**	**1515868**	**1263710**	**20.0**
上海	1039379	865740	20.1				907549	779990	16.4
南京	757701	576410	31.5				489000	385600	26.8
苏州	29132	23640	23.2				27290	23570	15.8
无锡	9110	9625	—5.4				7909	9200	—14.0
常州	37140	29590	25.5				37140	29590	25.5
镇江									
南通	74317	26064	185.1	71159	25500	179.1			
扬州									
泰州									
杭州	11576	10496	10.3						
宁波	45219	40060	12.9				30460	29760	2.4
嘉兴	1200						1200		
湖州	2247	880	155.3						
绍兴	14987	6000	149.8				14600	6000	143.3
舟山	720						720		
台州									
珠三角	**299115**	**241681**	**23.8**	**16000**			**238252**	**197074**	**20.9**
广州	141528	95083	48.8				120716	74180	62.7
深圳	152551	140144	8.9	16000			112500	116440	—3.4
珠海									
佛山									
江门									
东莞	4536	4454	1.8				4536	4454	1.8
中山	500	2000	—75.0				500	2000	—75.0
惠州									
肇庆									

3—179 续表

单位:平方米

地区	专业店			专卖店			便利店		
	2004年	2003年	±%	2004年	2003年	±%	2004年	2003年	±%
全　国	**969360**	**983449**	**—1.4**	**149239**	**128265**	**16.4**	**153769**	**99505**	**54.5**
三大地带	**618567**	**733166**	**—15.6**	**40878**	**28892**	**41.5**	**111603**	**68431**	**63.1**
环渤海	**263298**	**475821**	**—44.7**	**14555**	**9357**	**55.6**	**16453**	**9377**	**75.5**
北　京	65738	302159	—78.2	13555	8357	62.2	853	777	9.8
天　津									
唐　山									
沈　阳	46210	35125	31.6						
大　连				1000	1000		15600	8600	81.4
济　南	151350	138537	9.2						
青　岛									
长三角	**311931**	**216771**	**43.9**	**24863**	**18502**	**34.4**	**95085**	**59054**	**61.0**
上　海	29307	17741	65.2	18667	12057	54.8	80034	50984	57.0
南　京	267476	189110	41.4	1225	1700	—27.9			
苏　州	200						1642	70	2245.7
无　锡	776			425	425				
常　州									
镇　江									
南　通	3158	564	459.9						
扬　州									
泰　州									
杭　州	9380	8476	10.7	2196	2020	8.7			
宁　波				2350	2300	2.2	12409	8000	55.1
嘉　兴									
湖　州	1247	880	41.7				1000		
绍　兴	387								
舟　山									
台　州									
珠三角	**43338**	**40574**	**6.8**	**1460**	**1033**	**41.3**	**65**		
广　州	19287	16870	14.3	1460	1033	41.3	65		
深　圳	24051	23704	1.5						
珠　海									
佛　山									
江　门									
东　莞									
中　山									
惠　州									
肇　庆									

3－180 三大地带限额以上连锁零售业从业人员

（按业态分）

单位：人

地区	2004年	2003年	±%	百货商店			超级市场		
				2004年	2003年	±%	2004年	2003年	±%
全国	**1055978**	**924060**	**14.3**	**139048**	**121640**	**14.3**	**510827**	**444362**	**15.0**
三大地带	**720008**	**628616**	**14.5**	**83840**	**70129**	**19.6**	**354449**	**308302**	**15.0**
环渤海	**163727**	**153253**	**6.8**	**27650**	**23273**	**18.8**	**67539**	**57950**	**16.5**
北京	95764	93258	2.7	11417	10542	8.3	44597	38473	15.9
天津	15215	12969	17.3				11442	9658	18.5
唐山	2094	1695	23.5				2094	1695	23.5
沈阳	12204	9708	25.7	325	325		2759	1365	102.1
大连	3955	2929	35.0				2021	1383	46.1
济南	17936	16766	7.0	3250	2890	12.5	2888	3079	－6.2
青岛	16559	15928	4.0	12658	9516	33.0	1738	2297	－24.3
长三角	**414877**	**355346**	**16.8**	**14347**	**14636**	**－2.0**	**216327**	**187207**	**15.6**
上海	197531	174779	13.0				136376	118884	14.7
南京	130429	99421	31.2	2505	1850	35.4	41474	36398	13.9
苏州	7432	7082	4.9				5796	5732	1.1
无锡	3196	3703	－13.7				2169	2690	－19.4
常州	5602	5215	7.4				3187	3183	0.1
镇江									
南通	18065	16846	7.2	10787	11762	－8.3	6500	4330	50.1
扬州									
泰州	769	794	－3.1	63	60	5.0	706	734	－3.8
杭州	32114	31861	0.8				4817	3425	40.6
宁波	11841	8903	33.0				9636	7129	35.2
嘉兴	806	641	25.7	285	178	60.1	521	463	12.5
湖州	388	334	16.2						
绍兴	3341	2957	13.0	707	786	－10.1	1967	1576	24.8
舟山	2324	1896	22.6				2324	1896	22.6
台州	1039	914	13.7				854	767	11.3
珠三角	**141404**	**120017**	**17.8**	**41843**	**32220**	**29.9**	**70583**	**63145**	**11.8**
广州	28148	27693	1.6				17042	16214	5.1
深圳	106511	85981	23.9	41843	32220	29.9	48635	42274	15.0
珠海	2054	1773	15.8				1346	1161	15.9
佛山	1207	1055	14.4				1106	936	18.2
江门	324	343	－5.5				117	113	3.5
东莞	930	969	－4.0				565	617	－8.4
中山	2230	2203	1.2				1772	1830	－3.2
惠州									
肇庆									

3—180 续表

单位:人

地区	专业店			专卖店			便利店		
	2004 年	2003 年	±%	2004 年	2003 年	±%	2004 年	2003 年	±%
全国	**317156**	**275912**	**14.9**	**32588**	**27272**	**19.5**	**55441**	**52591**	**5.4**
三大地带	**218835**	**191379**	**14.3**	**15477**	**12778**	**21.1**	**46589**	**44369**	**5.0**
环渤海	**56667**	**61323**	**—7.6**	**4917**	**4203**	**17.0**	**6954**	**6504**	**6.9**
北京	30901	36044	—14.3	3758	3222	16.6	5091	4977	2.3
天津	2685	2349	14.3	863	721	19.7	225	241	—6.6
唐山									
沈阳	9120	8018	13.7						
大连				296	260	13.8	1638	1286	27.4
济南	11798	10797	9.3						
青岛	2163	4115	—47.4						
长三角	**138969**	**110719**	**25.5**	**8335**	**6999**	**19.1**	**36138**	**34986**	**3.3**
上海	21745	17935	21.2	4421	3578	23.6	34228	33583	1.9
南京	84393	59504	41.8	1999	1565	27.7	58	104	—44.2
苏州	875	722	21.2				761	628	21.2
无锡	750	813	—7.7	203	200	1.5	74		
常州	2268	1882	20.5	147	150	—2.0			
镇江									
南通	778	754	3.2						
扬州									
泰州									
杭州	26407	27445	—3.8	873	940	—7.1	17	51	—66.7
宁波	732	768	—4.7	692	566	22.3	781	440	77.5
嘉兴									
湖州	169	154	9.7				219	180	21.7
绍兴	667	595	12.1						
舟山									
台州	185	147	25.9						
珠三角	**23199**	**19337**	**20.0**	**2225**	**1576**	**41.2**	**3497**	**2879**	**21.5**
广州	5867	6604	—11.2	2225	1576	41.2	2957	2439	21.2
深圳	15493	11047	40.2				540	440	22.7
珠海	708	612	15.7						
佛山	101	119	—15.1						
江门	207	230	—10.0						
东莞	365	352	3.7						
中山	458	373	22.8						
惠州									
肇庆									

3—181 三大地带限额以上直营连锁零售业从业人员

（按业态分）

单位：人

地区	2004年	2003年	±%	百货商店			超级市场		
				2004年	2003年	±%	2004年	2003年	±%
全国	**854271**	**753232**	**13.4**	**124600**	**114170**	**9.1**	**405616**	**352476**	**15.1**
三大地带	**567714**	**497507**	**14.1**	**73238**	**65733**	**11.4**	**263551**	**228245**	**15.5**
环渤海	**141384**	**126000**	**12.2**	**22328**	**20377**	**9.6**	**65208**	**56451**	**15.5**
北京	89756	78351	14.6	11417	10542	8.3	42438	37094	14.4
天津	15215	12969	17.3				11442	9658	18.5
唐山	2044	1635	25.0				2044	1635	25.0
沈阳	10171	8273	22.9	325	325		2751	1365	101.5
大连	3715	2794	33.0				2021	1383	46.1
济南	9300	8946	4.0	3250	2890	12.5	2828	3019	−6.3
青岛	11183	13032	−14.2	7336	6620	10.8	1684	2297	−26.7
长三角	**295472**	**260609**	**13.4**	**9347**	**13136**	**−28.8**	**134740**	**114616**	**17.6**
上海	131866	124234	6.1				82564	75253	9.7
南京	86779	61214	41.8	2505	1850	35.4	17514	10968	59.7
苏州	6292	6078	3.5				4853	4733	2.5
无锡	2735	3092	−11.5				1774	2096	−15.4
常州	4270	3910	9.2				1855	1878	−1.2
镇江									
南通	12961	15327	−15.4	5787	10262	−43.6	6500	4330	50.1
扬州									
泰州	769	794	−3.1	63	60	5.0	706	734	−3.8
杭州	31684	31246	1.4				4817	3425	40.6
宁波	10900	8109	34.4				9099	6599	37.9
嘉兴	766	641	19.5	285	178	60.1	481	463	3.9
湖州	329	299	10.0						
绍兴	2776	2855	−2.8	707	786	−10.1	1417	1474	−3.9
舟山	2306	1896	21.6				2306	1896	21.6
台州	1039	914	13.7				854	767	11.3
珠三角	**130858**	**110898**	**18.0**	**41563**	**32220**	**29.0**	**63603**	**57178**	**11.2**
广州	21242	21955	−3.2				12272	12537	−2.1
深圳	102921	82683	24.5	41563	32220	29.0	46475	40067	16.0
珠海	2054	1773	15.8				1346	1161	15.9
佛山	1207	1055	14.4				1106	936	18.2
江门	324	343	−5.5				117	113	3.5
东莞	892	931	−4.2				527	579	−9.0
中山	2218	2158	2.8				1760	1785	−1.4
惠州									
肇庆									

3—181 续表

单位：人

地区	专业店			专卖店			便利店		
	2004年	2003年	±%	2004年	2003年	±%	2004年	2003年	±%
全国	**259826**	**222666**	**16.7**	**17714**	**15092**	**17.4**	**45917**	**47225**	**—2.8**
三大地带	**181055**	**152644**	**18.6**	**11104**	**9240**	**20.2**	**38268**	**40536**	**—5.6**
环渤海	**43280**	**39493**	**9.6**	**3869**	**3335**	**16.0**	**6699**	**6344**	**5.6**
北京	28115	23409	20.1	2755	2399	14.8	5031	4907	2.5
天津	2685	2349	14.3	863	721	19.7	225	241	—6.6
唐山									
沈阳	7095	6583	7.8						
大连				251	215	16.7	1443	1196	20.7
济南	3222	3037	6.1						
青岛	2163	4115	—47.4						
长三角	**117277**	**96401**	**21.7**	**5590**	**4694**	**19.1**	**28077**	**31313**	**—10.3**
上海	20041	16519	21.3	2151	1908	12.7	26669	30105	—11.4
南京	64939	46935	38.4	1763	1357	29.9	58	104	—44.2
苏州	863	722	19.5				576	623	—7.5
无锡	701	813	—13.8	186	183	1.6	74		
常州	2268	1882	20.5	147	150	—2.0			
镇江									
南通	674	735	—8.3						
扬州									
泰州									
杭州	26102	27166	—3.9	748	604	23.8	17	51	—66.7
宁波	732	768	—4.7	595	492	20.9	474	250	89.6
嘉兴									
湖州	120	119	0.8				209	180	16.1
绍兴	652	595	9.6						
舟山									
台州	185	147	25.9						
珠三角	**20498**	**16750**	**22.4**	**1645**	**1211**	**35.8**	**3492**	**2879**	**21.3**
广州	4316	5108	—15.5	1645	1211	35.8	2952	2439	21.0
深圳	14343	9956	44.1				540	440	22.7
珠海	708	612	15.7						
佛山	101	119	—15.1						
江门	207	230	—10.0						
东莞	365	352	3.7						
中山	458	373	22.8						
惠州									
肇庆									

3－182　三大地带限额以上加盟连锁零售业从业人员

（按业态分）

单位：人

地　区	2004年	2003年	±%	百货商店			超级市场		
				2004年	2003年	±%	2004年	2003年	±%
全　国	**201707**	**170828**	**18.1**	**14448**	**7470**	**93.4**	**105211**	**91886**	**14.5**
三大地带	**152294**	**131109**	**16.2**	**10602**	**4396**	**141.2**	**90898**	**80057**	**13.5**
环渤海	**22343**	**27253**	**－18.0**	**5322**	**2896**	**83.8**	**2331**	**1499**	**55.5**
北　京	6008	14907	－59.7				2159	1379	56.6
天　津									
唐　山	50	60	－16.7				50	60	－16.7
沈　阳	2033	1435	41.7				8		
大　连	240	135	77.8						
济　南	8636	7820	10.4				60	60	
青　岛	5376	2896	85.6	5322	2896	83.8	54		
长三角	**119405**	**94737**	**26.0**	**5000**	**1500**	**233.3**	**81587**	**72591**	**12.4**
上　海	65665	50545	29.9				53812	43631	23.3
南　京	43650	38207	14.2				23960	25430	－5.8
苏　州	1140	1004	13.5				943	999	－5.6
无　锡	461	611	－24.5				395	594	－33.5
常　州	1332	1305	2.1				1332	1305	2.1
镇　江									
南　通	5104	1519	236.0	5000	1500	233.3			
扬　州									
泰　州									
杭　州	430	615	－30.1						
宁　波	941	794	18.5				537	530	1.3
嘉　兴	40						40		
湖　州	59	35	68.6						
绍　兴	565	102	453.9				550	102	439.2
舟　山	18						18		
台　州									
珠三角	**10546**	**9119**	**15.6**	**280**			**6980**	**5967**	**17.0**
广　州	6906	5738	20.4				4770	3677	29.7
深　圳	3590	3298	8.9	280			2160	2207	－2.1
珠　海									
佛　山									
江　门									
东　莞	38	38					38	38	
中　山	12	45	－73.3				12	45	－73.3
惠　州									
肇　庆									

3－182 续表

单位:人

地区	专业店			专卖店			便利店		
	2004年	2003年	±%	2004年	2003年	±%	2004年	2003年	±%
全国	**57330**	**53246**	**7.7**	**14874**	**12180**	**22.1**	**9524**	**5366**	**77.5**
三大地带	**37780**	**38735**	**－2.5**	**4373**	**3538**	**23.6**	**8321**	**3833**	**117.1**
环渤海	**13387**	**21830**	**－38.7**	**1048**	**868**	**20.7**	**255**	**160**	**59.4**
北京	2786	12635	－78.0	1003	823	21.9	60	70	－14.3
天津									
唐山									
沈阳	2025	1435	41.1						
大连				45	45		195	90	116.7
济南	8576	7760	10.5						
青岛									
长三角	**21692**	**14318**	**51.5**	**2745**	**2305**	**19.1**	**8061**	**3673**	**119.5**
上海	1704	1416	20.3	2270	1670	35.9	7559	3478	117.3
南京	19454	12569	54.8	236	208	13.5			
苏州	12						185	5	3600.0
无锡	49			17	17				
常州									
镇江									
南通	104	19	447.4						
扬州									
泰州									
杭州	305	279	9.3	125	336	－62.8			
宁波				97	74	31.1	307	190	61.6
嘉兴									
湖州	49	35	40.0				10		
绍兴	15								
舟山									
台州									
珠三角	**2701**	**2587**	**4.4**	**580**	**365**	**58.9**	**5**		
广州	1551	1496	3.7	580	365	58.9	5		
深圳	1150	1091	5.4						
珠海									
佛山									
江门									
东莞									
中山									
惠州									
肇庆									

3－183　三大地带限额以上连锁零售业销售额

（按业态分）

单位：万元

地　区	2004年	2003年	±%	百货商店			超级市场		
				2004年	2003年	±%	2004年	2003年	±%
全　国	**55806959**	**42586344**	**31.0**	**7447315**	**5965183**	**24.8**	**24099402**	**19255550**	**25.2**
三大地带	**45334037**	**34246159**	**32.4**	**4443257**	**3378212**	**31.5**	**20094971**	**16021159**	**25.4**
环渤海	**13852378**	**10992179**	**26.0**	**1807669**	**1369058**	**32.0**	**3668345**	**2730576**	**34.3**
北　京	9737229	8014694	21.5	602396	505613	19.1	2796636	2014309	38.8
天　津	619135	435338	42.2				365601	289106	26.5
唐　山	69208	52040	33.0				69208	52040	33.0
沈　阳	347786	268716	29.4	16495	15951	3.4	68855	54536	26.3
大　连	135741	101962	33.1				69110	54272	27.3
济　南	1887260	1321473	42.8	402164	284929	41.1	191176	168493	13.5
青　岛	1056019	797956	32.3	786614	562565	39.8	107759	97820	10.2
长三角	**25279446**	**18397531**	**37.4**	**997257**	**762202**	**30.8**	**13208394**	**10589589**	**24.7**
上　海	12959450	9800862	32.2				10235099	8321609	23.0
南　京	5760164	3683780	56.4	212321	168823	25.8	1492675	1051507	42.0
苏　州	326270	262321	24.4				274832	226882	21.1
无　锡	107991	105984	1.9				81823	85926	－4.8
常　州	298240	249756	19.4				64145	63508	1.0
镇　江									
南　通	1249798	965002	29.5	764262	571736	33.7	475669	381046	24.8
扬　州									
泰　州	20418	19775	3.3	1632	2010	－18.8	18786	17765	5.7
杭　州	4147181	2971780	39.6				246031	175820	39.9
宁　波	139957	116493	20.1				122202	103285	18.3
嘉　兴	39506	35216	12.2	14673	13445	9.1	24833	21771	14.1
湖　州	8140	6906	17.9						
绍　兴	118423	96968	22.1	4369	6188	－29.4	77525	64816	19.6
舟　山	53455	39866	34.1				53455	39866	34.1
台　州	50453	42822	17.8				41319	35788	15.5
珠三角	**6202213**	**4856449**	**27.7**	**1638331**	**1246952**	**31.4**	**3218232**	**2700994**	**19.1**
广　州	1486044	1100874	35.0				857654	708717	21.0
深　圳	4442012	3557876	24.9	1638331	1246952	31.4	2172704	1854816	17.1
珠　海	83875	69725	20.3				43711	37675	16.0
佛　山	39725	19986	98.8				35991	17439	106.4
江　门	4436	3519	26.1				1321	1426	－7.4
东　莞	47496	29116	63.1				18294	14225	28.6
中　山	98625	75353	30.9				88557	66696	32.8
惠　州									
肇　庆									

3—183　续表

单位：万元

地　区	专业店			专卖店			便利店		
	2004 年	2003 年	±%	2004 年	2003 年	±%	2004 年	2003 年	±%
全　国	**22066942**	**15814125**	**39.5**	**796661**	**690273**	**15.4**	**1382632**	**835421**	**65.5**
三大地带	**18988401**	**13652345**	**39.1**	**507941**	**408222**	**24.4**	**1287456**	**765424**	**68.2**
环渤海	**8016391**	**6600461**	**21.5**	**158320**	**129278**	**22.5**	**201653**	**162806**	**23.9**
北　京	6049664	5255074	15.1	151284	122627	23.4	137249	117071	17.2
天　津	248724	141536	75.7	3085	2773	11.3	1725	1923	—10.3
唐　山									
沈　阳	262437	198229	32.4						
大　连				3951	3878	1.9	62679	43812	43.1
济　南	1293920	868051	49.1						
青　岛	161646	137571	17.5						
长三角	**9958491**	**6278885**	**58.6**	**243035**	**185406**	**31.1**	**865578**	**575146**	**50.5**
上　海	1799090	857926	109.7	96202	61464	56.5	822367	553557	48.6
南　京	3961305	2385721	66.0	91185	74745	22.0	2679	2983	—10.2
苏　州	35708	27502	29.8				15730	7939	98.1
无　锡	12489	15040	—17.0	5904	5019	17.6	7775		
常　州	225366	181961	23.9	8729	4288	103.6			
镇　江									
南　通	9867	12219	—19.2						
扬　州									
泰　州									
杭　州	3862188	2759061	40.0	35243	34848	1.1	3718	2052	81.2
宁　波	4192	3868	8.4	5772	5042	14.5	7792	4298	81.3
嘉　兴									
湖　州	2623	2589	1.3				5517	4317	27.8
绍　兴	36529	25964	40.7						
舟　山									
台　州	9134	7034	29.9						
珠三角	**1013519**	**772999**	**31.1**	**106586**	**93538**	**13.9**	**220225**	**27472**	**701.6**
广　州	306395	263410	16.3	106586	93538	13.9	210089	20715	914.2
深　圳	620840	449350	38.2				10136	6757	50.0
珠　海	40164	32050	25.3						
佛　山	3734	2547	46.6						
江　门	3115	2093	48.8						
东　莞	29203	14891	96.1						
中　山	10068	8658	16.3						
惠　州									
肇　庆									

3－184　三大地带限额以上直营连锁零售业销售额

（按业态分）

单位：万元

地　区	2004年	2003年	±%	百货商店			超级市场		
				2004年	2003年	±%	2004年	2003年	±%
全　国	**45660350**	**34944578**	**30.7**	**7076311**	**5782967**	**22.4**	**20049523**	**16339419**	**22.7**
三大地带	**35792742**	**27043879**	**32.4**	**4229581**	**3277815**	**29.0**	**16248406**	**13208734**	**23.0**
环渤海	**9800628**	**7447746**	**31.6**	**1762707**	**1348661**	**30.7**	**3648482**	**2715074**	**34.4**
北　京	6471741	4925753	31.4	602396	505613	19.1	2780805	2001986	38.9
天　津	619135	435338	42.2				365601	289106	26.5
唐　山	65977	49051	34.5				65977	49051	34.5
沈　阳	324282	261670	23.9	16495	15951	3.4	68625	54536	25.8
大　连	119908	100357	19.5				69110	54272	27.3
济　南	1188930	898018	32.4	402164	284929	41.1	191006	168303	13.5
青　岛	1010655	777559	30.0	741652	542168	36.8	107358	97820	9.8
长三角	**20266800**	**15176006**	**33.5**	**842457**	**682202**	**23.5**	**9754048**	**8124871**	**20.1**
上　海	10131034	7841676	29.2				7686702	6474265	18.7
南　京	3830487	2585638	48.1	212321	168823	25.8	665075	501507	32.6
苏　州	303339	246900	22.9				255013	211513	20.6
无　锡	101592	99095	2.5				76023	79120	－3.9
常　州	282220	238246	18.5				48125	51998	－7.4
镇　江									
南　通	1094303	884872	23.7	609462	491736	23.9	475669	381046	24.8
扬　州									
泰　州	20418	19775	3.3	1632	2010	－18.8	18786	17765	5.7
杭　州	4133610	2956986	39.8				246031	175820	39.9
宁　波	123736	94306	31.2				108815	82293	32.2
嘉　兴	39506	35216	12.2	14673	13445	9.1	24833	21771	14.1
湖　州	7583	6337	19.7						
绍　兴	95188	84271	13.0	4369	6188	－29.4	54326	52119	4.2
舟　山	53331	39866	33.8				53331	39866	33.8
台　州	50453	42822	17.8				41319	35788	15.5
珠三角	**5725314**	**4420127**	**29.5**	**1624417**	**1246952**	**30.3**	**2845876**	**2368789**	**20.1**
广　州	1244504	905093	37.5				657036	572874	14.7
深　圳	4216849	3319950	27.0	1624417	1246952	30.3	2011162	1661069	21.1
珠　海	83875	69725	20.3				43711	37675	16.0
佛　山	39725	19986	98.8				35991	17439	106.4
江　门	4436	3519	26.1				1321	1426	－7.4
东　莞	37346	26729	39.7				8144	11838	－31.2
中　山	98579	75125	31.2				88511	66468	33.2
惠　州									
肇　庆									

3—184 续表

单位:万元

地区	专业店			专卖店			便利店		
	2004 年	2003 年	±%	2004 年	2003 年	±%	2004 年	2003 年	±%
全国	**16813226**	**11597070**	**45.0**	**575722**	**480284**	**19.9**	**1134727**	**736226**	**54.1**
三大地带	**13840683**	**9534637**	**45.2**	**408264**	**339826**	**20.1**	**1056964**	**676910**	**56.1**
环渤海	**4073735**	**3117664**	**30.7**	**129831**	**105101**	**23.5**	**185874**	**161246**	**15.3**
北京	2828442	2202588	28.4	123358	99015	24.6	136740	116551	17.3
天津	248724	141536	75.7	3085	2773	11.3	1725	1923	—10.3
唐山									
沈阳	239163	191183	25.1						
大连				3388	3313	2.3	47409	42772	10.8
济南	595760	444786	33.9						
青岛	161646	137571	17.5						
长三角	**8832316**	**5727059**	**54.2**	**183258**	**150645**	**21.6**	**651195**	**488192**	**33.4**
上海	1769752	850138	108.2	57762	46727	23.6	613291	467507	31.2
南京	2868762	1844506	55.5	81650	67818	20.4	2679	2983	—10.2
苏州	35558	27502	29.3				12768	7886	61.9
无锡	12206	15040	—18.8	5588	4936	13.2	7775		
常州	225366	181961	23.9	8729	4288	103.6			
镇江									
南通	9172	12089	—24.1						
扬州									
泰州									
杭州	3859592	2756937	40.0	24268	22178	9.4	3718	2052	81.2
宁波	4192	3868	8.4	5261	4698	12.0	5469	3447	58.7
嘉兴									
湖州	2088	2020	3.4				5495	4317	27.3
绍兴	36494	25964	40.6						
舟山									
台州	9134	7034	29.9						
珠三角	**934632**	**689914**	**35.5**	**95175**	**84080**	**13.2**	**219895**	**27472**	**700.4**
广州	277214	224504	23.5	95175	84080	13.2	209759	20715	912.6
深圳	571134	405171	41.0				10136	6757	50.0
珠海	40164	32050	25.3						
佛山	3734	2547	46.6						
江门	3115	2093	48.8						
东莞	29203	14891	96.1						
中山	10068	8658	16.3						
惠州									
肇庆									

3－185 三大地带限额以上加盟连锁零售业销售额

（按业态分）

单位:万元

地区	2004年	2003年	±%	百货商店			超级市场		
				2004年	2003年	±%	2004年	2003年	±%
全国	**10146609**	**7641766**	**32.8**	**371004**	**182216**	**103.6**	**4049879**	**2916131**	**38.9**
三大地带	**9541295**	**7202280**	**32.5**	**213676**	**100397**	**112.8**	**3846565**	**2812425**	**36.8**
环渤海	**4051750**	**3544433**	**14.3**	**44962**	**20397**	**120.4**	**19863**	**15502**	**28.1**
北京	3265488	3088941	5.7				15831	12323	28.5
天津									
唐山	3231	2989	8.1				3231	2989	8.1
沈阳	23504	7046	233.6				230		
大连	15833	1605	886.5						
济南	698330	423455	64.9				170	190	－10.5
青岛	45364	20397	122.4	44962	20397	120.4	401		
长三角	**5012646**	**3221525**	**55.6**	**154800**	**80000**	**93.5**	**3454346**	**2464718**	**40.2**
上海	2828416	1959186	44.4				2548397	1847344	37.9
南京	1929677	1098142	75.7				827600	550000	50.5
苏州	22931	15421	48.7				19819	15369	29.0
无锡	6399	6889	－7.1				5800	6806	－14.8
常州	16020	11510	39.2				16020	11510	39.2
镇江									
南通	155495	80130	94.1	154800	80000	93.5			
扬州									
泰州									
杭州	13571	14794	－8.3						
宁波	16221	22187	－26.9				13387	20992	－36.2
嘉兴									
湖州	557	569	－2.1						
绍兴	23235	12697	83.0				23199	12697	82.7
舟山	124						124		
台州									
珠三角	**476899**	**436322**	**9.3**	**13914**			**372356**	**332205**	**12.1**
广州	241540	195781	23.4				200618	135843	47.7
深圳	225163	237926	－5.4	13914			161542	193747	－16.6
珠海									
佛山									
江门									
东莞	10150	2387	325.2				10150	2387	325.2
中山	46	228	－79.8				46	228	－79.8
惠州									
肇庆									

3—185 续表

单位:万元

地区	专业店			专卖店			便利店		
	2004年	2003年	±%	2004年	2003年	±%	2004年	2003年	±%
全国	**5253716**	**4217055**	**24.6**	**220939**	**209989**	**5.2**	**247905**	**99195**	**149.9**
三大地带	**5147718**	**4117708**	**25.0**	**99677**	**68396**	**45.7**	**230492**	**88514**	**160.4**
环渤海	**3942656**	**3482797**	**13.2**	**28489**	**24177**	**17.8**	**15779**	**1560**	**911.5**
北京	3221222	3052486	5.5	27926	23612	18.3	509	520	—2.1
天津									
唐山									
沈阳	23274	7046	230.3						
大连				563	565	—0.4	15270	1040	1368.3
济南	698160	423265	64.9						
青岛									
长三角	**1126175**	**551826**	**104.1**	**59777**	**34761**	**72.0**	**214383**	**86954**	**146.5**
上海	29338	7788	276.7	38440	14737	160.8	209076	86050	143.0
南京	1092543	541215	101.9	9535	6927	37.6			
苏州	150						2962	53	5488.7
无锡	283			316	83	280.7			
常州									
镇江									
南通	695	130	434.6						
扬州									
泰州									
杭州	2596	2124	22.2	10975	12670	—13.4			
宁波				511	344	48.5	2323	851	173.0
嘉兴									
湖州	535	569	—6.0				22		
绍兴	35								
舟山									
台州									
珠三角	**78887**	**83085**	**—5.1**	**11411**	**9458**	**20.6**	**330**		
广州	29181	38906	—25.0	11411	9458	20.6	330		
深圳	49706	44179	12.5						
珠海									
佛山									
江门									
东莞									
中山									
惠州									
肇庆									

3—186 三大地带限额以上连锁零售业零售额

（按业态分）

单位：万元

地区	2004年	2003年	±%	百货商店			超级市场		
				2004年	2003年	±%	2004年	2003年	±%
全国	**45099029**	**34641233**	**30.2**	**6638207**	**5242786**	**26.6**	**20072011**	**16101955**	**24.7**
三大地带	**36429419**	**27617383**	**31.9**	**3989577**	**3025581**	**31.9**	**16680583**	**13359873**	**24.9**
环渤海	**12304625**	**9813657**	**25.4**	**1618590**	**1264336**	**28.0**	**3392082**	**2498812**	**35.7**
北京	9046064	7411655	22.1	598088	497225	20.3	2705817	1936774	39.7
天津	587171	431238	36.2				365601	289106	26.5
唐山	62083	43422	43.0				62083	43422	43.0
沈阳	264158	181430	45.6	16495	15951	3.4	20750	14893	39.3
大连	124816	89359	39.7				69110	54272	27.3
济南	1376795	979003	40.6	402164	284929	41.1	70808	67374	5.1
青岛	843538	677550	24.5	601843	466231	29.1	97913	92971	5.3
长三角	**18150474**	**13155098**	**38.0**	**734387**	**523452**	**40.3**	**10091960**	**8185465**	**23.3**
上海	10084038	7608666	32.5				7485361	6196424	20.8
南京	3982712	2540290	56.8	212321	168823	25.8	1396023	980368	42.4
苏州	314692	254421	23.7				264706	219171	20.8
无锡	102314	100952	1.3				80977	84853	—4.6
常州	240296	205382	17.0				63377	62862	0.8
镇江									
南通	773909	545748	41.8	506103	337474	50.0	258664	197815	30.8
扬州									
泰州	19811	18442	7.4	1025	740	38.5	18786	17702	6.1
杭州	2259608	1564700	44.4				218410	170098	28.4
宁波	138324	115604	19.7				121196	102396	18.4
嘉兴	35471	32336	9.7	10638	10565	0.7	24833	21771	14.1
湖州	8140	6906	17.9						
绍兴	100300	87485	14.6	4300	5850	—26.5	76960	64091	20.1
舟山	45581	36315	25.5				45581	36315	25.5
台州	45278	37851	19.6				37086	31599	17.4
珠三角	**5974320**	**4648628**	**28.5**	**1636600**	**1237793**	**32.2**	**3196541**	**2675606**	**19.5**
广州	1322704	938303	41.0				857654	699397	22.6
深圳	4433363	3542735	25.1	1636600	1237793	32.2	2172704	1854816	17.1
珠海	75051	61508	22.0				42830	36719	16.6
佛山	29682	12891	130.3				27515	11413	141.1
江门	4436	3519	26.1				1321	1426	—7.4
东莞	22794	23404	—2.6				18294	14225	28.6
中山	86290	66268	30.2				76223	57610	32.3
惠州									
肇庆									

3—186 续表

单位:万元

地区	专业店			专卖店			便利店		
	2004年	2003年	±%	2004年	2003年	±%	2004年	2003年	±%
全国	**16444612**	**11938604**	**37.7**	**639016**	**553969**	**15.4**	**1293034**	**783983**	**64.9**
三大地带	**14173267**	**10208736**	**38.8**	**367168**	**288241**	**27.4**	**1208665**	**719998**	**67.9**
环渤海	**6986601**	**5799020**	**20.5**	**125956**	**104768**	**20.2**	**181396**	**146721**	**23.6**
北京	5495323	4765951	15.3	119230	98402	21.2	127606	113304	12.6
天津	216761	137435	57.7	3085	2773	11.3	1725	1923	—10.3
唐山									
沈阳	226912	150586	50.7						
大连				3641	3593	1.3	52065	31494	65.3
济南	903824	626700	44.2						
青岛	143781	118348	21.5						
长三角	**6294436**	**3735383**	**68.5**	**215173**	**158207**	**36.0**	**807821**	**546288**	**47.9**
上海	1729768	819770	111.0	96202	61464	56.5	766014	524702	46.0
南京	2304334	1336615	72.4	67412	51505	30.9	2622	2980	—12.0
苏州	34974	27311	28.1				15011	7939	89.1
无锡	11746	15040	—21.9	1815	1060	71.2	7775		
常州	168190	138232	21.7	8729	4288	103.6			
镇江									
南通	9142	10459	—12.6						
扬州									
泰州									
杭州	2002236	1357703	47.5	35243	34848	1.1	3718	2052	81.2
宁波	4192	3868	8.5	5772	5042	14.5	7164	4298	66.7
嘉兴									
湖州	2623	2589	1.3				5517	4317	27.8
绍兴	19039	17544	8.5						
舟山									
台州	8192	6252	31.0						
珠三角	**892230**	**674333**	**32.3**	**26039**	**25266**	**3.1**	**219448**	**26989**	**713.1**
广州	226237	184769	22.4	26039	25266	3.1	209312	20232	934.6
深圳	613922	443368	38.5				10136	6757	50.0
珠海	32221	24789	30.0						
佛山	2167	1478	46.6						
江门	3115	2093	48.8						
东莞	4500	9178	—51.0						
中山	10068	8658	16.3						
惠州									
肇庆									

3－187 三大地带限额以上直营连锁零售业零售额

（按业态分）

单位:万元

地　区	2004年	2003年	±%	百货商店			超级市场		
				2004年	2003年	±%	2004年	2003年	±%
全　国	**35635247**	**27251194**	**30.8**	**6313218**	**5077570**	**24.3**	**16125789**	**13191818**	**22.2**
三大地带	**27546160**	**20649299**	**33.4**	**3810701**	**2942184**	**29.5**	**12935947**	**10553014**	**22.6**
环渤海	**8353876**	**6288671**	**32.8**	**1573628**	**1243939**	**26.5**	**3372219**	**2483310**	**35.8**
北　京	5783947	4326069	33.7	598088	497225	20.3	2689986	1924451	39.8
天　津	587171	431238	36.2				365601	289106	26.5
唐　山	58852	40433	45.6				58852	40433	45.6
沈　阳	242844	174984	38.8	16495	15951	3.4	20520	14893	37.8
大　连	109053	87844	24.1				69110	54272	27.3
济　南	773835	570950	35.5	402164	284929	41.1	70638	67184	5.1
青　岛	798174	657153	21.5	556881	445834	24.9	97512	92971	4.9
长三角	**13686408**	**10135174**	**35.0**	**614387**	**460452**	**33.4**	**6739543**	**5726303**	**17.7**
上　海	7364461	5649480	30.4				5032339	4349080	15.7
南　京	2451423	1621194	51.2	212321	168823	25.8	568423	430368	32.1
苏　州	297775	244555	21.8				250902	209358	19.8
无　锡	96357	94063	2.4				75619	78047	－3.1
常　州	224276	193872	15.7				47357	51352	－7.8
镇　江									
南　通	653214	482618	35.3	386103	274474	40.7	258664	197815	30.8
扬　州									
泰　州	19811	18442	7.4	1025	740	38.5	18786	17702	6.1
杭　州	2246037	1549906	44.9				218410	170098	28.4
宁　波	122200	93417	30.8				107906	81404	32.6
嘉　兴	35471	32336	9.7	10638	10565	0.7	24833	21771	14.1
湖　州	7583	6337	19.7						
绍　兴	77065	74788	3.0	4300	5850	－26.5	53761	51394	4.6
舟　山	45457	36315	25.2				45457	36315	25.2
台　州	45278	37851	19.6				37086	31599	17.4
珠三角	**5505876**	**4225454**	**30.3**	**1622686**	**1237793**	**31.1**	**2824185**	**2343401**	**20.5**
广　州	1089619	755670	44.2				657036	563554	16.6
深　圳	4208200	3304809	27.3	1622686	1237793	31.1	2011162	1661069	21.1
珠　海	75051	61508	22.0				42830	36719	16.6
佛　山	29682	12891	130.3				27515	11413	141.1
江　门	4436	3519	26.1				1321	1426	－7.4
东　莞	12644	21017	－39.8				8144	11838	－31.2
中　山	86244	66040	30.6				76177	57382	32.8
惠　州									
肇　庆									

3—187 续表

单位:万元

地区	专业店			专卖店			便利店		
	2004年	2003年	±%	2004年	2003年	±%	2004年	2003年	±%
全国	**11692321**	**7927610**	**47.5**	**430953**	**356806**	**20.8**	**1063983**	**688778**	**54.5**
三大地带	**9521661**	**6285493**	**51.5**	**279140**	**231075**	**20.8**	**991722**	**631574**	**57.0**
环渤海	**3142033**	**2332423**	**34.7**	**100296**	**83747**	**19.8**	**165702**	**145251**	**14.1**
北京	2274628	1713663	32.7	94133	77946	20.8	127112	112784	12.7
天津	216761	137435	57.7	3085	2773	11.3	1725	1923	—10.3
唐山									
沈阳	205829	144140	42.8						
大连				3078	3028	1.7	36865	30544	20.7
济南	301034	218837	37.6						
青岛	143781	118348	21.5						
长三角	**5564861**	**3361033**	**65.6**	**157185**	**125016**	**25.7**	**606902**	**459334**	**32.1**
上海	1700430	811982	109.4	57762	46727	23.6	570402	438652	30.0
南京	1608391	972876	65.3	59666	46148	29.3	2622	2980	—12.0
苏州	34824	27311	27.5				12049	7886	52.8
无锡	11463	15040	—23.8	1499	977	53.4	7775		
常州	168190	138232	21.7	8729	4288	103.6			
镇江									
南通	8447	10329	—18.2						
扬州									
泰州									
杭州	1999640	1355579	47.5	24268	22178	9.4	3718	2052	81.2
宁波	4192	3868	8.4	5261	4698	12.0	4841	3447	40.4
嘉兴									
湖州	2088	2020	3.4				5495	4317	27.3
绍兴	19004	17544	8.3						
舟山									
台州	8192	6252	31.0						
珠三角	**814767**	**592037**	**37.6**	**21659**	**22312**	**—2.9**	**219118**	**26989**	**711.9**
广州	198480	146652	35.3	21659	22312	—2.9	208982	20232	932.9
深圳	564216	399189	41.3				10136	6757	50.0
珠海	32221	24789	30.0						
佛山	2167	1478	46.6						
江门	3115	2093	48.8						
东莞	4500	9178	—51.0						
中山	10068	8658	16.3						
惠州									
肇庆									

3－188 三大地带限额以上加盟连锁零售业零售额

（按业态分）

单位:万元

地区	2004年	2003年	±%	百货商店			超级市场		
				2004年	2003年	±%	2004年	2003年	±%
全国	**9463782**	**7390039**	**28.1**	**324989**	**165216**	**96.7**	**3946222**	**2910137**	**35.6**
三大地带	**8883259**	**6968084**	**27.5**	**178876**	**83397**	**114.5**	**3744636**	**2806869**	**33.4**
环渤海	**3950749**	**3524986**	**12.1**	**44962**	**20397**	**120.4**	**19863**	**15502**	**28.1**
北京	3262117	3085586	5.7				15831	12323	28.5
天津									
唐山	3231	2989	8.1				3231	2989	8.1
沈阳	21314	6446	230.7				230		
大连	15763	1515	940.5						
济南	602960	408053	47.8				170	190	－10.5
青岛	45364	20397	122.4	44962	20397	120.4	401		
长三角	**4464066**	**3019924**	**47.8**	**120000**	**63000**	**90.5**	**3352417**	**2459162**	**36.3**
上海	2719577	1959186	38.8				2453022	1847344	32.8
南京	1531289	919096	66.6				827600	550000	50.5
苏州	16917	9866	71.5				13804	9813	40.7
无锡	5957	6889	－13.5				5358	6806	－21.3
常州	16020	11510	39.2				16020	11510	39.2
镇江									
南通	120695	63130	91.2	120000	63000	90.5			
扬州									
泰州									
杭州	13571	14794	－8.3						
宁波	16124	22187	－27.3				13290	20992	－36.7
嘉兴									
湖州	557	569	－2.1						
绍兴	23235	12697	83.0				23199	12697	82.7
舟山	124						124		
台州									
珠三角	**468444**	**423174**	**10.7**	**13914**			**372356**	**332205**	**12.1**
广州	233085	182633	27.6				200618	135843	47.7
深圳	225163	237926	－5.4	13914			161542	193747	－16.6
珠海									
佛山									
江门									
东莞	10150	2387	325.2				10150	2387	325.2
中山	46	228	－79.8				46	228	－79.8
惠州									
肇庆									

3—188 续表

单位:万元

地区	专业店			专卖店			便利店		
	2004年	2003年	±%	2004年	2003年	±%	2004年	2003年	±%
全国	**4752291**	**4010994**	**18.5**	**208063**	**197163**	**5.5**	**229051**	**95205**	**140.6**
三大地带	**4651606**	**3923243**	**18.6**	**88028**	**57166**	**54.0**	**216943**	**88424**	**145.3**
环渤海	**3844568**	**3466597**	**10.9**	**25660**	**21021**	**22.1**	**15694**	**1470**	**967.6**
北京	3220695	3052288	5.5	25097	20456	22.7	494	520	—5.0
天津									
唐山									
沈阳	21083	6446	227.1						
大连				563	565	—0.4	15200	950	1500.0
济南	602790	407863	47.8						
青岛									
长三角	**729575**	**374350**	**94.9**	**57988**	**33191**	**74.7**	**200919**	**86954**	**131.1**
上海	29338	7788	276.7	38440	14737	160.8	195612	86050	127.3
南京	695943	363739	91.3	7746	5357	44.6			
苏州	150						2962	53	5488.7
无锡	283			316	83	280.7			
常州									
镇江									
南通	695	130	434.6						
扬州									
泰州									
杭州	2596	2124	22.2	10975	12670	—13.4			
宁波				511	344	48.5	2323	851	173.0
嘉兴									
湖州	535	569	—6.0				22		
绍兴	35								
舟山									
台州									
珠三角	**77463**	**82296**	**—5.9**	**4380**	**2954**	**48.3**	**330**		
广州	27757	38117	—27.2	4380	2954	48.3	330		
深圳	49706	44179	12.5						
珠海									
佛山									
江门									
东莞									
中山									
惠州									
肇庆									

3－189　三大地带限额以上连锁零售业利润总额

（按业态分）

单位：万元

地　　区	2004 年	2003 年	±%	百货商店			超级市场		
				2004 年	2003 年	±%	2004 年	2003 年	±%
全　　国	**787328**	**573345**	**37.3**	**126870**	**101630**	**24.8**	**204744**	**123700**	**65.5**
三大地带	**722937**	**517040**	**39.8**	**104926**	**79247**	**32.4**	**187169**	**113972**	**64.2**
环 渤 海	**140737**	**129916**	**8.3**	**43854**	**32551**	**34.7**	**15545**	**15486**	**0.4**
北　京	102425	103170	－0.7	21429	18471	16.0	13985	13471	3.8
天　津	3320	－22					－555	－1207	－54.0
唐　山	461	267	72.7				461	267	72.7
沈　阳	727	－223		－413	－518	－20.3	－173	－849	－79.6
大　连	－4751	－2681	77.2				－4337	－2094	107.1
济　南	23000	11098	107.2	11938	2190	445.1	1689	1498	12.8
青　岛	15555	18307	－15.0	10900	12408	－12.2	4475	4400	1.7
长 三 角	**514988**	**338571**	**52.1**	**23616**	**16417**	**43.9**	**158221**	**90800**	**74.3**
上　海	134114	78032	71.9				132729	76020	74.6
南　京	106896	68043	57.1	7541	3037	148.3	11607	10477	10.8
苏　州	2242	1356	65.3				499	4	12375.0
无　锡	642	1367	－53.0				414	839	－50.7
常　州	167	1263	－86.8				28	－35	
镇　江									
南　通	22512	16303	38.1	16000	13251	20.7	7021	3203	119.2
扬　州									
泰　州	－3	－150	－98.0				－3	－150	－98.0
杭　州	242000	166361	45.5				107	－4281	
宁　波	3232	3197	1.1				2840	2328	22.0
嘉　兴	749	722	3.7	54	54		695	669	3.9
湖　州	19	6	216.7						
绍　兴	1300	761	70.8	21	75	－72.0	1255	474	164.8
舟　山	644	587	9.7				644	587	9.7
台　州	474	723	－34.4				385	665	－42.1
珠 三 角	**67212**	**48553**	**38.4**	**37456**	**30279**	**23.7**	**13403**	**7686**	**74.4**
广　州	1353	3073	－56.0				4482	4994	－10.3
深　圳	64904	45506	42.6	37456	30279	23.7	7942	2685	195.8
珠　海	－1381	－575	140.2				－1224	－509	140.5
佛　山	824	431	－0.8				734	301	143.9
江　门	－36	－78	－53.8				10	11	－9.1
东　莞	937	－156					813	－140	
中　山	611	352	73.6				646	344	87.8
惠　州									
肇　庆									

3—189 续表

单位:万元

地区	专业店			专卖店			便利店		
	2004年	2003年	±%	2004年	2003年	±%	2004年	2003年	±%
全国	**462466**	**354255**	**30.5**	**19189**	**18304**	**4.8**	**—26042**	**—24666**	**5.6**
三大地带	**441460**	**334547**	**32.0**	**14402**	**13945**	**3.3**	**—25171**	**—24788**	**1.5**
环渤海	**78549**	**78614**	**—0.1**	**3820**	**3829**	**—0.2**	**—1032**	**—562**	**84.0**
北京	63818	67486	—5.4	3792	3760	0.9	—599	—18	3227.8
天津	3865	1074	259.9	40	102	—60.8	—30	10	
唐山									
沈阳	1313	1144	14.8						
大连				—12	—33	—63.6	—403	—554	—27.3
济南	9373	7410	26.5						
青岛	180	1500	—88.0						
长三角	**346859**	**244312**	**42.0**	**8754**	**9044**	**—3.2**	**—22686**	**—22113**	**2.6**
上海	16911	16885	0.2	6940	6956	—0.2	—22692	—21944	3.4
南京	86518	54221	59.6	1222	308	296.8	8		
苏州	1711	1464	16.9				32	—112	
无锡	32	324	—90.1	206	205	0.5	—10		
常州	797	1287	—38.1	—658	11				
镇江									
南通	—509	—151	237.1						
扬州									
泰州									
杭州	241340	170030	41.9	628	605	3.8	—75	7	
宁波	—59	—16	268.8	416	959	—56.6	35	—73	
嘉兴									
湖州	4	—3					16	9	77.8
绍兴	25	213	—88.3						
舟山									
台州	89	58	53.4						
珠三角	**16052**	**11621**	**38.1**	**1828**	**1072**	**70.5**	**—1453**	**—2113**	**—31.2**
广州	—3355	—1146	192.8	1828	1072	70.5	—1527	—1856	—17.7
深圳	19431	12800	51.8				74	—257	
珠海	—157	—66	137.9						
佛山	90	130	—30.8						
江门	—46	—89	—48.3						
东莞	124	—16							
中山	—35	8							
惠州									
肇庆									

3—190 三大地带限额以上连锁零售业资产总额

（按业态分）

单位：万元

地区	2004年	2003年	±%	百货商店			超级市场		
				2004年	2003年	±%	2004年	2003年	±%
全国	**18005588**	**14507088**	**24.1**	**3170432**	**2820893**	**12.4**	**7409390**	**6241062**	**18.7**
三大地带	**12706301**	**9988417**	**27.2**	**1798789**	**1498709**	**20.0**	**5324540**	**4493957**	**18.5**
环渤海	**4093497**	**3127614**	**30.9**	**802876**	**654840**	**22.6**	**1386734**	**1136790**	**22.0**
北京	2507438	1762658	42.3	174421	151500	15.1	971179	733698	32.4
天津	276670	238941	15.8				169742	163736	3.7
唐山	15282	13588	12.5				15282	13588	12.5
沈阳	168869	150832	12.0	4713	4862	−3.1	57937	53748	7.8
大连	56797	47861	18.7				37172	32983	12.7
济南	599143	541283	10.7	265739	230455	15.3	81908	88452	−7.4
青岛	469298	372451	26.0	358003	268023	33.6	53514	50585	5.8
长三角	**6328662**	**4838183**	**30.8**	**335096**	**260696**	**28.5**	**2812571**	**2327411**	**20.8**
上海	3070712	2395340	28.2				2091540	1721599	21.5
南京	1343703	904704	48.5	218995	165573	32.3	174904	139787	25.1
苏州	80808	92646	−12.8				67012	79960	−16.2
无锡	32313	30286	6.7				17275	18137	−4.8
常州	97268	66822	45.6				12651	12602	0.4
镇江									
南通	197766	164887	19.9	103126	82125	25.6	89257	78289	14.0
扬州									
泰州	9803	6862	42.9	799	686	16.5	9005	6176	45.8
杭州	1199280	937910	27.9				117663	92696	26.9
宁波	184553	141187	30.7				152390	107943	41.2
嘉兴	12153	11175	8.8	5470	4974	10.0	6682	6201	7.8
湖州	2587	2075	24.7						
绍兴	47047	42203	11.5	6706	7338	−8.6	25836	24233	6.6
舟山	27401	22235	23.2				27401	22235	23.2
台州	23267	19851	17.2				20955	17553	19.4
珠三角	**2284143**	**2022620**	**12.9**	**660817**	**583173**	**13.3**	**1125235**	**1029756**	**9.3**
广州	604885	549985	10.0				392241	359082	9.2
深圳	1594598	1398570	14.0	660817	583173	13.3	678247	621326	9.2
珠海	30944	25748	20.2				15658	15016	4.3
佛山	8057	6743	19.5				7917	6299	25.7
江门	912	1032	−11.6				481	471	2.1
东莞	24829	24539	1.2				13321	12905	3.2
中山	19918	16003	24.5				17370	14657	18.5
惠州									
肇庆									

3—190 续表

单位:万元

地区	专业店			专卖店			便利店		
	2004年	2003年	±%	2004年	2003年	±%	2004年	2003年	±%
全国	**6699685**	**4904781**	**36.6**	**342893**	**254116**	**34.9**	**379415**	**276734**	**37.1**
三大地带	**5055626**	**3609488**	**40.1**	**224170**	**178933**	**25.3**	**301110**	**199353**	**51.0**
环渤海	**1766274**	**1252191**	**41.1**	**54073**	**43544**	**24.2**	**83541**	**40248**	**107.6**
北京	1249794	814104	53.5	50050	39770	25.8	61994	23586	162.8
天津	100984	69647	45.0	2057	1832	12.3	3888	3726	4.3
唐山									
沈阳	106220	92222	15.2						
大连				1966	1942	1.2	17659	12936	36.5
济南	251495	222375	13.1						
青岛	57781	53843	7.3						
长三角	**2869307**	**1998771**	**43.6**	**112825**	**104356**	**8.1**	**197240**	**145594**	**35.5**
上海	774697	514919	50.5	20300	20094	1.0	182551	137374	32.9
南京	891644	554576	60.8	56174	42946	30.8	1986	1823	8.9
苏州	11055	10614	4.2				2742	2072	32.3
无锡	10513	9510	10.5	2594	2639	—1.7	1932		
常州	84447	53437	58.0	171	783	—78.2			
镇江									
南通	5383	4472	20.4						
扬州									
泰州									
杭州	1063097	828637	28.3	17882	16536	8.1	637	41	1453.7
宁波	10953	8947	22.4	15704	21358	—26.5	5506	2939	87.3
嘉兴									
湖州	701	730	—4.0				1886	1345	40.2
绍兴	14505	10631	36.4						
舟山									
台州	2312	2298	0.6						
珠三角	**420045**	**358526**	**17.2**	**57272**	**31033**	**84.6**	**20329**	**13511**	**50.5**
广州	138778	143090	—3.0	57272	31033	84.6	16148	10159	59.0
深圳	251353	190719	31.8				4181	3352	24.7
珠海	15287	10733	42.4						
佛山	141	444	—68.2						
江门	431	561	—23.2						
东莞	11508	11634	—1.1						
中山	2547	1345	89.4						
惠州									
肇庆									

3－191　三大地带限额以上连锁零售业负债总额

（按业态分）

单位:万元

地　区	2004 年	2003 年	±%	百货商店			超级市场		
				2004 年	2003 年	±%	2004 年	2003 年	±%
全　国	**13093718**	**10637667**	**23.1**	**2340159**	**2081110**	**12.4**	**5678246**	**4880112**	**16.4**
三大地带	**9057133**	**7181553**	**26.1**	**1314741**	**1107218**	**18.7**	**4154519**	**3504009**	**18.6**
环渤海	**3115804**	**2178127**	**43.0**	**584997**	**457770**	**27.8**	**1145355**	**795556**	**44.0**
北　京	1916396	1177759	62.7	113713	85991	32.2	834884	518398	61.1
天　津	221635	186335	18.9				128949	119927	7.5
唐　山	14040	10682	31.4				14040	10682	31.4
沈　阳	132916	110343	20.5	6139	5875	4.5	39639	27770	42.7
大　连	42386	31847	33.1				26772	19325	38.5
济　南	440037	390351	12.7	200746	172009	16.7	68998	71103	－3.0
青　岛	348395	270810	28.6	264400	193895	36.4	32074	28351	13.1
长三角	**4137832**	**3350062**	**23.5**	**241376**	**190456**	**26.7**	**2066916**	**1813752**	**14.0**
上　海	2258292	1906461	18.5				1514015	1343897	12.7
南　京	864649	606105	42.7	160227	119550	34.0	126987	93534	35.8
苏　州	60954	76113	－19.9				51387	65944	－22.1
无　锡	20261	21238	－4.6				10334	13638	－24.2
常　州	88903	61997	43.4				11642	11638	
镇　江									
南　通	152898	135623	12.7	70217	60038	17.0	78815	72353	8.9
扬　州									
泰　州	8622	5689	51.6	721	663	8.7	7901	5026	57.2
杭　州	467481	359329	30.1				88388	61748	43.1
宁　波	124821	98562	26.6				110722	87493	26.5
嘉　兴	9420	8723	8.0	4229	3516	20.3	5192	5207	－0.3
湖　州	2197	1726	27.3						
绍　兴	38790	35060	10.6	5982	6690	－10.6	22007	20869	5.5
舟　山	22757	18782	21.2				22757	18782	21.2
台　州	17786	14655	21.4				16770	13626	23.1
珠三角	**1803497**	**1653364**	**9.1**	**488368**	**458992**	**6.4**	**942248**	**894701**	**5.3**
广　州	552412	477106	15.8				377752	333247	13.4
深　圳	1185696	1119539	5.9	488368	458992	6.4	517531	518801	－0.2
珠　海	25854	19788	30.7				14090	12276	14.8
佛　山	5873	4955	18.5				5783	4560	26.8
江　门	422	507	－16.8				3	5	－40.0
东　莞	16511	18653	－11.5				12274	13710	－10.5
中　山	16729	12817	30.5				14816	12103	22.4
惠　州									
肇　庆									

3—191 续表

单位:万元

地　区	专业店			专卖店			便利店		
	2004 年	2003 年	±%	2004 年	2003 年	±%	2004 年	2003 年	±%
全　国	**4579886**	**3285729**	**39.4**	**185822**	**120495**	**54.2**	**304874**	**263010**	**15.9**
三大地带	**3234791**	**2290648**	**41.2**	**101832**	**67980**	**49.8**	**247474**	**205191**	**20.6**
环渤海	**1321794**	**882131**	**49.8**	**20192**	**14412**	**40.1**	**43465**	**28259**	**53.8**
北　京	923727	546168	69.1	17941	12068	48.7	26132	15135	72.7
天　津	88715	63461	39.8	346	421	−17.8	3626	2526	43.5
唐　山									
沈　阳	87139	76698	13.6						
大　连				1906	1923	−0.9	13707	10598	29.3
济　南	170292	147239	15.7						
青　岛	51921	48565	6.9						
长三角	**1606859**	**1149548**	**39.8**	**35474**	**30161**	**17.6**	**186071**	**165249**	**12.6**
上　海	560594	394043	42.3	10202	9786	4.3	172344	157840	9.2
南　京	563733	383502	47.0	11922	8264	44.3	1780	1256	41.7
苏　州	6833	8115	−15.8				2734	2053	33.2
无　锡	6215	5643	10.1	1861	1957	−4.9	1852		
常　州	76931	49911	54.1	331	448	−26.1			
镇　江									
南　通	3866	3233	19.6						
扬　州									
泰　州									
杭　州	369086	288986	27.7	9701	8555	13.4	307	40	667.5
宁　波	7250	6980	3.9	1459	1151	26.8	5391	2939	83.4
嘉　兴									
湖　州	534	603	−11.4				1663	1123	48.1
绍　兴	10801	7502	44.0						
舟　山									
台　州	1016	1030	−1.4						
珠三角	**306138**	**258969**	**18.2**	**46166**	**23407**	**97.2**	**17938**	**11683**	**53.5**
广　州	112452	106927	5.2	46166	23407	97.2	13403	7914	69.4
深　圳	175263	137977	27.0				4535	3769	20.3
珠　海	11763	7512	56.6						
佛　山	91	394	−76.9						
江　门	419	503	−16.7						
东　莞	4237	4943	−14.3						
中　山	1913	714	167.9						
惠　州									
肇　庆									

第四部分 限额以上连锁零售业配送中心情况

4—1 各地区限额以上连锁零售业配送中心数

（按业态分）

单位：个

地区	2004年	2003年	±%	百货商店			超级市场		
				2004年	2003年	±%	2004年	2003年	±%
全国	**1925**	**1747**	**10.2**	**81**	**71**	**14.1**	**755**	**673**	**12.2**
北京	168	153	9.8	1	1		24	21	14.3
天津	9	9					4	4	
河北	25	25		1	1		10	10	
山西	49	48	2.1	1	1		18	17	5.9
内蒙古	11	11		1	1				
辽宁	26	18	44.4				2	2	
吉林	13	13		3	2	50.0	2	3	−33.3
黑龙江	8	9	−11.1	2	3	−33.3	2	2	
上海	49	48	2.1				19	18	5.6
江苏	216	189	14.3	3	2	50.0	40	40	
浙江	163	146	11.6	4	4		50	43	16.3
安徽	33	31	6.5	1	1		16	16	
福建	31	31		4	4		11	11	
江西	21	21		3	3		5	4	25.0
山东	66	65	1.5	12	11	9.1	18	18	
河南	473	397	19.1	2	2		392	324	21.0
湖北	75	71	5.6	6	6		14	13	7.7
湖南	41	39	5.1	2	2		24	24	
广东	279	261	6.9	26	19	36.8	61	59	3.4
广西	17	16	6.3				4	4	
海南	6	5	20.0				2	1	100.0
重庆	25	23	8.7	3	3		3	2	50.0
四川	20	21	−4.8	1	1		7	8	−12.5
贵州	12	16	−25.0				3	5	−40.0
云南	32	28	14.3				7	7	
西藏									
陕西	12	12					4	4	
甘肃	10	10					2	2	
青海	7	6	16.7	3	2	50.0	1	1	
宁夏	4	5	−20.0				3	4	−25.0
新疆	23	19	21.1	2	2		6	5	20.0

4—1 续表

单位:个

地区	专业店			专卖店			便利店		
	2004年	2003年	±%	2004年	2003年	±%	2004年	2003年	±%
全国	**780**	**712**	**9.6**	**230**	**220**	**4.5**	**75**	**67**	**11.9**
北京	125	116	7.8	8	7	14.3	10	8	25.0
天津	4	4		1	1				
河北	10	10		1	1		3	3	
山西	26	26		2	2		2	2	
内蒙古	10	10							
辽宁	17	10	70.0	2	2		5	4	25.0
吉林	8	8							
黑龙江	4	4							
上海	17	16	6.3	7	7		6	7	—14.3
江苏	162	138	17.4	7	7		4	2	100.0
浙江	54	51	5.9	29	26	11.5	26	22	18.2
安徽	15	13	15.4	1	1				
福建	15	15		1	1				
江西	12	13	—7.7	1	1				
山东	33	33		1	1		2	2	
河南	17	15	13.3	58	52	11.5	2	2	
湖北	47	44	6.8	5	5		3	3	
湖南	13	11	18.2	1	1		1	1	
广东	85	76	11.8	101	101		5	5	
广西	13	12	8.3						
海南	4	4							
重庆	15	14	7.1				3	3	
四川	10	10		2	2				
贵州	9	11	—18.2						
云南	23	19	21.1				2	2	
西藏									
陕西	6	6		1	1		1	1	
甘肃	8	8							
青海	3	3							
宁夏	1	1							
新疆	14	11	27.3	1	1				

4－2 各地区限额以上连锁零售业自有配送中心数

（按业态分）

单位：个

地　区	2004年	2003年	±%	百货商店			超级市场		
				2004年	2003年	±%	2004年	2003年	±%
全　国	**1270**	**1184**	**7.3**	**71**	**62**	**14.5**	**339**	**325**	**4.3**
北　京	45	44	2.3				16	14	14.3
天　津	8	8					3	3	
河　北	23	23		1	1		10	10	
山　西	34	33	3.0	1	1		17	16	6.3
内蒙古	10	10		1	1				
辽　宁	26	18	44.4				2	2	
吉　林	10	10		2	2		2	2	
黑龙江	8	9	－11.1	2	3	－33.3	2	2	
上　海	40	40					18	17	5.9
江　苏	201	176	14.2	3	2	50.0	34	34	
浙　江	129	117	10.3	2	2		43	37	16.2
安　徽	33	31	6.5	1	1		16	16	
福　建	27	28	－3.6	4	4		9	9	
江　西	13	12	8.3	3	3		4	3	33.3
山　东	58	57	1.8	12	11	9.1	15	15	
河　南	101	91	11.0	2	2		23	22	4.5
湖　北	64	60	6.7	6	6		14	13	7.7
湖　南	35	33	6.1	2	2		18	18	
广　东	245	231	6.1	21	14	50.0	54	52	3.8
广　西	17	16	6.3				4	4	
海　南	5	5					1	1	
重　庆	20	18	11.1	2	2		3	2	50.0
四　川	21	22	－4.5	1	1		7	8	－12.5
贵　州	11	14	－21.4				3	4	－25.0
云　南	32	28	14.3				7	7	
西　藏									
陕　西	12	12					4	4	
甘　肃	10	10					2	2	
青　海	7	6	16.7	3	2	50.0	1	1	
宁　夏	4	4					3	3	
新　疆	21	18	16.7	2	2		4	4	

4—2 续表

单位:个

地区	专业店			专卖店			便利店		
	2004年	2003年	±%	2004年	2003年	±%	2004年	2003年	±%
全国	**595**	**541**	**10.0**	**219**	**210**	**4.3**	**42**	**42**	
北京	17	18	−5.6	8	7	14.3	4	5	−20.0
天津	4	4		1	1				
河北	9	9					3	3	
山西	12	12		2	2		2	2	
内蒙古	9	9							
辽宁	17	10	70.0	2	2		5	4	25.0
吉林	6	6							
黑龙江	4	4							
上海	17	16	6.3	2	2		3	5	−40.0
江苏	155	132	17.4	7	7		2	1	100.0
浙江	51	48	6.3	27	25	8.0	6	5	20.0
安徽	15	13	15.4	1	1				
福建	13	14	−7.1	1	1				
江西	5	5		1	1				
山东	29	29		1	1		1	1	
河南	17	14	21.4	55	49	12.2	2	2	
湖北	36	33	9.1	5	5		3	3	
湖南	13	11	18.2	1	1		1	1	
广东	63	58	8.6	101	101		5	5	
广西	13	12	8.3						
海南	4	4							
重庆	12	11	9.1				2	2	
四川	11	11		2	2				
贵州	8	10	−20.0						
云南	23	19	21.1				2	2	
西藏									
陕西	6	6		1	1		1	1	
甘肃	8	8							
青海	3	3							
宁夏	1	1							
新疆	14	11	27.3	1	1				

4—3 各地区限额以上连锁零售业非自有配送中心数

（按业态分）

单位：个

地区	2004年	2003年	±%	百货商店			超级市场		
				2004年	2003年	±%	2004年	2003年	±%
全国	**655**	**563**	**16.3**	**10**	**9**	**11.1**	**416**	**348**	**19.5**
北京	123	109	12.8	1	1		8	7	14.3
天津	1	1					1	1	
河北	2	2							
山西	15	15					1	1	
内蒙古									
辽宁									
吉林	3	3		1				1	—100.0
黑龙江									
上海	9	8	12.5				1	1	
江苏	15	13	15.4				6	6	
浙江	34	29	17.2	2	2		7	6	16.7
安徽									
福建	4	3	33.3				2	2	
江西	8	9	—11.1				1	1	
山东	8	8					3	3	
河南	372	306	21.6				369	302	22.2
湖北	11	11							
湖南	6	6					6	6	
广东	34	30	13.3	5	5		7	7	
广西									
海南	1						1		
重庆	5	5		1	1				
四川	1	1					1	1	
贵州	1	2	—50.0					1	—100.0
云南									
西藏									
陕西									
甘肃									
青海									
宁夏		1	—100.0					1	—100.0
新疆	2	1	100.0				2	1	100.0

4—3 续表

单位:个

地区	专业店			专卖店			便利店		
	2004年	2003年	±%	2004年	2003年	±%	2004年	2003年	±%
全　国	**185**	**171**	**8.2**	**11**	**10**	**10.0**	**33**	**25**	**32.0**
北　京	108	98	10.2				6	3	100.0
天　津									
河　北	1	1		1	1				
山　西	14	14							
内蒙古									
辽　宁									
吉　林	2	2							
黑龙江									
上　海				5	5		3	2	50.0
江　苏	7	6	16.7				2	1	100.0
浙　江	3	3		2	1	100.0	20	17	17.6
安　徽									
福　建	2	1	100.0						
江　西	7	8	−12.5						
山　东	4	4					1	1	
河　南		1	−100.0	3	3				
湖　北	11	11							
湖　南									
广　东	22	18	22.2						
广　西									
海　南									
重　庆	3	3					1	1	
四　川									
贵　州	1	1							
云　南									
西　藏									
陕　西									
甘　肃									
青　海									
宁　夏									
新　疆									

4—4 各地区限额以上连锁零售业配送中心数

（按登记注册类型）

单位:个

地区	合计			自有			非自有		
	2004年	2003年	增减%	2004年	2003年	增减%	2004年	2003年	增减%
全国	**1925**	**1747**	**10.2**	**1270**	**1184**	**7.3**	**655**	**563**	**16.3**
北京	117	107	9.3	56	55	1.8	61	52	17.3
天津	12	12		11	11		1	1	
河北	32	28	14.3	29	25	16.0	3	3	
山西	50	49	2.0	34	33	3.0	16	16	
内蒙古	11	11		10	10		1	1	
辽宁	32	23	39.1	32	23	39.1			
吉林	14	13	7.7	11	10	10.0	3	3	
黑龙江	12	11	9.1	11	10	10.0	1	1	
上海	74	72	2.8	46	46		28	26	7.7
江苏	153	146	4.8	135	130	3.8	18	16	12.5
浙江	162	144	12.5	125	114	9.6	37	30	23.3
安徽	51	44	15.9	50	43	16.3	1	1	
福建	39	37	5.4	31	30	3.3	8	7	14.3
江西	27	26	3.8	17	15	13.3	10	11	−9.1
山东	73	70	4.3	63	60	5.0	10	10	
河南	453	384	18.0	81	78	3.8	372	306	21.6
湖北	77	66	16.7	76	65	16.9	1	1	
湖南	43	39	10.3	37	33	12.1	6	6	
广东	299	282	6.0	233	222	5.0	66	60	10.0
广西	17	16	6.3	17	16	6.3			
海南	6	5	20.0	5	5		1		
重庆	27	24	12.5	22	19	15.8	5	5	
四川	35	35		34	34		1	1	
贵州	12	16	−25.0	10	13	−23.1	2	3	−33.3
云南	35	30	16.7	35	30	16.7			
西藏									
陕西	17	16	6.3	17	16	6.3			
甘肃	10	10		10	10				
青海	7	6	16.7	7	6	16.7			
宁夏	4	5	−20.0	4	4			1	−100.0
新疆	23	19	21.1	21	18	16.7	2	1	100.0

4—5 各地区限额以上内资连锁零售企业配送中心数

（按登记注册类型）

单位：个

地 区	合 计			自 有			非自有		
	2004 年	2003 年	增减%	2004 年	2003 年	增减%	2004 年	2003 年	增减%
全 国	**1743**	**1577**	**10.5**	**1104**	**1025**	**7.7**	**639**	**552**	**15.8**
北 京	112	106	5.7	55	54	1.9	57	52	9.6
天 津	8	8		8	8				
河 北	32	28	14.3	29	25	16.0	3	3	
山 西	50	49	2.0	34	33	3.0	16	16	
内蒙古	11	11		10	10		1	1	
辽 宁	32	23	39.1	32	23	39.1			
吉 林	14	13	7.7	11	10	10.0	3	3	
黑龙江	12	11	9.1	11	10	10.0	1	1	
上 海	69	67	3.0	42	42		27	25	8.0
江 苏	148	141	5.0	132	127	3.9	16	14	14.3
浙 江	153	135	13.3	116	105	10.5	37	30	23.3
安 徽	51	44	15.9	50	43	16.3	1	1	
福 建	35	33	6.1	28	27	3.7	7	6	16.7
江 西	27	26	3.8	17	15	13.3	10	11	−9.1
山 东	72	69	4.3	63	60	5.0	9	9	
河 南	451	382	18.1	79	76	3.9	372	306	21.6
湖 北	74	64	15.6	73	63	15.9	1	1	
湖 南	42	38	10.5	36	32	12.5	6	6	
广 东	163	152	7.2	101	96	5.2	62	56	10.7
广 西	17	16	6.3	17	16	6.3			
海 南	6	5	20.0	5	5		1		
重 庆	26	23	13.0	21	18	16.7	5	5	
四 川	35	35		34	34		1	1	
贵 州	11	15	−26.7	9	12	−25.0	2	3	−33.3
云 南	33	28	17.9	33	28	17.9			
西 藏									
陕 西	17	16	6.3	17	16	6.3			
甘 肃	10	10		10	10				
青 海	7	6	16.7	7	6	16.7			
宁 夏	4	5	−20.0	4	4			1	−100.0
新 疆	21	18	16.7	20	17	17.6	1	1	
港澳台									

4—6 各地区限额以上港澳台商投资连锁零售企业配送中心数

（按登记注册类型）

单位：个

地区	合计			自有			非自有		
	2004年	2003年	增减%	2004年	2003年	增减%	2004年	2003年	增减%
全国	**148**	**142**	**4.2**	**141**	**136**	**3.7**	**7**	**6**	**16.7**
北京	2	1	100.0	1	1		1		
天津	3	3		2	2		1	1	
河北									
山西									
内蒙古									
辽宁									
吉林									
黑龙江									
上海	2	3	−33.3	1	2	−50.0	1	1	
江苏	3	3		2	2		1	1	
浙江	3	3		3	3				
安徽									
福建	3	3		2	2		1	1	
江西									
山东									
河南	1	1		1	1				
湖北	2	2		2	2				
湖南									
广东	124	118	5.1	123	117	5.1	1	1	
广西									
海南									
重庆	1	1		1	1				
四川									
贵州									
云南	2	2		2	2				
西藏									
陕西									
甘肃									
青海									
宁夏									
新疆	1	1		1	1				
港澳台	1	1					1	1	

4—7 各地区限额以上外商投资连锁零售企业配送中心数

（按登记注册类型）

单位：个

地区	合计			自有			非自有		
	2004年	2003年	增减%	2004年	2003年	增减%	2004年	2003年	增减%
全国	**34**	**28**	**21.4**	**25**	**23**	**8.7**	**9**	**5**	**80.0**
北京	3						3		
天津	1	1		1	1				
河北									
山西									
内蒙古									
辽宁									
吉林									
黑龙江									
上海	3	2	50.0	3	2	50.0			
江苏	2	2		1	1		1	1	
浙江	6	6		6	6				
安徽									
福建	1	1		1	1				
江西									
山东	1	1					1	1	
河南	1	1		1	1				
湖北	1			1					
湖南	1	1		1	1				
广东	12	12		9	9		3	3	
广西									
海南									
重庆									
四川									
贵州	1	1		1	1				
云南									
西藏									
陕西									
甘肃									
青海									
宁夏									
新疆	1						1		

4—8 东中西部地区限额以上连锁零售业配送中心数

（按业态分）

单位：个

地　区	2004年	2003年	±%	百货商店			超级市场		
				2004年	2003年	±%	2004年	2003年	±%
全　国	**1925**	**1747**	**10.2**	**81**	**71**	**14.1**	**755**	**673**	**12.2**
东　部	1055	966	9.2	51	42	21.4	245	231	6.1
中　部	724	640	13.1	21	21		473	403	17.4
西　部	146	141	3.6	9	8	12.5	37	39	−5.3

4—8　续表

单位：个

地　区	专业店			专卖店			便利店		
	2004年	2003年	±%	2004年	2003年	±%	2004年	2003年	±%
全　国	**780**	**712**	**9.6**	**230**	**220**	**4.5**	**75**	**67**	**11.9**
东　部	539	485	11.1	158	154	2.6	61	53	15.1
中　部	152	144	5.6	68	62	9.7	8	8	
西　部	89	83	7.2	4	4		6	6	

4—9 东中西部地区限额以上连锁零售业自有配送中心数

（按业态分）

单位：个

地　区	2004年	2003年	±%	百货商店			超级市场		
				2004年	2003年	±%	2004年	2003年	±%
全　国	**1270**	**1184**	**7.3**	**71**	**62**	**14.5**	**339**	**325**	**4.3**
东　部	824	763	8.0	43	34	26.5	209	198	5.6
中　部	309	290	6.6	20	21	−4.8	96	92	4.3
西　部	137	131	4.6	8	7	14.3	34	35	−2.9

4—9　续表

单位：个

地　区	专业店			专卖店			便利店		
	2004年	2003年	±%	2004年	2003年	±%	2004年	2003年	±%
全　国	**595**	**541**	**10.0**	**219**	**210**	**4.3**	**42**	**42**	
东　部	392	354	10.7	150	147	2.0	29	29	
中　部	118	108	9.3	65	59	10.2	8	8	
西　部	85	79	7.6	4	4		5	5	

4—10 东中西部地区限额以上连锁零售业非自有配送中心数

（按业态分）

单位：个

地区	2004年	2003年	±%	百货商店			超级市场		
				2004年	2003年	±%	2004年	2003年	±%
全国	**655**	**563**	**16.3**	**10**	**9**	**11.1**	**416**	**348**	**19.5**
东部	231	203	13.8	8	8		36	33	9.1
中部	415	350	18.6	1			377	311	21.2
西部	9	10	−10.0	1	1		3	4	−25.0

4—10 续表

单位：个

地区	专业店			专卖店			便利店		
	2004年	2003年	±%	2004年	2003年	±%	2004年	2003年	±%
全国	**185**	**171**	**8.2**	**11**	**10**	**10.0**	**33**	**25**	**32.0**
东部	147	131	12.2	8	7	14.3	32	24	33.3
中部	34	36	−5.6	3	3				
西部	4	4					1	1	

4—11 六经济区限额以上连锁零售业配送中心数

（按业态分）

单位：个

地区	2004年	2003年	±%	百货商店			超级市场		
				2004年	2003年	±%	2004年	2003年	±%
全国	**1925**	**1747**	**10.2**	**81**	**71**	**14.1**	**755**	**673**	**12.2**
华北	262	246	6.5	4	4		56	52	7.7
东北	47	40	17.5	5	5		6	7	−14.3
华东	579	531	9.0	27	25	8.0	159	150	6.0
中南	891	789	12.9	36	29	24.1	497	425	16.9
西南	90	89	1.1	4	4		21	23	−9.1
西北	56	52	7.7	5	4	25.0	16	16	

4—11 续表

单位：个

地区	专业店			专卖店			便利店		
	2004年	2003年	±%	2004年	2003年	±%	2004年	2003年	±%
全国	**780**	**712**	**9.6**	**230**	**220**	**4.5**	**75**	**67**	**11.9**
华北	175	166	5.4	12	11	9.1	15	13	15.4
东北	29	22	31.8	2	2		5	4	25.0
华东	308	279	10.4	47	44	6.8	38	33	15.2
中南	179	162	10.5	165	159	3.8	11	11	
西南	57	54	5.6	2	2		5	5	
西北	32	29	10.3	2	2		1	1	

4—12　六经济区限额以上连锁零售业自有配送中心数

（按业态分）　　单位：个

地　区	2004年	2003年	±%	百货商店			超级市场		
				2004年	2003年	±%	2004年	2003年	±%
全　国	**1270**	**1184**	**7.3**	**71**	**62**	**14.5**	**339**	**325**	**4.3**
华　北	121	119	1.7	3	3		46	43	7.0
东　北	44	37	18.9	4	5	−20.0	6	6	
华　东	501	461	8.7	25	23	8.7	139	131	6.1
中　南	467	436	7.1	31	24	29.2	114	110	3.6
西　南	83	81	2.5	3	3		20	21	−5.0
西　北	54	50	8.0	5	4	25.0	14	14	

4—12　续表　　单位：个

地　区	专业店			专卖店			便利店		
	2004年	2003年	±%	2004年	2003年	±%	2004年	2003年	±%
全　国	**595**	**541**	**10.0**	**219**	**210**	**4.3**	**42**	**42**	
华　北	52	53	−1.9	11	10	10.0	9	10	−10.0
东　北	27	20	35.0	2	2		5	4	25.0
华　东	285	257	10.9	40	38	5.3	12	12	
中　南	146	132	10.6	162	156	3.8	11	11	
西　南	53	50	6.0	2	2		4	4	
西　北	32	29	10.3	2	2		1	1	

4—13　六经济区限额以上连锁零售业非自有配送中心数

（按业态分）　　单位：个

地　区	2004年	2003年	±%	百货商店			超级市场		
				2004年	2003年	±%	2004年	2003年	±%
全　国	**655**	**563**	**16.3**	**10**	**9**	**11.1**	**416**	**348**	**19.5**
华　北	141	127	11.0	1	1		10	9	11.1
东　北	3	3		1				1	−100.0
华　东	78	70	11.4	2	2		20	19	5.3
中　南	424	353	20.1	5	5		383	315	21.6
西　南	7	8	−12.5	1	1		1	2	−50.0
西　北	2	2					2	2	

4—13　续表　　单位：个

地　区	专业店			专卖店			便利店		
	2004年	2003年	±%	2004年	2003年	±%	2004年	2003年	±%
全　国	**185**	**171**	**8.2**	**11**	**10**	**10.0**	**33**	**25**	**32.0**
华　北	123	113	8.8	1	1		6	3	100.0
东　北	2	2							
华　东	23	22	4.5	7	6	16.7	26	21	23.8
中　南	33	30	10.0	3	3				
西　南	4	4					1	1	
西　北									

4－14 大中小城市限额以上连锁零售业配送中心数

（按业态分）

单位：个

地区	2004年	2003年	±%	百货商店			超级市场		
				2004年	2003年	±%	2004年	2003年	±%
全国	**1925**	**1747**	**10.2**	**81**	**71**	**14.1**	**755**	**673**	**12.2**
大城市	1051	963	9.1	53	45	17.8	184	175	5.1
中城市	779	697	11.8	19	18	5.6	520	452	15.0
小城市	95	87	9.2	9	8	12.5	51	46	10.9

4－14 续表

单位：个

地区	专业店			专卖店			便利店		
	2004年	2003年	±%	2004年	2003年	±%	2004年	2003年	±%
全国	**780**	**712**	**9.6**	**230**	**220**	**4.5**	**75**	**67**	**11.9**
大城市	606	542	11.8	162	158	2.5	44	41	7.3
中城市	143	140	2.1	67	61	9.8	28	24	16.7
小城市	31	30	3.3	1	1		3	2	50.0

4－15 大中小城市限额以上连锁零售业自有配送中心数

（按业态分）

单位：个

地区	2004年	2003年	±%	百货商店			超级市场		
				2004年	2003年	±%	2004年	2003年	±%
全国	**1270**	**1184**	**7.3**	**71**	**62**	**14.5**	**339**	**325**	**4.3**
大城市	840	773	8.7	46	38	21.1	161	155	3.9
中城市	367	350	4.9	19	18	5.6	154	146	5.5
小城市	63	61	3.3	6	6		24	24	

4—15 续表

单位:个

地区	专业店			专卖店			便利店		
	2004年	2003年	±%	2004年	2003年	±%	2004年	2003年	±%
全国	**595**	**541**	**10.0**	**219**	**210**	**4.3**	**42**	**42**	
大城市	444	393	13.0	153	150	2.0	34	35	−2.9
中城市	121	119	1.7	65	59	10.2	6	6	
小城市	30	29	3.4	1	1		2	1	100.0

4—16 大中小城市限额以上连锁零售业非自有配送中心数

(按业态分)

单位:个

地区	2004年	2003年	±%	百货商店			超级市场		
				2004年	2003年	±%	2004年	2003年	±%
全国	**655**	**563**	**16.3**	**10**	**9**	**11.1**	**416**	**348**	**19.5**
大城市	211	190	11.1	7	7		23	20	15.0
中城市	412	347	18.7				366	306	19.6
小城市	32	26	23.1	3	2	50.0	27	22	22.7

4—16 续表

单位:个

地区	专业店			专卖店			便利店		
	2004年	2003年	±%	2004年	2003年	±%	2004年	2003年	±%
全国	**185**	**171**	**8.2**	**11**	**10**	**10.0**	**33**	**25**	**32.0**
大城市	162	149	8.7	9	8	12.5	10	6	66.7
中城市	22	21	4.8	2	2		22	18	22.2
小城市	1	1					1	1	

4－17 35城市限额以上连锁零售业配送中心数

（按业态分）

单位：个

地区	2004年	2003年	±%	百货商店			超级市场		
				2004年	2003年	±%	2004年	2003年	±%
合计	**1051**	**963**	**9.1**	**53**	**45**	**17.8**	**184**	**175**	**5.1**
北京	168	153	9.8	1	1		24	21	14.3
天津	9	9					4	4	
石家庄	10	10					1	1	
太原	16	16					9	9	
呼和浩特									
沈阳	14	7	100.0				1	1	
大连	7	6	16.7						
长春	8	9	-11.1				1	2	-50.0
哈尔滨	5	6	-16.7	2	3	-33.3			
上海	49	48	2.1				19	18	5.6
南京	151	128	18.0				4	4	
杭州	42	40	5.0				11	10	10.0
宁波	38	33	15.2				10	9	11.1
合肥	13	11	18.2	1	1		5	5	
福州	2	2							
厦门	19	18	5.6	1	1		7	6	16.7
南昌	16	17	-5.9	3	3				
济南	7	7		1	1		3	3	
青岛	18	17	5.9	4	3	33.3	7	7	
郑州	21	19	10.5				3	3	
武汉	56	53	5.7	5	5		4	4	
长沙	16	14	14.3	2	2		4	4	
广州	166	161	3.1				18	18	
深圳	72	60	20.0	26	19	36.8	20	18	11.1
南宁	12	11	9.1				2	2	
海口	6	5	20.0				2	1	100.0
重庆	25	23	8.7	3	3		3	2	50.0
成都	9	9					4	4	
贵阳	12	15	-20.0				3	4	-25.0
昆明	27	23	17.4				5	5	
西安	8	8					2	2	
兰州	2	2							
西宁	7	6	16.7	3	2	50.0	1	1	
银川	4	5	-20.0				3	4	-25.0
乌鲁木齐	16	12	33.3	1	1		4	3	33.3

4—17 续表

单位:个

地区	专业店			专卖店			便利店		
	2004年	2003年	±%	2004年	2003年	±%	2004年	2003年	±%
合计	**606**	**542**	**11.8**	**162**	**158**	**2.5**	**44**	**41**	**7.3**
北京	125	116	7.8	8	7	14.3	10	8	25.0
天津	4	4		1	1				
石家庄	7	7		1	1		1	1	
太原	3	3		2	2		2	2	
呼和浩特									
沈阳	13	6	116.7						
大连				2	2		5	4	25.0
长春	7	7							
哈尔滨	3	3							
上海	17	16	6.3	7	7		6	7	—14.3
南京	141	118	19.5	5	5		1	1	
杭州	28	27	3.7	2	2		1	1	
宁波	5	5		21	18	16.7	2	1	100.0
合肥	6	4	50.0	1	1				
福州	2	2							
厦门	10	10		1	1				
南昌	12	13	—7.7	1	1				
济南	3	3							
青岛	7	7							
郑州	14	12	16.7	3	3		1	1	
武汉	39	36	8.3	5	5		3	3	
长沙	9	7	28.6				1	1	
广州	42	37	13.5	101	101		4	4	
深圳	25	22	13.6				1	1	
南宁	10	9	11.1						
海口	4	4							
重庆	15	14	7.1				3	3	
成都	5	5							
贵阳	9	11	—18.2						
昆明	20	16	25.0				2	2	
西安	4	4		1	1		1	1	
兰州	2	2							
西宁	3	3							
银川	1	1							
乌鲁木齐	11	8	37.5						

4—18　35 城市限额以上连锁零售业自有配送中心数

（按业态分）

单位：个

地　区	2004 年	2003 年	±%	百货商店			超级市场		
				2004 年	2003 年	±%	2004 年	2003 年	±%
合　计	**840**	**773**	**8.7**	**46**	**38**	**21.1**	**161**	**155**	**3.9**
北　京	45	44	2.3				16	14	14.3
天　津	8	8					3	3	
石家庄	8	8					1	1	
太　原	16	16					9	9	
呼和浩特									
沈　阳	14	7	100.0				1	1	
大　连	7	6	16.7						
长　春	6	6					1	1	
哈尔滨	5	6	－16.7	2	3	－33.3			
上　海	40	40					18	17	5.9
南　京	144	122	18.0				4	4	
杭　州	42	40	5.0				11	10	10.0
宁　波	32	29	10.3				7	7	
合　肥	13	11	18.2	1	1		5	5	
福　州	2	2							
厦　门	16	16		1	1		5	5	
南　昌	9	9		3	3				
济　南	6	6		1	1		2	2	
青　岛	18	17	5.9	4	3	33.3	7	7	
郑　州	20	17	17.6				3	3	
武　汉	45	42	7.1	5	5		4	4	
长　沙	16	14	14.3	2	2		4	4	
广　州	147	146	0.7				16	16	
深　圳	62	50	24.0	21	14	50.0	18	16	12.5
南　宁	12	11	9.1				2	2	
海　口	5	5					1	1	
重　庆	20	18	11.1	2	2		3	2	50.0
成　都	9	9					4	4	
贵　阳	11	14	－21.4				3	4	－25.0
昆　明	27	23	17.4				5	5	
西　安	8	8					2	2	
兰　州	2	2							
西　宁	7	6	16.7	3	2	50.0	1	1	
银　川	4	4					3	3	
乌鲁木齐	14	11	27.3	1	1		2	2	

4—18　续表　　单位:个

地　区	专业店			专卖店			便利店		
	2004年	2003年	±%	2004年	2003年	±%	2004年	2003年	±%
合　计	**444**	**393**	**13.0**	**153**	**150**	**2.0**	**34**	**35**	**—2.9**
北　京	17	18	—5.6	8	7	14.3	4	5	—20.0
天　津	4	4		1	1				
石家庄	6	6					1	1	
太　原	3	3		2	2		2	2	
呼和浩特									
沈　阳	13	6	116.7						
大　连				2	2		5	4	25.0
长　春	5	5							
哈尔滨	3	3							
上　海	17	16	6.3	2	2		3	5	—40.0
南　京	134	112	19.6	5	5		1	1	
杭　州	28	27	3.7	2	2		1	1	
宁　波	4	4		19	17	11.8	2	1	100.0
合　肥	6	4	50.0	1	1				
福　州	2	2							
厦　门	9	9		1	1				
南　昌	5	5		1	1				
济　南	3	3							
青　岛	7	7							
郑　州	14	11	27.3	2	2		1	1	
武　汉	28	25	12.0	5	5		3	3	
长　沙	9	7	28.6				1	1	
广　州	25	24	4.2	101	101		4	4	
深　圳	22	19	15.8				1	1	
南　宁	10	9	11.1						
海　口	4	4							
重　庆	12	11	9.1				2	2	
成　都	5	5							
贵　阳	8	10	—20.0						
昆　明	20	16	25.0				2	2	
西　安	4	4		1	1		1	1	
兰　州	2	2							
西　宁	3	3							
银　川	1	1							
乌鲁木齐	11	8	37.5						

4—19 35城市限额以上连锁零售业非自有配送中心数

（按业态分）

单位：个

地区	2004年	2003年	±%	百货商店			超级市场		
				2004年	2003年	±%	2004年	2003年	±%
合计	**211**	**190**	**11.1**	**7**	**7**		**23**	**20**	**15.0**
北京	123	109	12.8	1	1		8	7	14.3
天津	1	1					1	1	
石家庄	2	2							
太原									
呼和浩特									
沈阳									
大连									
长春	2	3	−33.3					1	−100.0
哈尔滨									
上海	9	8	12.5				1	1	
南京	7	6	16.7						
杭州									
宁波	6	4	50.0				3	2	50.0
合肥									
福州									
厦门	3	2	50.0				2	1	100.0
南昌	7	8	−12.5						
济南	1	1					1	1	
青岛									
郑州	1	2	−50.0						
武汉	11	11							
长沙									
广州	19	15	26.7				2	2	
深圳	10	10		5	5		2	2	
南宁									
海口	1						1		
重庆	5	5		1	1				
成都									
贵阳	1	1							
昆明									
西安									
兰州									
西宁									
银川		1	−100.0					1	−100.0
乌鲁木齐	2	1	100.0				2	1	100.0

4—19　续表

单位:个

地　区	专业店			专卖店			便利店		
	2004年	2003年	±%	2004年	2003年	±%	2004年	2003年	±%
合　计	**162**	**149**	**8.7**	**9**	**8**	**12.5**	**10**	**6**	**66.7**
北　京	108	98	10.2				6	3	100.0
天　津									
石家庄	1	1		1	1				
太　原									
呼和浩特									
沈　阳									
大　连									
长　春	2	2							
哈尔滨									
上　海				5	5		3	2	50.0
南　京	7	6	16.7						
杭　州									
宁　波	1	1		2	1	100.0			
合　肥									
福　州									
厦　门	1	1							
南　昌	7	8	−12.5						
济　南									
青　岛									
郑　州		1	−100.0	1	1				
武　汉	11	11							
长　沙									
广　州	17	13	30.8						
深　圳	3	3							
南　宁									
海　口									
重　庆	3	3					1	1	
成　都									
贵　阳	1	1							
昆　明									
西　安									
兰　州									
西　宁									
银　川									
乌鲁木齐									

4—20 三大地带限额以上连锁零售业配送中心数

（按业态分）

单位：个

地区	2004年	2003年	±%	百货商店			超级市场		
				2004年	2003年	±%	2004年	2003年	±%
全国	**1925**	**1747**	**10.2**	**81**	**71**	**14.1**	**755**	**673**	**12.2**
三大地带	**869**	**787**	**10.4**	**37**	**28**	**32.1**	**182**	**172**	**5.8**
环渤海	**226**	**202**	**11.9**	**6**	**5**	**20.0**	**42**	**39**	**7.7**
北京	168	153	9.8	1	1		24	21	14.3
天津	9	9					4	4	
唐山	3	3					3	3	
沈阳	14	7	100.0				1	1	
大连	7	6	16.7						
济南	7	7		1	1		3	3	
青岛	18	17	5.9	4	3	33.3	7	7	
长三角	**375**	**335**	**11.9**	**5**	**4**	**25.0**	**88**	**83**	**6.0**
上海	49	48	2.1				19	18	5.6
南京	151	128	18.0				4	4	
苏州	17	15	13.3				11	11	
无锡	8	7	14.3				4	4	
常州	9	9					4	4	
镇江									
南通	10	9	11.1	2	1	100.0	4	4	
扬州									
泰州	7	7		1	1		6	6	
杭州	42	40	5.0				11	10	10.0
宁波	38	33	15.2				10	9	11.1
嘉兴	5	5		1	1		4	4	
湖州	23	20	15.0						
绍兴	4	4		1	1		1	1	
舟山	8	6	33.3				8	6	33.3
台州	4	4					2	2	
珠三角	**268**	**250**	**7.2**	**26**	**19**	**36.8**	**52**	**50**	**4.0**
广州	166	161	3.1				18	18	
深圳	72	60	20.0	26	19	36.8	20	18	11.1
珠海	13	13					5	5	
佛山	4	3	33.3				2	2	
江门	2	2					1	1	
东莞	7	7					4	4	
中山	4	4					2	2	
惠州									
肇庆									

4—20 续表

单位:个

地区	专业店			专卖店			便利店		
	2004 年	2003 年	±%	2004 年	2003 年	±%	2004 年	2003 年	±%
全国	**780**	**712**	**9.6**	**230**	**220**	**4.5**	**75**	**67**	**11.9**
三大地带	**446**	**395**	**12.9**	**149**	**145**	**2.8**	**54**	**46**	**17.4**
环渤海	**152**	**136**	**11.8**	**11**	**10**	**10.0**	**15**	**12**	**25.0**
北京	125	116	7.8	8	7	14.3	10	8	25.0
天津	4	4		1	1				
唐山									
沈阳	13	6	116.7						
大连				2	2		5	4	25.0
济南	3	3							
青岛	7	7							
长三角	**211**	**185**	**14.1**	**37**	**34**	**8.8**	**34**	**29**	**17.2**
上海	17	16	6.3	7	7		6	7	—14.3
南京	141	118	19.5	5	5		1	1	
苏州	4	3	33.3				2	1	100.0
无锡	2	2		1	1		1		
常州	4	4		1	1				
镇江									
南通	4	4							
扬州									
泰州									
杭州	28	27	3.7	2	2		1	1	
宁波	5	5		21	18	16.7	2	1	100.0
嘉兴									
湖州	2	2					21	18	16.7
绍兴	2	2							
舟山									
台州	2	2							
珠三角	**83**	**74**	**12.2**	**101**	**101**		**5**	**5**	
广州	42	37	13.5	101	101		4	4	
深圳	25	22	13.6				1	1	
珠海	8	8							
佛山	2	1	100.0						
江门	1	1							
东莞	3	3							
中山	2	2							
惠州									
肇庆									

4—21 三大地带限额以上连锁零售业自有配送中心数

（按业态分）

单位：个

地区	2004年	2003年	±%	百货商店			超级市场		
				2004年	2003年	±%	2004年	2003年	±%
全国	**1270**	**1184**	**7.3**	**71**	**62**	**14.5**	**339**	**325**	**4.3**
三大地带	**659**	**603**	**9.3**	**30**	**21**	**42.9**	**155**	**147**	**5.4**
环渤海	**101**	**91**	**11.0**	**5**	**4**	**25.0**	**32**	**30**	**6.7**
北京	45	44	2.3				16	14	14.3
天津	8	8					3	3	
唐山	3	3					3	3	
沈阳	14	7	100.0				1	1	
大连	7	6	16.7						
济南	6	6		1	1		2	2	
青岛	18	17	5.9	4	3	33.3	7	7	
长三角	**324**	**292**	**11.0**	**4**	**3**	**33.3**	**78**	**74**	**5.4**
上海	40	40					18	17	5.9
南京	144	122	18.0				4	4	
苏州	11	9	22.2				6	6	
无锡	6	6					3	3	
常州	9	9					4	4	
镇江									
南通	10	9	11.1	2	1	100.0	4	4	
扬州									
泰州	7	7		1	1		6	6	
杭州	42	40	5.0				11	10	10.0
宁波	32	29	10.3				7	7	
嘉兴	4	4					4	4	
湖州	3	3							
绍兴	4	4		1	1		1	1	
舟山	8	6	33.3				8	6	33.3
台州	4	4					2	2	
珠三角	**234**	**220**	**6.4**	**21**	**14**	**50.0**	**45**	**43**	**4.7**
广州	147	146	0.7				16	16	
深圳	62	50	24.0	21	14	50.0	18	16	12.5
珠海	13	13					5	5	
佛山	4	3	33.3				2	2	
江门	2	2					1	1	
东莞	3	3					1	1	
中山	3	3					2	2	
惠州									
肇庆									

4—21 续表

单位:个

地区	专业店			专卖店			便利店		
	2004 年	2003 年	±%	2004 年	2003 年	±%	2004 年	2003 年	±%
全国	**595**	**541**	**10.0**	**219**	**210**	**4.3**	**42**	**42**	
三大地带	**308**	**272**	**13.2**	**142**	**139**	**2.2**	**23**	**23**	
环渤海	**44**	**38**	**15.8**	**11**	**10**	**10.0**	**9**	**9**	
北京	17	18	—5.6	8	7	14.3	4	5	—20.0
天津	4	4		1	1				
唐山									
沈阳	13	6	116.7						
大连				2	2		5	4	25.0
济南	3	3							
青岛	7	7							
长三角	**203**	**178**	**14.0**	**30**	**28**	**7.1**	**9**	**9**	
上海	17	16	6.3	2	2		3	5	—40.0
南京	134	112	19.6	5	5		1	1	
苏州	4	3	33.3				1		
无锡	2	2		1	1				
常州	4	4		1	1				
镇江									
南通	4	4							
扬州									
泰州									
杭州	28	27	3.7	2	2		1	1	
宁波	4	4		19	17	11.8	2	1	100.0
嘉兴									
湖州	2	2					1	1	
绍兴	2	2							
舟山									
台州	2	2							
珠三角	**61**	**56**	**8.9**	**101**	**101**		**5**	**5**	
广州	25	24	4.2	101	101		4	4	
深圳	22	19	15.8				1	1	
珠海	8	8							
佛山	2	1	100.0						
江门	1	1							
东莞	2	2							
中山	1	1							
惠州									
肇庆									

4—22 三大地带限额以上连锁零售业非自有配送中心数

（按业态分）

单位：个

地　区	2004 年	2003 年	±%	百货商店			超级市场		
				2004 年	2003 年	±%	2004 年	2003 年	±%
全　国	655	563	16.3	10	9	11.1	416	348	19.5
三大地带	210	184	14.1	7	7		27	25	8.0
环 渤 海	125	111	12.6	1	1		10	9	11.1
北　京	123	109	12.8	1	1		8	7	14.3
天　津	1	1					1	1	
唐　山									
沈　阳									
大　连									
济　南	1	1					1	1	
青　岛									
长 三 角	51	43	18.6	1	1		10	9	11.1
上　海	9	8	12.5				1	1	
南　京	7	6	16.7						
苏　州	6	6					5	5	
无　锡	2	1	100.0				1	1	
常　州									
镇　江									
南　通									
扬　州									
泰　州									
杭　州									
宁　波	6	4	50.0				3	2	50.0
嘉　兴	1	1		1	1				
湖　州	20	17	17.6						
绍　兴									
舟　山									
台　州									
珠 三 角	34	30	13.3	5	5		7	7	
广　州	19	15	26.7				2	2	
深　圳	10	10		5	5		2	2	
珠　海									
佛　山									
江　门									
东　莞	4	4					3	3	
中　山	1	1							
惠　州									
肇　庆									

4—22 续表

单位:个

地区	专业店			专卖店			便利店		
	2004年	2003年	±%	2004年	2003年	±%	2004年	2003年	±%
全国	**185**	**171**	**8.2**	**11**	**10**	**10.0**	**33**	**25**	**32.0**
三大地带	**138**	**123**	**12.2**	**7**	**6**	**16.7**	**31**	**23**	**34.8**
环渤海	**108**	**98**	**10.2**				**6**	**3**	**100.0**
北京	108	98	10.2				6	3	100.0
天津									
唐山									
沈阳									
大连									
济南									
青岛									
长三角	**8**	**7**	**14.3**	**7**	**6**	**16.7**	**25**	**20**	**25.0**
上海				5	5		3	2	50.0
南京	7	6	16.7						
苏州							1	1	
无锡							1		
常州									
镇江									
南通									
扬州									
泰州									
杭州									
宁波	1	1		2	1	100.0			
嘉兴									
湖州							20	17	17.6
绍兴									
舟山									
台州									
珠三角	**22**	**18**	**22.2**						
广州	17	13	30.8						
深圳	3	3							
珠海									
佛山									
江门									
东莞	1	1							
中山	1	1							
惠州									
肇庆									

第五部分 连锁零售业门店情况

5—1　14门店以上连锁零售集团(企业)

（2004年）

1000个以上(11家)
中石化股份公司浙江分公司
上海联华快客便利有限公司
上海华联超市股份有限公司
上海东方书报刊服务有限公司
联华超市股份有限公司
苏果超市有限公司
重庆桐君阁大药房连锁有限公司
四川天诚大药房连锁有限责任公司
和平药房连锁有限公司
上海可的便利店有限公司
上海好德便利有限公司

500－999个(10家)
深圳市海王星辰医药有限公司
上海古今内衣有限公司
江西黄庆仁栈华氏大药房有限公司
上海良友金伴便利连锁有限公司
北京物美商业集团有限公司
云南东骏药业有限公司
昌野药房连锁有限责任公司
青岛利群集团股份有限公司
江苏文峰大世界连锁发展股份有限公司
高邦服饰集团有限公司

100－499个(76家)
陕西伟志集团股份有限公司
上海二十一世纪便利有限公司
华润万家有限公司
青岛崂山百货大楼(集团)股份公司
辽宁成大方圆医药连锁有限公司
成都红旗连锁有限公司
中国石油化工股份有限公司北京公司
漯河双汇商业连锁有限公司
湖北春天大药房连锁有限公司
捷强烟草糖酒(集团)连锁有限公司
长龙天圣大药房
福中信息产业集团有限公司
中百集团
重庆时珍阁大药房连锁有限责任公司
梅林正广和便利连锁公司
重庆新华书店(集团)有限责任公司
重庆双叶药业有限公司
上海克莉丝汀食品有限公司
浙江省新华书店集团有限公司

100－499个(76家)
广州市宝生园有限公司
北京金象大药房医药连锁有限责任公司
绍兴供销超市有限公司
北京医保全新大药房有限责任公司
天津市消费合作总社
上海农工商超市有限公司
江苏苏宁电器连锁集团股份有限公司
上海华联罗森有限公司
徐州市石油公司
吉林大药房药业股份有限公司
中国石油化工股份有限公司江苏南通公司
四川新华书店集团限公司
云南鸿翔药业有限公司
广西一心医药有限责任公司
徐州华润惠客隆超级市场有限公司
南京桂花鸭有限公司
广东赛壹便利店有限公司
四川省互惠商业有限责任公司
上海复星大药房连锁经营有限公司
深圳市一致医药连锁有限公司
河北沧州好日子超市股份有限公司
广州金叶烟草发展有限公司
上海美亚音像连锁经营有限公司
三联商社
石家庄市奥开双鸽连锁总店
华氏大药房
哈尔滨中央红集团股份有限公司
五丰食品公司
常熟市常客隆供配超市有限责任公司
北京京客隆超市连锁集团有限公司
上海国大药房连锁有限公司
山东新华鲁抗药业零售连锁有限公司
常州市武进明都超市有限公司
北京联华快客便利超市有限公司
湖北九州通大药房连锁有限公司
太原唐久超市有限公司
山东省威海糖酒采购供应站
常州市信特超市有限公司
陕西海星连锁超级市场有限责任公司
河南思达商业连锁有限公司
广州市友谊班尼路服饰有限公司
江苏五星电器有限公司

5—1 续表 1

100－499 个(76 家)	50－99 个(87 家)
南京华诚超市有限公司	兵团新建医药零售连锁有限责任公司
上海红星眼镜有限公司	余姚华联商厦(集团)有限公司
上海家得利超市有限公司	漯河汇通商业连锁有限公司
太原市金虎超市配送有限公司	湖北中联大药房连锁有限公司
青岛利客来商贸股份有限公司	广西福生堂药品有限公司
青岛市国风大药房连锁有限公司	北京吴裕泰茶叶公司
上海巴黎三城眼镜有限公司	平顶山市普生药业零售连锁有限公司
东北制药集团公司供销公司	无锡可的便利店有限公司
云南健之佳健康用品有限公司	上海元祖食品有限公司
华润超级市场(苏州)有限公司	北京中复电讯设备有限责任公司
成都红艳超市有限公司	苏州美佳倍顺连锁店有限公司
广州市苹果牌服装连锁店有限公司	广州采芝林药业连锁店
深圳市中联大药房有限公司	湖北双汇商业投资有限公司
广州市医药公司健民连锁店	临沂九州经贸有限责任公司
泸州宝光药房连锁有限公司	昌临旺客隆连锁有限公司
50－99 个(87 家)	北京万方港佳商贸有限责任公司
金华市太和堂医药连锁有限公司	重庆十分利商行有限公司
长治市昂生大药房零售连锁有限公司	延边国际贸易大厦有限责任公司
大连明天便利连锁有限公司	河北国大连锁商业有限公司
湖南千金大药房零售连锁股份有限公司	南京联华长江超市有限公司
太原六味斋实业有限公司	新疆新特药业连锁有限责任公司
西安市中药集团公司藻露堂连锁公司	厦门市银祥食品有限公司
广州联华快客连锁便利有限公司	慈溪市慈客隆超市有限公司
昆明福林堂药业有限公司	嘉峪关市西部糖酒副食有限责任公司
无锡市山禾集团健康参药连锁有限公司	常熟市建发医药零售连锁有限公司
开原方圆医药连锁有限公司	遂宁市全泰堂药品连锁有限公司
广西同济医药有限责任公司	张家港市百禾医药连锁有限公司
江西煌上煌烤卤有限公司	三明医药集团四海药行
大连旺达连锁有限公司	广东赛壹便利店有限公司
上海喜士多便利连锁有限公司	济南市蔬菜公司
通州仁寿大药房连锁有限公司	甘肃众友医药连锁有限公司
中国石化武汉石油(集团)股份公司	深圳市合丹医药连锁有限公司
人本集团有限公司	石家庄市蔬菜副食品总公司天元公司
二天堂大药房连锁有限公司	天津华润超级市场有限公司
湖南金沙大药房零售连锁有限公司	铁岭药业有限公司
宁波市北仑加贝购物俱乐部	郑州市双凤鞋业有限公司
广西佳用商贸股份有限公司	北京牡丹四星音像有限公司
苏州可的便利店有限公司	湖北富迪实业有限公司
武汉煤气(集团)公司	海城市福缘堂大药房
南京医药百信药房有限责任公司	重庆百货大楼股份有限公司
奉化市爱伊美西服进出口有限公司	广州市 8 字连锁店有限公司
宁夏医药商业集团新禾医药连锁公司	新一佳超市有限公司

5—1　续表2

50－99个(87家)
武汉丽红商业有限公司
西单上海华联超市(北京)有限责任公司
深圳市民润农产品配送连锁商业公司
上海汇丰医药药材有限责任公司
上海光大通信终端产品销售有限公司
北京大明眼镜股份有限公司
绍兴华联医药连锁有限公司
苏州礼安医药连锁总店有限公司
北京亚飞汽车连锁总店有限责任公司
北京市大中电器有限公司
上海雷允上药品连锁经营有限公司
北京超市发连锁股份有限公司
珠海市济生医药连锁有限公司
安徽省徽商集团天恒肉类食品有限公司
北京嘉事堂连锁药店有限公司
宜昌市同德医药零售连锁有限公司
溧阳市药业有限公司
第一医药商店连锁经营有限公司
上海药房股份有限公司

14－49个(323家)
浙江震元医药连锁有限公司
杭州大洋窗帘公司
湖南九芝堂零售连锁有限公司
厦门宝岛眼镜有限公司
上海希文商贸有限公司
启东市民乐大药房连锁有限公司
宁波三江购物俱乐部有限公司
深圳市都都文具有限公司
广州市港湾商业有限公司
连云港康济大药房连锁有限公司
贵州一树连锁药业有限公司
湖北独活药业股份有限公司
潍坊民康医药连锁有限公司
济南益康百姓连锁超市有限公司
昆明济民大药房连锁责任有限公司
广州大洋文化连锁店有限公司
怀化市怀仁大药房连锁有限公司
金华市九德堂医药连锁有限公司
济南亨得利钟表眼镜有限公司
北京市新华书店王府井书店
湖南时代阳光养天和大药房连锁公司
马鞍山市医药总公司

14－49个(323家)
上海家家乐商业发展有限公司
宁波四明大药房有限责任公司
金华市尖峰大药房连锁有限公司
湖南步步高连锁超市有限责任公司
南京国盛连锁药店有限公司
北京张一元茶叶有限责任公司
武汉茗参大药房连锁有限责任公司
临沂市仁和堂医药(连锁)有限公司
新疆济仁堂医药连锁电子商务有限公司
上海倍福来贸易有限公司
临沂汽车工业贸易有限公司
济宁康福大药店连锁有限公司
江苏时代超市有限公司
无锡天惠超市股份有限公司
贵州华氏大药房延安连锁有限公司
江苏先声连锁药店有限公司
天津市好利来食品有限公司
苏州联华超市有限公司
北京永安堂医药连锁有限责任公司
北京通糖物美便利超市有限公司
浙江天天惠超市有限公司
青岛国风集团祥泰药庄连锁有限公司
温州当家人便利店连锁有限公司
宁波新美心食品工业有限公司
北京同仁堂连锁药店
康恩贝大药房连锁有限公司
东莞喜威液化石油气有限公司
武汉中商集团股份有限公司
郑州双汇商业连锁有限公司
苏州雷允上国药连锁店有限公司
北京市奥士凯商贸连锁经营公司
江苏真维斯服饰有限公司
南宁康迈商业有限责任公司
武商集团
北京首航国力商贸有限公司
陕西国大药房连锁有限公司
顶顶鲜超市公司
上海永乐家用电器有限公司
四川省老邻居商贸连锁有限责任公司
河南九头崖集团平顶山商业连锁公司
东莞市糖酒集团美佳超市有限公司
沈阳维康医药连锁有限公司

5—1 续表3

14—49个(323家)	14—49个(323家)
京港超市	长沙三九药店连锁有限公司
南京医药合肥百信连锁有限公司	盐城市雅加乐超市有限公司
新世纪连锁有限公司	河北神威大药房连锁有限公司
江苏省徐州医药采购供应站	杭州烟草分公司卷烟销售公司
北京小白羊超市连锁总店	韶关市美之社商业贸易发展有限公司
河南九头崖集团商业连锁有限公司	杭州市胡庆馀堂国药号公司
北京稻香村食品集团	江苏通灵翠钻有限公司
广州市东方眼镜连锁企业有限公司	宁夏糖酒副食品连锁公司
江苏省海邦医药有限责任公司	北京迪信通电子通信技术有限公司
陕西同一医药连锁有限公司	东营市医药公司
阜阳华联超市有限公司	北京味多美食品有限责任公司
河北省精彩无限音像电子连锁有限公司	杭州市肖山同春堂医学零售有限公司
牙克石市医药公司	宁海县小小食品超市有限公司
唐山华盛超市有限公司	湖北黄石新世纪医药连锁有限公司
安吉递铺药店连锁有限公司	贵阳红华贸易有限公司
唐山陈氏超市有限公司	宜昌市北山超市有限公司
湖北德仁堂医药连锁有限公司	江山市万家乐超市有限公司
北京市房山华冠商贸公司	河南省麦迪森医药有限公司
西安双鹤医药股份有限公司	广州城建开发宏城连锁超级市场
云南新华书店连锁有限公司	青岛市长青股份有限公司
北京京卫国康医药有限公司	新疆兵团四师农垦商业集团总公司
湖南省华银旺和超市贸易有限公司	江苏宏图三胞科技发展有限公司
浙江英特药业公司	济南市建联中药有限公司
石家庄乐仁堂医药有限责任公司	中山市壹加壹商业连锁有限公司
深圳沃尔玛珠江百货有限公司	文山天丹药业有限责任公司
呼伦贝尔市医药公司	常州市联华超市有限公司
无锡市真正陆稿荐肉庄	白山市方大商业有限公司
山东银座商城股份有限公司	珠海民润新七星连琐商业有限公司
濮阳市百姓量贩有限公司	新华海科技实业集团有限公司
常州药业股份有限公司	北京市雪亮眼镜有限公司
上海白玉兰饮食有限公司	华润超级市场有限公司
天津市月坛超市有限公司	淄博久久连锁有限公司
中山市中智大药房连锁有限公司	顺德区顺客隆商场
自贡九鼎实业有限公司	寿光市糖酒茶副食品公司
武汉马应龙大药房连锁有限公司	北京市房山医药公司
大连丽字眼镜连锁有限公司	北京更香茶叶有限责任公司
敦煌市医药有限责任公司	北京嘉事宏润医药经营有限公司
重庆千叶眼镜连锁有限公司	淄博三利万客隆经贸有限公司
上海市医药股份有限责任公司	合肥市糖业烟酒有限责任公司
武汉市新华书店	金华市中洋超市
郑州仟喜堂医药有限责任公司	厦门市光华医药连锁有限公司
韶关市东明商茂有限公司	湖南心连心实业有限公司
华东医药连锁有限公司	浙江开开食品网络配送有限公司

5—1 续表 4

14—49 个(323 家)	14—49 个(323 家)
北京万方全顺商贸有限公司	宁波彩虹大药房有限公司
十九粮油食品贸易总公司连锁公司	武汉罗莎食品有限公司
上海大润发有限公司	北京国美电器有限公司
青徽超市	杭州市佑康公司
武汉市汉深医药有限公司	杭州凯特医药零售连锁有限公司
荣成市医药公司	青岛市新华书店
华联集团吉买盛购物中心有限公司	滨州医药集团公司
张家港可的便利店有限公司	沈阳天益堂药房连锁有限公司
海南省三叶大药房医药贸易有限公司	舟山市民生商厦有限责任公司
湖南千惠商贸连锁有限公司	利辛县粮油食品商厦
河南大张实业有限公司	南宁益多益医药连锁有限责任公司
南通康乐大药房连锁有限公司	湖北黄石市粮油连锁公司
杭州武林药店	江苏明都汽车摩托车有限公司
广州家谊超市股份有限公司	东方家园有限公司
湖州市城区供销社	舟山市普陀好当家超市有限公司
湖南益丰大药房连锁有限公司	安阳市宇丰食品有限责任公司
武汉市三九物流有限公司	宁波大红鹰综合经营有限公司
厦门鹭燕大药房有限公司	万家利(天津)国际贸易有限公司
襄樊仟吉连锁超市有限公司	重庆山城超市有限公司
锦江麦德龙现购自运有限公司	襄樊市德仁堂医药连锁有限公司
甘肃河西三州武威医药连锁有限公司	平顶山市纺织品有限公司
好美家装潢建材有限公司	南阳市万德隆副食百货有限责任公司
许昌市胖东来商贸集团有限公司	扎兰屯市医药公司
太仓市仓建超市有限公司	昆明新知图书城有限责任公司
北京市锋豪眼镜钟表有限责任公司	杭州肖山仓桥药品零售连锁有限公司
贵州大昌隆仓储式购物有限公司	青岛亨达利钟表眼镜有限公司
浙江江南大厦股份有限公司	北京国大药房连锁有限公司
北京鑫绿都农产品超市	惠州市全一医药连锁有限公司
人人乐连锁商业(集团)有限公司	北京阿桑娜商贸有限公司
广州岛内价连锁商业有限公司	淄博奥德隆经贸有限公司
湖南唐人神安全放心食品连锁有限公司	中石化公司长治县销售处
江苏化卫友谊超市有限公司	厦门华视眼镜有限公司
吉林省永新大药房	华北制药集团大药房有限公司
上海新中服饰销售有限公司	昆明食品裕丰连锁经营有限公司
吉林省金叶香烟城有限责任公司	广西南宁朝阳大药房连锁有限责任公司
湖南楚仁堂医药连锁经营有限责任公司	湖北黄石市国药时珍药店连锁公司
新疆兵团农八师石河子市健心源公司	无锡中百超市(配销)有限公司
南京市新华书店	厦门倍顺连锁店有限公司
云南玉溪市百信商贸集团有限公司	无锡永安集团有限公司
江苏省海安县医药总公司	徐州恩华统一医药连锁销售有限公司
福建吉马实业有限公司	武汉皇冠蛋糕店
北京双汇商业投资有限公司	亳州市盖盛祥超市

5—1 续表 5

14－49 个(323 家)	14－49 个(323 家)
上海国美电器公司	滨州市惠生实业有限责任公司
靖江市新泰丰苏果超市	厦门市中博贸易有限公司
新华书店北方图书城有限公司	北京市昌平医药药材总公司
山西省石油公司潞城市石化产品公司	新疆雷鸟连锁经营有限责任公司
重客隆连锁超市分公司	吉林省石油开发股份有限公司
温州老香山连锁零售店	湖北省十堰市京华超市有限公司
太原双合成食品有限公司	常州市金叶卷烟专卖连锁有限公司
海南省精功眼镜有限公司	阿克苏地区新华书店
山西益源大药房连锁有限责任公司	天津国美电器有限公司
重庆诚泰贸易有限公司	石家庄市万利福实业有限公司
舟山香溢零售网络有限公司	华普超市有限公司
广西桂玉医药有限责任公司	厦门市闽客隆连锁有限公司
民勤县医药公司	青海省百货股份有限公司
衢州市江南益寿堂医药零售连锁公司	呼伦贝尔市友谊有限公司
北京市真维斯服饰有限公司	天津克瑞思(集团)有限公司
阳泉天泰药品总店	民丰超市有限公司
玉门市医药有限责任公司	江门市济源堂药业有限公司
襄樊市好邻居百货有限公司	红太阳大药房连锁有限责任公司
安徽万花商业连锁超市有限责任公司	乌鲁木齐爱里食品有限公司
成都百货大楼集团有限公司	寿光市百货大楼有限公司
兰溪市云龙大药房连锁有限公司	广州市三九健康医药连锁有限公司
沈阳信盟商业广场有限公司	深圳国美电器有限公司
中山市三才医药连锁有限公司	湖北雅斯连锁商业有限公司
上海屈臣氏日用品有限公司	昆明百货集团精益眼镜有限公司
河南通利量贩有限公司	湖南惠康便利店商贸有限公司
沧州富达日化超市有限公司	四川双汇连锁有限责任公司
临沂同仁医药有限公司	诸暨雄城大厦百货有限公司
广州中山医博济药店连锁有限公司	怀化市佳惠百货有限责任公司
张家口市佳美连锁超市有限公司	湖州华圣医药药材公司
青海省三普医药连锁有限责任公司	北京英奥巴施连奴商贸有限责任公司
秦皇岛家惠商贸有限公司	上海苏宁电器有限公司
北京金飞鸿技术发展中心	南京好管家国粮连锁有限责任公司
北京物美博兰特便利超市有限责任公司	岳阳康星大药房连锁有限公司
新疆麦趣尔集团有限责任公司	陕西十万大山实业股份有限公司
昆明市副食禽蛋总公司心连心连锁公司	宁波家世界连锁超市有限公司
深圳市顺电连锁股份有限公司	湖北省健康之舟药房连锁有限公司
余姚市宏济堂大药房有限公司	贵阳智诚商场有限责任公司
韶关市惠福贸易发展有限公司	哈尔滨联强商业发展有限公司
吴江市联华超市	武汉刘有余药堂有限责任公司
厦门鼎炉药房连锁有限公司	山西省石油公司屯留县石油分公司
西双版纳医药有限责任公司	南昌市新华书店
山西吉隆斯商贸股份有限公司	襄樊三九医药连锁有限公司
遂宁市高金食品有限公司	北京王府井百货集团
长春市新华书店	乌鲁木齐市医药总公司
太原市粮油供应公司	

5—2　14门店以上连锁百货店

（2004年）

500个以上(2家)
青岛利群集团股份有限公司
江苏文峰大世界连锁发展股份有限公司

100－499个(3家)
青岛崂山百货大楼(集团)股份公司
哈尔滨中央红集团股份有限公司
青岛利客来商贸股份有限公司

50－99个(3家)
临沂九州经贸有限责任公司
延边国际贸易大厦有限责任公司
重庆百货大楼股份有限公司

14－49个(20家)
武汉中商集团股份有限公司
武商集团
新世纪连锁有限公司
深圳沃尔玛珠江百货有限公司
山东银座商城股份有限公司

14－49个(20家)
自贡九鼎实业有限公司
新疆兵团四师农垦商业集团总公司
淄博三利万客隆经贸有限公司
湖南千惠商贸连锁有限公司
人人乐连锁商业(集团)有限公司
淄博奥德隆经贸有限公司
南阳市万德隆副食百货有限责任公司
襄樊市好邻居百货有限公司
呼伦贝尔市友谊有限公司
青海省百货股份有限公司
寿光市百货大楼有限公司
诸暨雄城大厦百货有限公司
贵阳智诚商场有限责任公司
哈尔滨联强商业发展有限公司
北京王府井百货集团

5—3　14门店以上连锁超级市场

（2004年）

1000个以上(3家)
上海华联超市股份有限公司
联华超市股份有限公司
苏果超市有限公司

500－999个(1家)
北京物美商业集团有限公司

100－499个(21家)
华润万家有限公司
成都红旗连锁有限公司
捷强烟草糖酒(集团)连锁有限公司
中百集团
绍兴供销超市有限公司
天津市消费合作总社
上海农工商超市有限公司
徐州华润惠客隆超级市场有限公司
四川省互惠商业有限责任公司
常熟市常客隆供配超市有限责任公司
北京京客隆超市连锁集团有限公司
常州市武进明都超市有限公司
太原唐久超市有限公司
山东省威海糖酒采购供应站
常州市信特超市有限公司
陕西海星连锁超级市场有限责任公司

100－499个(21家)
河南思达商业连锁有限公司
南京华诚超市有限公司
上海家得利超市有限公司
华润超级市场(苏州)有限公司
成都红艳超市有限公司

50－99个(15家)
湖南千金大药房零售连锁股份有限公司
人本集团有限公司
宁波市北仑加贝购物俱乐部
广西佳用商贸股份有限公司
苏州美佳倍顺连锁店有限公司
南京联华长江超市有限公司
慈溪市慈客隆超市有限公司
嘉峪关市西部糖酒副食有限责任公司
济南市蔬菜公司
天津华润超级市场有限公司
湖北富迪实业有限公司
西单上海华联超市(北京)有限责任公司
新一佳超市有限公司
深圳市民润农产品配送连锁商业公司
北京超市发连锁股份有限公司

5—3 续表

14—49个(86家)	14—49个(86家)
宁波三江购物俱乐部有限公司	金华市中洋超市
广州市港湾商业有限公司	广州家谊超市股份有限公司
济南益康百姓连锁超市有限公司	河南大张实业有限公司
湖南步步高连锁超市有限责任公司	襄樊仟吉连锁超市有限公司
上海家家乐商业发展有限公司	北京鑫绿都农产品超市
江苏时代超市有限公司	太仓市仓建超市有限公司
无锡天惠超市股份有限公司	浙江江南大厦股份有限公司
苏州联华超市有限公司	许昌市胖东来商贸集团有限公司
浙江天天惠超市有限公司	锦江麦德龙现购自运有限公司
南宁康迈商业有限责任公司	贵州大昌隆仓储式购物有限公司
顶顶鲜超市公司	广州岛内价连锁商业有限公司
东莞市糖酒集团美佳超市有限公司	江苏化卫友谊超市有限公司
河南九头崖集团平顶山商业连锁公司	福建吉马实业有限公司
四川省老邻居商贸连锁有限责任公司	舟山市民生商厦有限责任公司
京港超市	云南玉溪市百信商贸集团有限公司
北京小白羊超市连锁总店	舟山市普陀好当家超市有限公司
唐山华盛超市有限公司	利辛县粮油食品商厦
阜阳华联超市有限公司	重庆山城超市有限公司
河南九头崖集团商业连锁有限公司	亳州市盖盛祥超市
唐山陈氏超市有限公司	舟山香溢零售网络有限公司
湖南省华银旺和超市贸易有限公司	靖江市新泰丰苏果超市
北京市房山华冠商贸公司	无锡永安集团有限公司
濮阳市百姓量贩有限公司	重客隆连锁超市分公司
天津市月坛超市有限公司	无锡中百超市(配销)有限公司
韶关市东明商茂有限公司	安徽万花商业连锁超市有限责任公司
盐城市雅加乐超市有限公司	厦门倍顺连锁店有限公司
宁夏糖酒副食品连锁公司	上海屈臣氏日用品有限公司
韶关市美之社商业贸易发展有限公司	秦皇岛家惠商贸有限公司
宁海县小小食品超市有限公司	沈阳信盟商业广场有限公司
宜昌市北山超市有限公司	张家口市佳美连锁超市有限公司
青岛市长青股份有限公司	厦门市闽客隆连锁有限公司
常州市联华超市有限公司	山西吉隆斯商贸股份有限公司
白山市方大商业有限公司	韶关市惠福贸易发展有限公司
珠海民润新七星连琐商业有限公司	湖北省十堰市京华超市有限公司
广州城建开发宏城连锁超级市场	华普超市有限公司
中山市壹加壹商业连锁有限公司	民丰超市有限公司
顺德区顺客隆商场	吴江市联华超市
淄博久久连锁有限公司	新疆雷鸟连锁经营有限责任公司
华润超级市场有限公司	石家庄市万利福实业有限公司
华联集团吉买盛购物中心有限公司	天津克瑞思(集团)有限公司
上海大润发有限公司	怀化市佳惠百货有限责任公司
青徽超市	湖北雅斯连锁商业有限公司
湖南心连心实业有限公司	宁波家世界连锁超市有限公司

5－4　14门店以上连锁专业店

(2004年)

1000个以上(5家)

中石化股份公司浙江分公司
上海东方书报刊服务有限公司
重庆桐君阁大药房连锁有限公司
四川天诚大药房连锁有限责任公司
和平药房连锁有限公司

500－999个(4家)

深圳市海王星辰医药有限公司
江西黄庆仁栈华氏大药房有限公司
云南东骏药业有限公司
昌野药房连锁有限责任公司

100－499个(37家)

辽宁成大方圆医药连锁有限公司
中国石油化工股份有限公司北京公司
湖北春天大药房连锁有限公司
长龙天圣大药房
福中信息产业集团有限公司
重庆时珍阁大药房连锁有限责任公司
重庆新华书店(集团)有限责任公司
重庆双叶药业有限公司
浙江省新华书店集团有限公司
北京金象大药房医药连锁有限责任公司
北京医保全新大药房有限责任公司
江苏苏宁电器连锁集团股份有限公司
徐州市石油公司
吉林大药房药业股份有限公司
国石油化工股份有限公司江苏南通公司
四川新华书店集团限公司
云南鸿翔药业有限公司
广西一心医药有限责任公司
上海复星大药房连锁经营有限公司
深圳市一致医药连锁有限公司
广州金叶烟草发展有限公司
上海美亚音像连锁经营有限公司
三联商社
华氏大药房
上海国大药房连锁有限公司
山东新华鲁抗药业零售连锁有限公司
湖北九州通人药房连锁有限公司
江苏五星电器有限公司
上海红星眼镜有限公司
青岛市国风大药房连锁有限公司
上海巴黎三城眼镜有限公司

100－499个(37家)

云南健之佳健康用品有限公司
东北制药集团公司供销公司
广州市苹果牌服装连锁店有限公司
广州市医药公司健民连锁店
深圳市中联大药房有限公司
泸州宝光药房连锁有限公司

50－99个(46家)

金华市太和堂医药连锁有限公司
长治市昂生大药房零售连锁有限公司
西安市中药集团公司藻露堂连锁公司
昆明福林堂药业有限公司
无锡市山禾集团健康参药连锁有限公司
开原方圆医药连锁有限公司
广西同济医药有限责任公司
通州仁寿大药房连锁有限公司
中国石化武汉石油(集团)股份公司
二天堂大药房连锁有限公司
湖南金沙大药房零售连锁有限公司
南京医药百信药房有限责任公司
武汉煤气(集团)公司
兵团新建医药零售连锁有限责任公司
宁夏医药商业集团新禾医药连锁公司
广西福生堂药品有限公司
湖北中联大药房连锁有限公司
平顶山市普生药业零售连锁有限公司
广州采芝林药业连锁店
北京中复电讯设备有限责任公司
新疆新特药业连锁有限责任公司
厦门市银祥食品有限公司
常熟市建发医药零售连锁有限公司
遂宁市全泰堂药品连锁有限公司
张家港市百禾医药连锁有限公司
三明医药集团四海药行
深圳市合丹医药连锁有限公司
甘肃众友医药连锁有限公司
北京牡丹四星音像有限公司
铁岭药业有限公司
海城市福缘堂大药房
上海汇丰医药药材有限责任公司
上海光大通信终端产品销售有限公司
北京大明眼镜股份有限公司
绍兴华联医药连锁有限公司

5—4 续表1

50－99个(46家)	14－49个(169家)
苏州礼安医药连锁总店有限公司	苏州雷允上国药连锁店有限公司
上海雷允上药品连锁经营有限公司	陕西国大药房连锁有限公司
安徽省徽商集团天恒肉类食品有限公司	上海永乐家用电器有限公司
北京亚飞汽车连锁总店有限责任公司	南京医药合肥百信连锁有限公司
北京嘉事堂连锁药店有限公司	沈阳维康医药连锁有限公司
北京市大中电器有限公司	江苏省徐州医药采购供应站
珠海市济生医药连琐有限公司	河北省精彩无限音像电子连锁有限公司
溧阳市药业有限公司	陕西同一医药连锁有限公司
宜昌市同德医药零售连锁有限公司	广州市东方眼镜连锁企业有限公司
第一医药商店连锁经营有限公司	江苏省海邦医药有限责任公司
上海药房股份有限公司	牙克石市医药公司
14－49个(169家)	安吉递铺药店连锁有限公司
上海希文商贸有限公司	湖北德仁堂医药连锁有限公司
湖南九芝堂零售连锁有限公司	北京京卫国康医药有限公司
厦门宝岛眼镜有限公司	云南新华书店连锁有限公司
杭州大洋窗帘公司	石家庄乐仁堂医药有限责任公司
浙江震元医药连锁有限公司	浙江英特药业公司
启东市民乐大药房连锁有限公司	西安双鹤医药股份有限公司
深圳市都都文具有限公司	呼伦贝尔市医药公司
湖北独活药业股份有限公司	常州药业股份有限公司
连云港康济大药房连锁有限公司	武汉市新华书店
潍坊民康医药连锁有限公司	中山市中智大药房连锁有限公司
贵州一树连锁药业有限公司	重庆千叶眼镜连锁有限公司
济南亨得利钟表眼镜有限公司	上海市医药股份有限责任公司
金华市九德堂医药连锁有限公司	武汉马应龙大药房连锁有限公司
北京市新华书店王府井书店	敦煌市医药有限责任公司
怀化市怀仁大药房连锁有限公司	长沙三九药店连锁有限公司
广州大洋文化连锁店有限公司	华东医药连锁有限公司
湖南时代阳光养天和大药房连锁公司	河北神威大药房连锁有限公司
昆明济民大药房连锁责任有限公司	杭州烟草分公司卷烟销售公司
金华市尖峰大药房连锁有限公司	郑州仟喜堂医药有限责任公司
宁波四明大药房有限责任公司	东营市医药公司
南京国盛连锁药店有限公司	杭州市肖山同春堂医学零售有限公司
马鞍山市医药总公司	杭州市胡庆馀堂国药号公司
临沂市仁和堂医药(连锁)有限公司	北京迪信通电子通信技术有限公司
新疆济仁堂医药连锁电子商务有限公司	贵阳红华贸易有限公司
临沂汽车工业贸易有限公司	湖北黄石新世纪医药连锁有限公司
济宁康福大药店连锁有限公司	新华海科技实业集团有限公司
贵州华氏大药房延安连锁有限公司	济南市建联中药有限公司
江苏先声连锁药店有限公司	文山天丹药业有限责任公司
青岛国风集团祥泰药庄连锁有限公司	河南省麦迪森医药有限公司
北京永安堂医药连锁有限责任公司	江苏宏图三胞科技发展有限公司
东莞喜威液化石油气有限公司	北京市雪亮眼镜有限公司
北京同仁堂连锁药店	北京市房山医药公司
康恩贝大药房连锁有限公司	厦门市光华医药连锁有限公司

5—4 续表2

14－49个(169家)	14－49个(169家)
荣成市医药公司	玉门市医药有限责任公司
合肥市糖业烟酒有限责任公司	重庆诚泰贸易有限公司
武汉市汉深医药有限公司	山西益源大药房连锁有限责任公司
北京嘉事宏润医药经营有限公司	温州老香山连锁零售店
南通康乐大药房连锁有限公司	阳泉天泰药品总店
杭州武林药店	新华书店北方图书城有限公司
武汉市三九物流有限公司	山西省石油公司潞城市石化产品公司
湖南益丰大药房连锁锁有限公司	广西桂玉医药有限责任公司
海南省三叶大药房医药贸易有限公司	海南省精功眼镜有限公司
北京市锋豪眼镜钟表有限责任公司	成都百货大楼集团有限公司
好美家装潢建材有限公司	北京金飞鸿技术发展中心
厦门鹭燕大药房有限公司	临沂同仁医药有限公司
甘肃河西三州武威医药连锁有限公司	中山市三才医药连锁有限公司
吉林省金叶香烟城有限责任公司	河南通利量贩有限公司
新疆兵团农八师石河子市健心源	青海省三普医药连锁有限责任公司
吉林省永新大药房	兰溪市云龙大药房连锁有限公司
湖南楚仁堂医药连锁经营有限责任公司	广州中山医博济药店连锁有限公司
北京国美电器有限公司	深圳市顺电连锁股份有限公司
滨州医药集团公司	滨州市惠生实业有限责任公司
沈阳天益堂药房连锁有限公司	余姚市宏济堂大药房有限公司
杭州凯特医药零售连锁有限公司	北京市昌平医药药材总公司
南京市新华书店	天津国美电器有限公司
青岛市新华书店	长春市新华书店
江苏省海安县医药总公司	吉林省石油开发股份有限公司
宁波彩虹大药房有限公司	阿克苏地区新华书店
南宁益多益医药连锁有限责任公司	西双版纳医药有限责任公司
东方家园有限公司	厦门市中博贸易有限公司
江苏明都汽车摩托车有限公司	厦门鼎炉药房连锁有限公司
襄樊市德仁堂医药连锁有限公司	乌鲁木齐爱里食品有限公司
湖北黄石市粮油连锁公司	昆明百货集团精益眼镜有限公司
安阳市宇丰食品有限责任公司	湖州华圣医药药材公司
北京国大药房连锁有限公司	江门市济源堂药业有限公司
广西南宁朝阳大药房连锁有限责任公司	广州市三九健康医药连锁有限公司
中石化公司长治县销售处	深圳国美电器有限公司
青岛亨达利钟表眼镜有限公司	四川双汇连锁有限责任公司
扎兰屯市医药公司	红太阳大药房连锁有限责任公司
湖北黄石市国药时珍药店连锁公司	襄樊三九医药连锁有限公司
华北制药集团大药房有限公司	南昌市新华书店
厦门华视眼镜有限公司	山西省石油公司屯留县石油分公司
惠州市全一医药连锁有限公司	武汉刘有余药堂有限责任公司
杭州肖山仓桥药品零售连锁有限公司	岳阳康星大药房连锁有限公司
昆明新知图书城有限责任公司	湖北省健康之舟药房连锁有限公司
衢州市江南益寿堂医药零售连锁公司	上海苏宁电器有限公司
徐州恩华统一医药连锁销售有限公司	乌鲁木齐市医药总公司
上海国美电器公司	陕西十万大山实业股份有限公司
民勤县医药公司	

5—5　14门店以上连锁专卖店

（2004年）

500－999个(2家)
上海古今内衣有限公司
高邦服饰集团有限公司
100－499个(8家)
陕西伟志集团股份有限公司
漯河双汇商业连锁有限公司
上海克莉丝汀食品有限公司
广州市宝生园有限公司
南京桂花鸭有限公司
石家庄市奥开双鸽连锁总店
五丰食品公司
广州市友谊班尼路服饰有限公司
50－99个(7家)
太原六味斋实业有限公司
江西煌上煌烤卤有限公司
奉化市爱伊美西服进出口有限公司
漯河汇通商业连锁有限公司
北京吴裕泰茶叶公司
上海元祖食品有限公司
郑州市双凤鞋业有限公司
14－49个(26家)
北京张一元茶叶有限责任公司
上海倍福来贸易有限公司
武汉茗参大药房连锁有限责任公司

14－49个(26家)
天津市好利来食品有限公司
宁波新美心食品工业有限公司
郑州双汇商业连锁有限公司
江苏真维斯服饰有限公司
北京稻香村食品集团
无锡市真正陆稿荐肉庄
大连丽字眼镜连锁有限公司
江苏通灵翠钻有限公司
北京味多美食品有限责任公司
北京更香茶叶有限责任公司
上海新中服饰销售有限公司
湖南唐人神安全放心食品连锁有限公司
武汉罗莎食品有限公司
杭州市佑康公司
宁波大红鹰综合经营有限公司
北京阿桑娜商贸有限公司
太原双合成食品有限公司
北京市真维斯服饰有限公司
武汉皇冠蛋糕店
新疆麦趣尔集团有限责任公司
遂宁市高金食品有限公司
常州市金叶卷烟专卖连锁有限公司
北京英奥巴施连奴商贸有限责任公司

5—6　14门店以上连锁便利店

（2004年）

1000个以上(3家)
上海联华快客便利有限公司
上海可的便利店有限公司
上海好德便利有限公司
500－999个(1家)
上海良友金伴便利连锁有限公司
100－499个(7家)
上海二十一世纪便利有限公司
梅林正广和便利连锁公司
上海华联罗森有限公司
广东赛壹便利店有限公司
河北沧州好日子超市股份有限公司
北京联华快客便利超市有限公司
太原市金虎超市配送有限公司
50－99个(16家)
大连明天便利连锁有限公司
广州联华快客连锁便利有限公司
大连旺达连锁有限公司
上海喜士多便利连锁有限公司
苏州可的便利店有限公司
余姚华联商厦(集团)有限公司
无锡可的便利店有限公司
湖北双汇商业投资有限公司
昌临旺客隆连锁有限公司
北京万方港佳商贸有限责任公司
重庆十分利商行有限公司
河北国大连锁商业有限公司

50－99个(16家)
广东赛壹便利店有限公司
石家庄市蔬菜副食品总公司天元公司
武汉丽红商业有限公司
广州市8字连锁店有限公司
14－49个(20家)
北京通糖物美便利超市有限公司
温州当家人便利店连锁有限公司
北京市奥士凯商贸连锁经营公司
北京首航国力商贸有限公司
江山市万家乐超市有限公司
寿光市糖酒茶副食品公司
张家港可的便利店有限公司
十九粮油食品贸易总公司连锁公司
浙江开开食品网络配送有限公司
北京万方全顺商贸有限公司
湖州市城区供销社
北京双汇商业投资有限公司
万家利(天津)国际贸易有限公司
昆明食品裕丰连锁经营有限公司
北京物美博兰特便利超市有限责任公司
沧州富达日化超市有限公司
昆明市副食禽蛋总公司心连心连锁公司
太原市粮油供应公司
湖南惠康便利店商贸有限公司
南京好管家国粮连锁有限责任公司

第六部分 连锁零售业销售额情况

6—1 销售额亿元以上连锁零售集团(企业)

(2004年)

300亿元以上(2家,656亿元)
中石化股份公司浙江分公司
北京亚飞汽车连锁总店有限责任公司

200－300亿元(3家,720亿元)
联华超市股份有限公司
江苏苏宁电器连锁集团股份有限公司
上海华联超市股份有限公司

100－200亿元(7家,836.1亿元)
苏果超市有限公司
上海大润发有限公司
三联商社
上海农工商超市有限公司
华润万家有限公司
北京物美商业集团有限公司
中国石油化工股份有限公司北京公司

50－100亿元(11家,728.8亿元)
新一佳超市有限公司
上海永乐家用电器有限公司
武商集团
江苏文峰大世界连销发展股份有限公司
江苏五星电器有限公司
锦江麦德龙现购自运有限公司
中百集团
深圳沃尔玛珠江百货有限公司
北京王府井百货集团
北京市大中电器有限公司
青岛利群集团股份有限公司

10－50亿元(70家,1394.8亿元)
江苏时代超市有限公司
中国石油化工股份有限公司江苏南通公司
武汉中商集团股份有限公司
上海易初莲花连锁超市有限公司
华联集团吉买盛购物中心有限公司
浙江省新华书店集团有限公司
山东银座商城股份有限公司
新世纪连锁有限公司
人人乐连锁商业(集团)有限公司
东方家园有限公司
北京京客隆超市连锁集团有限公司
北京国美电器有限公司
安徽商之都有限责任公司
徐州市石油公司
广州市好又多百货商业广场有限公司

10－50亿元(70家,1394.8亿元)

山东省威海糖酒采购供应站
上海联华快客便利有限公司
成都红旗连锁有限公司
中国石化武汉石油(集团)股份公司
天津克瑞思(集团)有限公司
深圳市茂业商厦有限公司
北京超市发连锁股份有限公司
深圳天虹商场有限公司
南京金鹰国际集团购物中心有限公司
上海可的便利店有限公司
广东赛壹便利店有限公司
福中信息产业集团有限公司
江苏宏图三胞科技发展有限公司
好美家装潢建材有限公司
上海好德便利有限公司
北京中恒鸿禧超市有限公司
武汉工贸有限公司
捷强烟草糖酒(集团)连锁有限公司
深圳市顺电连锁股份有限公司
重庆百货大楼股份有限公司
济南人民大润发商业有限公司
上海家得利超市有限公司
天津国美电器有限公司
青岛崂山百货大楼(集团)股份公司
北京苏宁电器有限公司
厦门灿坤电通有限公司
华糖洋华堂商场有限公司
上海国美电器公司
临沂汽车工业贸易有限公司
成都国美电器有限公司
深圳市岁宝百货有限公司
上海苏宁电器有限公司
南昌百货大楼股份有限公司
上海文峰千家惠购物中心有限公司
上海欧尚超市有限公司
南昌洪城大厦股份有限公司
江苏明都汽车摩托车有限公司
深圳百佳超级市场有限公司
广州正大万客隆(佳景)有限公司
湖南步步高连锁超市有限责任公司
广东吉之岛天贸百货有限公司
徐州华润惠客隆超级市场有限公司

6—1 续表1

10－50亿元(70家,1394.8亿元)
新华海科技实业集团有限公司
东北制药集团公司供销公司
广州百佳超级市场有限公司
临沂九州经贸有限责任公司
北京中复电讯设备有限责任公司
北京美廉美商贸公司
哈尔滨中央红集团股份有限公司
武汉汉福超市有限公司
广州市友谊班尼路服饰有限公司
深圳市海王星辰医药有限公司
辽宁成大方圆医药连锁有限公司
湖南家润多超市有限公司
湖南省新一佳商业投资有限公司

1－10亿元(336家,1042.1亿元)
河北保龙仓集团服务有限公司
北京小白羊超市连锁总店
上海良友金伴便利连锁有限公司
哈尔滨黑天鹅家电经销实业有限公司
山东新华鲁抗药业零售连锁有限公司
中贸联万客隆商业有限公司
深圳国美电器有限公司
华普超市有限公司
中山市壹加壹商业连锁有限公司
广州市万佳百货有限公司
上海百安居建材超市有限公司
江苏百润商品配送中心有限公司
上海灿宝电子有限公司
长沙通程实业集团有限公司家电公司
江苏金太阳家电有限公司
陕西海星连锁超级市场有限责任公司
北京市亨得利瑞士钟表有限责任公司
青岛国美电器有限公司
广西佳用商贸股份有限公司
广东苏宁电器有限公司
华润超级市场(苏州)有限公司
贵阳国鼎家用电器贸易有限公司
山西华宇股份有限公司
北京旺市百利商业有限公司
人本集团有限公司
深圳百安居装饰建材有限公司
深圳市天虹投资发展有限公司
北京迪信通电子通信技术有限公司
成都百货大楼集团有限公司
青岛家乐福商业有限公司
临沂解放汽车销售服务有限公司
广州市番禺沙园集团有限公司
云南沃尔玛百货有限公司
高邦服饰集团有限公司
山西美特好连锁超市有限公司
深圳市民润农产品配送连锁商业公司
绍兴供销超市有限公司
青岛利客来商贸股份有限公司
湖南心连心实业有限公司
深圳市深长实业股份有限公司
北京首航国力商贸有限公司
北京顺天府商贸有限公司
云南盛兴商贸有限责任公司
上海诚达百货商业有限公司
北京金象大药房医药连锁有限责任公司
江西洪客隆实业有限公司
广州岛内价连锁商业有限公司
北京创益佳商场
青岛国货股份有限公司
昆明国美电器有限公司
深圳乐荣超市有限公司
宁波三江购物俱乐部有限公司
哈尔滨联强商业发展有限公司
天津市消费合作总社
漯河双汇商业连锁有限公司
北京易初莲花连锁超市有限公司
郑州丹尼斯生活广场有限公司
广州家谊超市股份有限公司
四川省互惠商业有限责任公司
福建吉马实业有限公司
杭州市顶仁乐购超市
河南思达商业连锁有限公司
上海九百家居装饰商城有限公司
华润超级市场有限公司
昆明家乐福超市有限公司
贵阳红华贸易有限公司
深圳西武百货有限公司
南宁康迈商业有限责任公司
上海七宝乐购购物中心有限公司
杭州好又多超市
华润万佳超市有限公司
上海古今内衣有限公司
北京分中寺家世界购物广场有限公司
合肥百大合家福连锁超市有限责任公司

6—1　续表 2

1－10 亿元(336 家,1042.1 亿元)	1－10 亿元(336 家,1042.1 亿元)
杭州欧尚超市有限公司	北京医保全新大药房有限责任公司
沈阳家乐福超市有限公司	西安秋林公司
唐山华盛超市有限公司	青海省百货股份有限公司
广州屈臣氏个人用品商店有限公司	武汉市新华书店
大连沃尔玛百货有限公司	武汉煤气(集团)公司
上海药房股份有限公司	安徽鸿泰交家电(集团)有限公司
重庆新华书店(集团)有限责任公司	广州金叶烟草发展有限公司
常熟市常客隆供配超市有限责任公司	北京顺义隆华购物中心
天津家居装饰建材中心	上海克莉丝汀食品有限公司
北京亿客隆商业股份有限公司	湖南省国美电器有限公司
上海长发购物中心有限公司	珠海民润新七星连琐商业有限公司
江苏通灵翠钻有限公司	明珠大厦
上海屈臣氏日用品有限公司	上海家家乐商业发展有限公司
深圳市苏宁电器有限公司	白山市方大商业有限公司
无锡天惠超市股份有限公司	重庆桐君阁大药房连锁有限公司
云南鸿翔药业有限公司	上海真北乐购生活购物有限公司
上海浦东好义多超市有限公司	和平药房连锁有限公司
山西山姆士超市有限公司	兰州中大电器连锁有限公司
上海华德美居超市有限公司	南京医药合肥百信连锁有限公司
上海易买得超市有限公司	北京胜鸿都汽车销售服务有限公司
厦门市思文电器有限公司	石家庄市万利福实业有限公司
河南省国美电器有限公司	北京崇文门菜市场物美综合超市
天津市大中电器有限公司	慈溪市慈客隆超市有限公司
上海康仁乐购超市贸易有限公司	绍兴华联医药连锁有限公司
华氏大药房	天津华润超级市场有限公司
北京稻香村食品集团	昌临旺客隆连锁有限公司
浙江汇德隆家电有限公司	青岛雅泰电器有限公司
沈阳维康医药连锁有限公司	常熟市百润发超市有限责任公司
上海华联罗森有限公司	淄博奥德隆经贸有限公司
呼伦贝尔市友谊有限公司	东莞喜威液化石油气有限公司
上海嘉定乐购生活购物有限公司	北京市昌平新世纪商城
西单上海华联超市(北京)有限责任公司	大连家福超市有限公司
北京市新华书店王府井书店	武汉易初莲花连锁超市有限公司
上海汇丰医药药材有限责任公司	武汉国美电器有限公司
南京悦家超市有限公司	五丰食品公司
北京市房山华冠商贸公司	顺德区顺客隆商场
北京沃尔玛百货有限公司	陕西伟志集团股份有限公司
河南通利量贩有限公司	深圳市有荣配销有限公司
梅林正广和便利连锁公司	江西黄庆仁栈华氏大药房有限公司
南京华诚超市有限公司	北京张一元茶叶有限责任公司
北京欧尚超市有限公司	新疆友好集团友好天信电器连锁公司
吉林省恒客隆仓储百货有限公司	长沙老百姓大药房有限公司
武汉华联综合超市有限公司	青岛市新华书店
深圳市铜锣湾百货有限公司	北京同仁堂连锁药店

6—1 续表 3

1－10 亿元(336 家,1042.1 亿元)	1－10 亿元(336 家,1042.1 亿元)
常州市信特超市有限公司	民丰超市有限公司
长沙家乐福超市有限责任公司	阜阳华联超市有限公司
上海康交乐购超市有限公司	四川新华书店集团限公司
深圳市信南实业发展有限公司	昆明普尔斯马特责任有限公司
浙江天天惠超市有限公司	好又多百货有限公司
上海东方书报刊服务有限公司	重庆诚泰贸易有限公司
台州耀达商场有限公司	西宁大十字百货商店
怀化市佳惠百货有限责任公司	大连旺达连锁有限公司
江苏真维斯服饰有限公司	重客隆连锁超市分公司
南京桂花鸭有限公司	南京联华长江超市有限公司
武汉市好又多百货商业有限公司	新疆友好百盛商业发展有限公司
上海龙华乐购生活购物有限公司	焦作市百货大楼有限责任公司
上海莘庄乐购生活购物有限公司	欧海家居有限公司
常州市武进明都超市有限公司	上海二十一世纪便利有限公司
深圳市一致医药连锁有限公司	杭州正通话机世界有限公司
成都苏宁电器连锁加盟有限责任公司	泉州泉艺轻工电器有限公司
安徽五星电器有限公司	重庆家乐福商业有限公司成都分公司
青岛市国风大药房连锁有限公司	上海复星大药房连锁经营有限公司
南京市新华书店	三明市商业集团公司
长沙泰阳商城	云南新华书店连锁有限公司
无锡市商业大厦超市有限公司	天津市月坛超市有限公司
贵州大昌隆仓储式购物有限公司	绍兴好又多百货有限公司
泉州通海汽车销售服务有限公司	北京金飞鸿技术发展中心
青岛喜盈门集团喜盈门商场	上海元祖食品有限公司
广州市新佳信通讯设备有限公司	杭州百安居装饰有限公司
盐城市雅加乐超市有限公司	广州城建开发宏城连锁超级市场
上海国大药房连锁有限公司	新疆家乐福超市有限公司
上海光大通信终端产品销售有限公司	天河百盛购物中心有限公司沈阳公司
湖北富迪实业有限公司	北京嘉事堂连锁药店有限公司
太原唐久超市有限公司	南京华德美居购物中心有限公司
杭州家乐福超市有限公司	吉林大药房药业股份有限公司
海南省万福隆百货有限公司	苏州礼安医药连锁总店有限公司
广州市医药公司健民连锁店	银川新华百货丽华连锁有限公司
大荣贸易国际有限公司	台州市三和自选商场有限公司
湖南省华银旺和超市贸易有限公司	上海镇宁乐购生活购物有限公司
云南玉溪市百信商贸集团有限公司	上海浦东锦绣乐购生活购物有限公司
深圳铭可达空调家电批发中心有限公司	北京燕莎望京购物中心
郑州迪信通电子通信技术有限公司	顶顶鲜超市公司
贵阳友谊(集团)股份有限公司	河南九头崖集团平顶山商业连锁公司
山西糖酒副食有限公司	山东联发通讯科技有限公司
深圳市中联大药房有限公司	北京通糖物美便利超市有限公司
北京吴裕泰茶叶公司	厦门市金鹭首饰有限公司
云南健之佳健康用品有限公司	普陀华侨友谊有限公司
广东国讯电信连锁经营有限公司	岳阳商大购物中心

6—1　续表4

1—10亿元(336家,1042.1亿元)	1—10亿元(336家,1042.1亿元)
长春远方实业集团有限公司	苏州可的便利店有限公司
唐山陈氏超市有限公司	上海巴黎三城眼镜有限公司
南昌亨得利钟表眼镜公司	河南省八方和盛电器有限责任公司
海宁大厦	北京市真维斯服饰有限公司
上海红星眼镜有限公司	沈阳时代商贸有限公司
郑州双汇商业连锁有限公司	大庆市庆客隆经贸有限公司
苏州美佳倍顺连锁店有限公司	湖北省十堰市京华超市有限公司
新华书店北方图书城有限公司	珠海市恒波通信设备发展有限公司
湖南千金大药房零售连锁股份有限公司	石家庄市蔬菜副食品总公司天元公司
苏州联华超市有限公司	山西华联综合超市有限公司
河南大张实业有限公司	东莞市糖酒集团美佳超市有限公司
河南九头崖集团商业连锁有限公司	新疆诺玛特商贸有限公司
天津劝业家乐福超市有限公司	南京医药百信药房有限责任公司
昆明福林堂药业有限公司	珠海市泰丰电业有限公司
石家庄乐仁堂医药有限责任公司	汉中桃心岛商贸有限责任公司
安庆金华联超市有限责任公司	上海易初莲花杭州公司
哈尔滨宝丰药业有限责任公司	上海江珂百货商业有限公司
长沙有有实业有限公司	北京市华强经贸公司
武汉丽红商业有限公司	包头市同利交电商场
上海家美好百货有限公司	旅顺供销大厦
上海市医药股份有限责任公司	韶关市东明商茂有限公司
广州市港湾商业有限公司	河北沧州好日子超市股份有限公司
秦皇岛家惠商贸有限公司	北京顺天府货仓式商业有限责任公司
安徽省安庆医药(站)有限公司	金华市中洋超市
许昌市胖东来商贸集团有限公司	漯河汇通商业连锁有限公司
贵阳智诚商场有限责任公司	广东顺电实业有限公司广州信和公司
北京物美博兰特便利超市有限责任公司	临沂罗欣医药有限公司
寿光市糖酒茶副食品公司	家福(天津)国际贸易有限公司
沈阳沃尔玛百货有限公司	北京大明眼镜股份有限公司
厦门市闽客隆连锁有限公司	上海康育乐购超市有限公司
贵阳诺玛特商业有限公司	上海希文商贸有限公司
济南市蔬菜公司经营部	宁波市北仑加贝购物俱乐部
北京嘉事宏润医药经营有限公司	深圳市国际连锁商业公司
杭州烟草分公司卷烟销售公司	厦门市思文电器新城有限公司
上海喜士多便利连锁有限公司	临汾万佳福仓储超市有限公司
唐山市金客隆仓储批发超级商场	无锡市山禾集团健康参药连锁有限公司
北京永安堂医药连锁有限责任公司	厦门市银祥食品有限公司
大同市华林有限责任公司	北京市通州福兰德超市
衢州市普农家用电器有限公司	广东赛壹便利店有限公司
滨州市百货大楼有限责任公司	新疆广汇商贸五一连锁超市有限公司
南昌市新华书店	山西天客隆天龙超市有限公司
第一医药商店连锁经营有限公司	临安钱王超市有限公司
益阳市爱丽丝连锁有限公司	太仓市仓建超市有限公司

6—2　销售额亿元以上连锁百货店

（2004 年）

50 亿元以上(5 家)
武商集团
江苏文峰大世界连销发展股份有限公司
深圳沃尔玛珠江百货有限公司
北京王府井百货集团
青岛利群集团股份有限公司
10－50 亿元(15 家)
武汉中商集团股份有限公司
山东银座商城股份有限公司
新世纪连锁有限公司
人人乐连锁商业(集团)有限公司
安徽商之都有限责任公司
深圳市茂业商厦有限公司
深圳天虹商场有限公司
南京金鹰国际集团购物中心有限公司
重庆百货大楼股份有限公司
青岛崂山百货大楼(集团)股份公司
深圳市岁宝百货有限公司
南昌百货大楼股份有限公司
南昌洪城大厦股份有限公司
临沂九州经贸有限责任公司
哈尔滨中央红集团股份有限公司
1－10 亿元(25 家)
深圳市天虹投资发展有限公司
青岛利客来商贸股份有限公司
1－10 亿元(25 家)
江西洪客隆实业有限公司
青岛国货股份有限公司
哈尔滨联强商业发展有限公司
深圳西武百货有限公司
呼伦贝尔市友谊有限公司
深圳市铜锣湾百货有限公司
西安秋林公司
青海省百货股份有限公司
北京顺义隆华购物中心
明珠大厦
淄博奥德隆经贸有限公司
北京市昌平新世纪商城
深圳市信南实业发展有限公司
长沙泰阳商城
西宁大十字百货商店
焦作市百货大楼有限责任公司
三明市商业集团公司
天河百盛购物中心有限公司沈阳公司
海宁大厦
贵阳智诚商场有限责任公司
大同市华林有限责任公司
滨州市百货大楼有限责任公司
深圳市国际连锁商业公司

6—3　销售额亿元以上连锁超级市场

（2004 年）

200 亿元以上(2 家)
联华超市股份有限公司
上海华联超市股份有限公司
100－200 亿元(5 家)
苏果超市有限公司
上海大润发有限公司
上海农工商超市有限公司
华润万家有限公司
北京物美商业集团有限公司
50－100 亿元(3 家)
新一佳超市有限公司
锦江麦德龙现购自运有限公司
中百集团
10－50 亿元(26 家)
江苏时代超市有限公司
上海易初莲花连锁超市有限公司
华联集团吉买盛购物中心有限公司
北京京客隆超市连锁集团有限公司
广州市好又多百货商业广场有限公司
山东省威海糖酒采购供应站
成都红旗连锁有限公司
天津克瑞思(集团)有限公司
北京超市发连锁股份有限公司
北京中恒鸿禧超市有限公司
捷强烟草糖酒(集团)连锁有限公司
济南人民大润发商业有限公司

6—3 续表1

10—50 亿元(26 家)
上海家得利超市有限公司
华糖洋华堂商场有限公司
上海文峰千家惠购物中心有限公司
上海欧尚超市有限公司
深圳百佳超级市场有限公司
广州正大万客隆(佳景)有限公司
湖南步步高连锁超市有限责任公司
广东吉之岛天贸百货有限公司
徐州华润惠客隆超级市场有限公司
广州百佳超级市场有限公司
北京美廉美商贸公司
武汉汉福超市有限公司
湖南家润多超市有限公司
湖南省新一佳商业投资有限公司

1—10 亿元(166 家)
河北保龙仓集团服务有限公司
北京小白羊超市连锁总店
中贸联万客隆商业有限公司
华普超市有限公司
中山市壹加壹商业连锁有限公司
广州市万佳百货有限公司
江苏百润商品配送中心有限公司
长沙通程实业集团有限公司家电公司
陕西海星连锁超级市场有限责任公司
广西佳用商贸股份有限公司
华润超级市场(苏州)有限公司
山西华宇股份有限公司
北京旺市百利商业有限公司
人本集团有限公司
青岛家乐福商业有限公司
云南沃尔玛百货有限公司
山西美特好连锁超市有限公司
深圳市民润农产品配送连锁商业公司
绍兴供销超市有限公司
湖南心连心实业有限公司
北京顺天府商贸有限公司
云南盛兴商贸有限责任公司
上海诚达百货商业有限公司
广州岛内价连锁商业有限公司
北京创益佳商场
深圳乐荣超市有限公司
宁波三江购物俱乐部有限公司
天津市消费合作总社
北京易初莲花连锁超市有限公司
郑州丹尼斯生活广场有限公司

1—10 亿元(166 家)
广州家谊超市股份有限公司
四川省互惠商业有限责任公司
福建吉马实业有限公司
杭州市顶仁乐购超市
河南思达商业连锁有限公司
华润超级市场有限公司
昆明家乐福超市有限公司
南宁康迈商业有限责任公司
上海七宝乐购购物中心有限公司
杭州好又多超市
华润万佳超市有限公司
合肥百大合家福连锁超市有限责任公司
杭州欧尚超市有限公司
沈阳家乐福超市有限公司
唐山华盛超市有限公司
广州屈臣氏个人用品商店有限公司
大连沃尔玛百货有限公司
常熟市常客隆供配超市有限责任公司
北京亿客隆商业股份有限公司
上海长发购物中心有限公司
上海屈臣氏日用品有限公司
无锡天惠超市股份有限公司
上海浦东好又多超市有限公司
山西山姆士超市有限公司
上海易买得超市有限公司
厦门市思文电器有限公司
上海康仁乐购超市贸易有限公司
上海嘉定乐购生活购物有限公司
西单上海华联超市(北京)有限责任公司
南京悦家超市有限公司
北京市房山华冠商贸公司
北京沃尔玛百货有限公司
南京华诚超市有限公司
北京欧尚超市有限公司
吉林省恒客隆仓储百货有限公司
武汉华联综合超市有限公司
珠海民润新七星连琐商业有限公司
上海家家乐商业发展有限公司
白山市方大商业有限公司
上海真北乐购生活购物有限公司
石家庄市万利福实业有限公司
北京崇文门菜市场物美综合超市
慈溪市慈客隆超市有限公司
天津华润超级市场有限公司
常熟市百润发超市有限责任公司

6—3 续表2

1－10亿元(166家)	1－10亿元(166家)
大连家福超市有限公司	顶顶鲜超市公司
武汉易初莲花连锁超市有限公司	河南九头崖集团平顶山商业连锁公司
顺德区顺客隆商场	普陀华侨友谊有限公司
深圳市有荣配销有限公司	岳阳商大购物中心
常州市信特超市有限公司	长春远方实业集团有限公司
长沙家乐福超市有限责任公司	唐山陈氏超市有限公司
上海康交乐购超市有限公司	苏州美佳倍顺连锁店有限公司
浙江天天惠超市有限公司	湖南千金大药房零售连锁股份有限公司
台州耀达商场有限公司	苏州联华超市有限公司
怀化市佳惠百货有限责任公司	河南大张实业有限公司
武汉市好又多百货商业有限公司	河南九头崖集团商业连锁有限公司
上海龙华乐购生活购物有限公司	天津劝业家乐福超市有限公司
上海莘庄乐购生活购物有限公司	安庆金华联超市有限责任公司
常州市武进明都超市有限公司	上海家美好百货有限公司
无锡市商业大厦超市有限公司	广州市港湾商业有限公司
贵州大昌隆仓储式购物有限公司	秦皇岛家惠商贸有限公司
青岛喜盈门集团喜盈门商场	许昌市胖东来商贸集团有限公司
盐城市雅加乐超市有限公司	沈阳沃尔玛百货有限公司
湖北富迪实业有限公司	厦门市闽客隆连锁有限公司
太原唐久超市有限公司	贵阳诺玛特商业有限公司
杭州家乐福超市有限公司	济南市蔬菜公司经营部
海南省万福隆百货有限公司	唐山市金客隆仓储批发超级商场
大荣贸易国际有限公司	益阳市爱丽丝连锁有限公司
湖南省华银旺和超市贸易有限公司	沈阳时代商贸有限公司
云南玉溪市百信商贸集团有限公司	大庆市庆客隆经贸有限公司
贵阳友谊(集团)股份有限公司	湖北省十堰市京华超市有限公司
山西糖酒副食有限公司	山西华联综合超市有限公司
民丰超市有限公司	东莞市糖酒集团美佳超市有限公司
阜阳华联超市有限公司	新疆诺玛特商贸有限公司
昆明普尔斯马特责任有限公司	汉中桃心岛商贸有限责任公司
好又多百货有限公司	上海易初莲花杭州公司
重客隆连锁超市分公司	上海江珂百货商业有限公司
南京联华长江超市有限公司	北京市华强经贸公司
新疆友好百盛商业发展有限公司	韶关市东明商茂有限公司
杭州正通话机世界有限公司	北京顺天府货仓式商业有限责任公司
泉州泉艺轻工电器有限公司	金华市中洋超市
重庆家乐福商业有限公司成都分公司	家福(天津)国际贸易有限公司
天津市月坛超市有限公司	上海康育乐购超市有限公司
绍兴好又多百货有限公司	宁波市北仑加贝购物俱乐部
广州城建开发宏城连锁超级市场	临汾万佳福仓储超市有限公司
新疆家乐福超市有限公司	北京市通州福兰德超市
银川新华百货丽华连锁有限公司	新疆广汇商贸五一连锁超市有限公司
台州市三和自选商场有限公司	山西天客隆天龙超市有限公司
上海镇宁乐购生活购物有限公司	临安钱王超市有限公司
上海浦东锦绣乐购生活购物有限公司	太仓市仓建超市有限公司
北京燕莎望京购物中心	

6—4 销售额亿元以上连锁专业店

(2004 年)

300 亿元以上(2 家)	1－10 亿元(110 家)
中石化股份公司浙江分公司	哈尔滨黑天鹅家电经销实业有限公司
北京亚飞汽车连锁总店有限责任公司	山东新华鲁抗药业零售连锁有限公司
200－300 亿元(1 家)	深圳国美电器有限公司
江苏苏宁电器连锁集团股份有限公司	上海百安居建材超市有限公司
100－200 亿元(2 家)	上海灿宝电子有限公司
三联商社	江苏金太阳家电有限公司
中国石油化工股份有限公司北京公司	北京市亨得利瑞士钟表有限责任公司
50－100 亿元(3 家)	青岛国美电器有限公司
上海永乐家用电器有限公司	广东苏宁电器有限公司
江苏五星电器有限公司	贵阳国鼎家用电器贸易有限公司
北京市大中电器有限公司	深圳百安居装饰建材有限公司
10－50 亿元(24 家)	北京迪信通电子通信技术有限公司
中国石油化工股份有限公司江苏南通公司	成都百货大楼集团有限公司
浙江省新华书店集团有限公司	广州市番禺沙园集团有限公司
东方家园有限公司	深圳市深长实业股份有限公司
北京国美电器有限公司	北京金象大药房医药连锁有限责任公司
徐州市石油公司	昆明国美电器有限公司
中国石化武汉石油(集团)股份公司	上海九百家居装饰商城有限公司
福中信息产业集团有限公司	贵阳红华贸易有限公司
江苏宏图三胞科技发展有限公司	北京分中寺家世界购物广场有限公司
好美家装潢建材有限公司	上海药房股份有限公司
武汉工贸有限公司	重庆新华书店(集团)有限责任公司
深圳市顺电连锁股份有限公司	天津家居装饰建材中心
天津国美电器有限公司	深圳市苏宁电器有限公司
北京苏宁电器有限公司	云南鸿翔药业有限公司
厦门灿坤电通有限公司	上海华德美居超市有限公司
上海国美电器公司	河南省国美电器有限公司
临沂汽车工业贸易有限公司	天津市大中电器有限公司
成都国美电器有限公司	华氏大药房
上海苏宁电器有限公司	浙江汇德隆家电有限公司
江苏明都汽车摩托车有限公司	沈阳维康医药连锁有限公司
新华海科技实业集团有限公司	北京市新华书店王府井书店
东北制药集团公司供销公司	上海汇丰医药药材有限责任公司
北京中复电讯设备有限责任公司	河南通利量贩有限公司
深圳市海王星辰医药有限公司	北京医保全新大药房有限责任公司
辽宁成大方圆医药连锁有限公司	武汉市新华书店

6—4 续表

1—10 亿元(110 家)	1—10 亿元(110 家)
武汉煤气(集团)公司	云南新华书店连锁有限公司
安徽鸿泰交家电(集团)有限公司	北京金飞鸿技术发展中心
广州金叶烟草发展有限公司	杭州百安居装饰有限公司
湖南省国美电器有限公司	北京嘉事堂连锁药店有限公司
重庆桐君阁大药房连锁有限公司	南京华德美居购物中心有限公司
和平药房连锁有限公司	吉林大药房药业股份有限公司
兰州中大电器连锁有限公司	苏州礼安医药连锁总店有限公司
南京医药合肥百信连锁有限公司	山东联发通讯科技有限公司
绍兴华联医药连锁有限公司	厦门市金鹭首饰有限公司
青岛雅泰电器有限公司	南昌亨得利钟表眼镜公司
东莞喜威液化石油气有限公司	上海红星眼镜有限公司
武汉国美电器有限公司	新华书店北方图书城有限公司
江西黄庆仁栈华氏大药房有限公司	昆明福林堂药业有限公司
新疆友好集团友好天信电器连锁公司	石家庄乐仁堂医药有限责任公司
长沙老百姓大药房有限公司	哈尔滨宝丰药业有限责任公司
青岛市新华书店	长沙有有实业有限公司
北京同仁堂连锁药店	上海市医药股份有限责任公司
上海东方书报刊服务有限公司	安徽省安庆医药(站)有限公司
深圳市一致医药连锁有限公司	北京嘉事宏润医药经营有限公司
成都苏宁电器连锁加盟有限责任公司	杭州烟草分公司卷烟销售公司
安徽五星电器有限公司	北京永安堂医药连锁有限责任公司
青岛市国风大药房连锁有限公司	衢州市普农家用电器有限公司
南京市新华书店	南昌市新华书店
泉州通海汽车销售服务有限公司	第一医药商店连锁经营有限公司
广州市新佳信通讯设备有限公司	上海巴黎三城眼镜有限公司
上海国大药房连锁有限公司	河南省八方和盛电器有限责任公司
上海光大通信终端产品销售有限公司	珠海市恒波通信设备发展有限公司
广州市医药公司健民连锁店	南京医药百信药房有限责任公司
深圳铭可达空调家电批发中心有限公司	珠海市泰丰电业有限公司
郑州迪信通电子通信技术有限公司	包头市同利交电商场
深圳市中联大药房有限公司	广东顺电实业有限公司广州信和公司
云南健之佳健康用品有限公司	临沂罗欣医药有限公司
广东国讯电信连锁经营有限公司	北京大明眼镜股份有限公司
四川新华书店集团限公司	上海希文商贸有限公司
重庆诚泰贸易有限公司	厦门市思文电器新城有限公司
欧海家居有限公司	无锡市山禾集团健康参药连锁有限公司
上海复星大药房连锁经营有限公司	厦门市银祥食品有限公司

6—5 销售额亿元以上连锁专卖店

(2004年)

10亿元以上(1家)	1-10亿元(18家)
广州市友谊班尼路服饰有限公司	陕西伟志集团股份有限公司
1-10亿元(18家)	临沂解放汽车销售服务有限公司
高邦服饰集团有限公司	北京张一元茶叶有限责任公司
漯河双汇商业连锁有限公司	江苏真维斯服饰有限公司
上海古今内衣有限公司	南京桂花鸭有限公司
江苏通灵翠钻有限公司	北京吴裕泰茶叶公司
北京稻香村食品集团	上海元祖食品有限公司
上海克莉丝汀食品有限公司	郑州双汇商业连锁有限公司
北京胜鸿都汽车销售服务有限公司	北京市真维斯服饰有限公司
五丰食品公司	漯河汇通商业连锁有限公司

6—6 销售额亿元以上连锁便利店

(2004年)

20亿元以上(4家)	1-10亿元(17家)
上海联华快客便利有限公司	上海二十一世纪便利有限公司
上海可的便利店有限公司	北京通糖物美便利超市有限公司
广东赛壹便利店有限公司	武汉丽红商业有限公司
上海好德便利有限公司	北京物美博兰特便利超市有限责任公司
1-10亿元(17家)	寿光市糖酒茶副食品公司
上海良友金伴便利连锁有限公司	上海喜士多便利连锁有限公司
北京首航国力商贸有限公司	苏州可的便利店有限公司
上海华联罗森有限公司	石家庄市蔬菜副食品总公司
梅林正广和便利连锁公司	旅顺供销大厦
昌临旺客隆连锁有限公司	河北沧州好日子超市股份有限公司
大连旺达连锁有限公司	广东赛壹便利店有限公司

附　录　连锁零售业统计指标解释

连锁零售业统计指标解释

1. 连锁企业(活动单位)的概念

连锁企业(或称连锁店、连锁公司)：指在核心企业或总店的领导下，由分散的、经营同类商品或服务的企业或活动单位，采取共同方针，实行集中采购和分散销售的有机结合，通过规范化经营，实现规模效益的经济联合组织形式。一般连锁店应由若干个分店组成。其经营特征：(1)经营同类商品；(2)使用统一商号；(3)统一采购配送，采购与销售相分离(部分商品可根据保质保鲜原则由供应商直接送货到门店，其余均由总部统一配送)。

连锁经营的本质：采购与销售相分离，集中采购，分散销售，通过规范化经营，实现规模效益。

连锁门店包括下列两种形式：

(1)直营连锁：也称正规连锁。连锁门店均由总部独资或控股开设，在总部的直接领导下统一经营。

(2)加盟连锁：也称特许连锁。各连锁门店(被特许人)通过合同形式，取得使用总部(特许人)商标、商号、经营技术和销售总部开发的商品的特许权，各连锁门店均为独立法人，但无自主经营权，统一接受总部指导。

连锁店总店(总部)：指连锁店的核心企业或管理中心。

门店数：指该连锁企业所拥有的全部连锁门店数量，包括总店(如果总公司有门店)和全部直营店、加盟店数。其中，总店作为一个直营店处理。有的地区分出控股店，控股店按直营店统计。

营业面积：指零售企业按建筑面积计算的直接对顾客销售商品的固定场地的面积，不包括办公室、仓库、加工场地等面积。

从业人员：指在该连锁企业工作并取得劳动报酬的全部人员数。包括在岗职工、再就业的离退休人员、在该企业工作的外方人员、港、澳、台方人员、兼职人员、借用的外单位人员和第二职业者。不包括离开本单位但仍保留劳动关系的职工。从业人员包括总店和全部门店以及自有配送中心的从业人员数。

配送中心：是连锁企业的物流机构，承担着各门店所需商品的进货、库存、分货、加工、集配、运输、送货等任务。配送中心主要为本连锁企业服务，也可面向社会。

统一配送比重：指统一配送的商品金额(按购进价计算)与全部商品购进总额之比。其中，自有配送中心配送比重指由本连锁企业的配送中心配送的商品比重，非自有配送中心配送比重指由第三方物流配送的商品比重。其中直营店和加盟店栏的配送比重指由总部统一配送的比重或接受统一配送的比重，而不是直营店和加盟店对外的配送比重。

销售额：按含税价计算。

零售额：指售予城乡居民直接用于生活消费和社会集团用于公共消费的商品的价值总额。

利润总额：指企业全年实现的利润。包括营业利润、投资净收益以及营业外收支净额。

资产总额：包括流动资产合计、长期投资、固定资产合计、无形及递延资产合计、其他长期资产。

负债总额：包括流动负债和长期负债。流动负债指企业将在一年或不到一年的一个营业周期内偿还的债务。包括短期借款、应付票据、应付账款、预收账款、其他应付款、应付工资、应付福利费、未交税金、未付利润、其他未交款、预提费用、一年内到期的长期负债、其他流动负债等。长期负债指偿还期在一年或超过一年的一个营业周期以上的债务。

2. 关于零售业态的解释

百货商店：指在一个建筑物内，集中了若干专业的商品部并向顾客提供多种类、多品种商品及服务的综合性零售业态。其基本特征为：(1)选址在城市繁华区和交通要道；(2)商品结构以经营服装、服饰、衣料、家庭用品为主，种类齐全，少批量，高毛利；(3)注重商店环境的布置和设计；(4)以柜台销售为主，明码标价，可以退换货物。

超级市场：指采取自选销售方式，以销售大众化生活用品为主，包括食品、副食品、日用生活品、服装衣料、文具、家用电器和室内装饰用品等满足顾客日常生活需求的零售业态，包括各种类型的超级市场、大型综合超市和仓储式商场。其基本特征：(1)选址在居民区、商业区或交通要道；(2)目标顾客兼顾居民、中小零售商、餐饮店和集团消费者；(3)营业面积相对较大；(4)采取自选销售方式，出入口分设，结算由设在出口处的收银机统一进行；(5)营业时间每天不低于11小时。

专业店：指专门经营某类商品或某一类商品中的某种商品，满足消费者对某类(种)商品多样性选择需求的零售业态。其基本特征：(1)选址多样化，营业面积根据主营商品特点而定；(2)商品结构体现专业性较强，品种丰富，选择余地大，主营商品占经营商品的90%以上；(3)采取定价销售和开架面售方式；(4)从业人员具有丰富的专业知识。

专卖店：指专门经营或授权经营某一主要品牌的系列商品，满足消费者对品牌选择需求的零售业态。其基本特征：(1)选址大多在繁华商业区、商业街或百货商店、购物中心内，营业面积根据主营商品特点而定；(2)商品结构以同一品牌的多种商品为主，体现品牌商品的深度开发；(3)采取定价销售和开架面售方式；(4)从业人员具有丰富的专业知识。

便利店(方便店)：指满足顾客应急性、便利性需求为目的的零售业态。其基本特征：(1)选址在居民住宅区、公路边，以及车站、医院、学校、娱乐场所所在地；(2)商店营业面积较小，但利用率高；(3)商品结构以速成食品、饮料、小百货为主，有即时消费性、小容量、应急性等特点；(4)80%的顾客为有目的购买；(5)营业时间长，一般在15小时以上，甚至24小时，终年无休日。

其他：指上述业态未包括的零售形式(如折扣店等)。

3. 连锁零售业统计的有关规定

(1)关于利润总额、资产总额和负债总额三项指标，由总公司和统一财务核算的直营店汇总填报，加盟店由于与总公司没有资产关系，一般是独立法人，故加盟店不填报利润总额、资产总额和负债总额三项指标。

(2)限额以上连锁零售业：是指该连锁企业的全部门店的销售额合计达到限额标准的。

(3)连锁年报和半年报均由限额以上连锁零售业的总公司或总店或外资企业的中国总部填报。

(4)关于系统内企业，如新华书店、烟草公司、石油公司等，应特别注意是否是真正的连锁，否则不能纳入连锁统计范畴。

(5)关于不规范连锁问题，如老字号开出的自称是特许连锁店，但实际上不规范管理也不统一配送的，统一配送比重按零处理。